本书是2010年度国家社科基金重大项目"中国土地制度变革史"（项目批准号：10ZD&078）的成果

龙登高　主编

The History of Land Institution in Traditional China

中国土地制度史

国家出版基金项目

【卷二】

良田择良耕：
近世地权市场的要素配置机制

赵亮　著

中国社会科学出版社

前　言

党的十一届三中全会以来，特别是党的十八大以来，在推进农业产业化、提高土地利用效率、逐步破除城乡二元经济结构、建立农村反贫困长效机制，逐步推进工业化、信息化、城镇化、农业现代化同步发展的艰辛探索中，党和政府逐渐认识到在坚持土地公有制性质不改变、耕地红线不突破、农民利益不受损三条底线不动摇的前提下，培育和开放土地使用权市场的重要性。

近十余年来，中共中央和国务院逐步将土地流转从试点、意见上升为法律层面的规范和保护。2018 年 12 月 29 日，十三届全国人大常委会第七次会议表决通过了关于修改农村土地承包法的决定，以法律的形式明确了农村土地"三权分置"制度，为农村集体土地经营权流转和相应市场的成长发育提供了法律保障。在基本完成了农村集体土地登记确权的基础上，2019 年 8 月最新修订的《土地管理法》进一步放宽了农村集体土地使用权的交易方式。然而农业用地使用权的转让仍存在许多法律障碍，使得农村土地使用权流转市场并不活跃。据土流网统计，目前全国土地流转的面积大约占家庭承包经营的土地总面积的 40%。然而，我国农业就业人口人均农业用地的面积仅为 0.03 平方千米，在世界银行统计的 184 个国家和地区中排第 131 位。不仅远低于发达国家的平均水平，也与其他发展中国家中的农业国有较大差距。[①] 仅从实现规模经

[①] 农业就业人口是实际从事农业生产的劳动人口，而非农村总人口。根据世界银行数据库的农业生产、劳动力结构等相关数据计算，我国 2018 年农业就业人口约为 1.38 亿。另根据世界银行 2018 年的统计数据计算，中国农业就业人口人均农业用地面积为 0.03 平方千米，远低于大多数其他国家。高收入国家该指标的平均水平为 1.13，中高等收入国家和中等收入国家分别为 0.11 和 0.06。详见表 7-1。

营、提升人均经营的农地面积上看，土地流转仍有较大的空间。与此同时，学界、政界和民众对土地市场的进一步放宽能否带来农业生产效率的实质性提升，以及是否会带来其他社会问题存在争论和质疑。许多人认为，中国农民视土地为安身立命的根本，所以不愿意轻易转让土地。更有传统观念相信土地的平均分配最有利于社会稳定和避免贫富分化。

中国农民是否有土地交易的需要？怎样才既能实现生产要素向着最优的配置自由流动的理想状态，又能防止农民仅为应对一时之需就失去赖以生存的土地？在政府和经济学家思考中国土地问题的症结的时候，我们不妨把目光投向历史。历史上中国农村在当代人们的传统观念里似乎与封建、落后、剥削、兼并这些词分不开。国家没有"耕者有其田"的保障，小农在各种形式的官府敲剥、封建高利贷、自然灾害乃至豪强霸占的摧残下，往往不得不被迫贱卖土地，沦为佃农甚至赤贫。佃农的生产积极性低从而导致历史上中国农业生产效率长期低下。另一方面地主阶层不断地兼并土地，然后欺压佃农，造成严重贫富分化。这些逻辑得到了一些历史案例与实地调查的支持，因而许多学者认为只有限制土地交易并实现"耕者有其田"才能保障公平与效率。然而，在近几年对地权市场的研究中，经济史学界通过对史料的重新考证和引入经济学的研究方法，拓展出了一个全新的空间，使我们逐渐澄清了一些与历史事实大相径庭的传统成说。

笔者在参与龙登高教授主持的国家社会科学基金项目"地权市场与资源配置"以及国家社会科学基金重大项目"中国土地制度变革史"的过程中，逐渐发现传统地权市场，尤其是明清和近代的地权市场，因为接近于微观经济学所假设的理想市场，且存留的史料非常全面和丰富，是我们用来探究制度的演进、理解经济原理、验证制度设想的一个宝库。近世[①]地权市场为我们留下了丰厚的制度遗产，其交易的多样性和活跃程度不仅超过了当代中国的土地市场，甚至是西方发达国家在历

---

① 本书中"近世"是指明中叶以后至新中国土地改革之前，即土地制度以私有制和自由交易为特点的时期。

前　言

史上和现今都未曾经历过的。其中多层次的交易形式、多样化的契约关系可以说是中国独有的，无论从对理论的论证还是对现实土地问题的借鉴来看都是一个不可再生的实验场。我们对现实土地制度的很多疑虑都可以在经济史的研究中找到启示。例如农民应该获得什么样的土地产权，是完整的产权还是使用权或用益物权？土地市场的开放是否会驱使农民轻易卖掉土地，从而削弱了土地的保障功能？租佃制度是否有其可借鉴之处？等等。与其将这些问题停留在假设和理论的探讨之上，不如从已经发展了逾千年的中国土地市场中寻找线索。本卷将从历史事实和理论分析的角度全面阐述传统地权市场要素配置的机制，[①] 以及这样的机制所具有的效率和经济学逻辑，由此对当前土地制度改革提供历史借鉴。

近世地权市场以私有产权和自由交易为制度基础，对要素的配置功能体现在促进要素流动性、满足多样化需求、实现要素的动态结合等方面。这些功能的实现在两种机制下得到更深的拓展。

其一是多层次的交易体系。完整的土地产权可以划分为不同层次。绝卖、活卖、抵押、典、押租、一般租佃等交易均是对地权不同层次的分割，也是对当期收益和未来收益不同取向的跨期调剂。利用多样化的交易形式，没有土地的农户以灵活的方式和较低的门槛从市场获得土地实现独立的农场经营，拥有土地的农户则可以充分利用地权来融资。

其二是多样化的地权结构。租佃制在古典经济学与当前主流观点中备受诟病，而自耕农则被视为最优。本卷建立"最优地权结构选择模型"，讨论不同地权结构的总盈余，认为最优地权结构是多样化的。在专业化收益较高、资本限制较大的情况下，租佃比自耕的效率更高。接着，对单个农场自耕与租佃之间选择的因素，以及决定地区租佃率高低的因素进行了实证分析。对近世租佃制与自耕农的经营规模、收入、利润等指标进行比较，也发现自耕农并不一定是最优的。尽管多数佃农相

[①] 本卷所说"要素配置机制"指地权市场是通过怎样的机制使得土地、劳动力等生产要素得到优化的且动态的配置。

对贫穷，但租佃制所筛选出的种田能手更有规模经营和抵御风险的能力。租佃制之所以具有合理性，是因其使土地的投资功能和生产要素的功能分离，调节地权大小和经营面积之间的矛盾，并实现对耕者的择优。本卷用博弈论的方法解释租佃契约如何能够形成地主和佃农间稳定的合作。租佃双方在协商博弈中达成相对公平的收益分配方式，市场所形成的重复博弈的平台降低了违约风险。

此外以一个完整的案例为本卷的理论提供论据。该案例分析利用珍贵的文书史料还原了台湾地区范氏家族19世纪的地权交易与经营，再现范氏四代人的资产变迁以及家族兴衰。在范家所订立的各种契约以及参与的各种以地权为核心的交易中，多样化地权交易的重要作用以及租佃制度的灵活性得以体现。这些丰富的契约形式提高了生产要素的流动性和使用效率，带来范氏家族四代人阶层的变化和经营的变迁，从中也反映了当时社会的流动性。

最后探讨了本研究对现实土地问题的借鉴意义。在要素、禀赋不断发生改变的情况下，更需要一个具有灵活性的地权市场来适应最佳农业经营方式的变化。

本卷用大量的历史资料对观点进行论证。所涉及的材料有清朝《刑科题本》、民国时期社会调查资料、土地改革时期的农村调查资料、大陆各地的原始契约以及以往的学者较少用到的台湾地区契约资料。笔者所在的课题组建立了由一个上千份原始契约基本信息构成的原始土地交易契约数据库，提供了丰富的研究素材。本卷使用的许多原始材料都是第一次应用于学术研究，尤其是对台湾地区范家古文书的整理是在地权交易案例分析上的突破。

本卷的研究虽立足于历史上的地权市场，但对当前的土地制度有非常珍贵的启发和借鉴意义。当前对现实土地流转的研究非常多，对于土地所有权和承包权是否应该和经营权一样进入市场流转，以及经营权流转的市场化程度，甚至是否应重新确立私有产权而存在争论。当前的土地制度改革正在探索，学术界对土地产权制度众说纷纭，没有定论，关键是很难对制度进行验证。传统地权市场则因其自由交易、完整产权、

前　言

多样化的交易形式以及保留下来的丰富的交易记录，是一个非常难得的制度试验场。本卷的研究有助于对近世地权市场形成客观的认识，消除人们的成见与误区。例如，当前学者在激烈讨论农地确权的内涵和范围，可是在没有任何实验和参照的情况下很难得知何种确权会对以后农地市场产生何种影响。研究了历史上的地权市场，我们能清楚的发现，原来土地产权不仅仅是我们通常理解得这么简单，在历史上以完整产权为基础的地权市场将土地产权各种细分的属性发挥的淋漓尽致，这是现实研究所无法想象的。这就可以帮助我们更好的认识土地产权所具有的层次和属性。当前土地制度改革的一大担忧，就是来自于近代史上的土地兼并与集中、租佃制没有效率等传统陈说的影响。本卷有助于人们重新认识历史，在改革中消除一些不必要的忧虑。

目 录

第一章 文献综述与本卷的研究思路 ……………………………（1）
  第一节 研究动态与文献综述 …………………………………（1）
  第二节 本卷研究思路与研究方法 ……………………………（19）

第二章 研究对象与理论前提 ……………………………………（24）
  第一节 近世地权市场的制度背景 ……………………………（24）
  第二节 近世地权市场的特征 …………………………………（33）
  第三节 理论前提 ………………………………………………（42）

第三章 多样化地权交易与要素动态结合的实现机制 …………（59）
  第一节 土地市场对地权的细分和价值的体现 ………………（59）
  第二节 土地自由流转的实现机制 ……………………………（66）
  第三节 多样化交易取向的一个缩影——活卖 ………………（74）
  第四节 本章总结 ………………………………………………（79）

第四章 地权结构的多样化选择 …………………………………（80）
  第一节 对自耕农经济效率的传统认识 ………………………（80）
  第二节 最优地权结构选择模型 ………………………………（82）
  第三节 影响地权结构选择的因素分析 ………………………（90）
  第四节 本章总结 ………………………………………………（100）

第五章 租佃制的经营状况及合理性 ……………………………（102）
  第一节 历史上自耕农与租佃制的经营状况比较 ……………（103）

第二节　租佃制合理性的原因探讨 ………………………… (114)
第三节　租佃契约的博弈论研究 …………………………… (126)
第四节　本章总结 …………………………………………… (138)

第六章　地权交易、资源配置与社会流动
　　　　——19世纪台湾关西范家土地交易的案例分析 ……… (139)
第一节　台湾土地开发与范汝舟家族概况 ………………… (139)
第二节　产权通过契约清晰界定，减少交易成本、维护
　　　　公共利益 ………………………………………… (143)
第三节　多样化的土地契约对土地物权的分割 …………… (145)
第四节　租佃制使得各种生产要素得到最佳结合 ………… (150)
第五节　传统地权市场对生产的激励和对社会流动性的
　　　　促进 ……………………………………………… (153)
第六节　本章总结 …………………………………………… (157)
第七节　附图（根据从范家古文书提取和整理出的信息
　　　　绘制）…………………………………………… (159)

第七章　结论、借鉴意义与研究展望 ……………………… (165)
第一节　本卷结论 …………………………………………… (165)
第二节　本卷研究对现实土地问题的借鉴意义 …………… (168)

参考文献 ………………………………………………………… (177)

附录 ……………………………………………………………… (195)
附录一　《广东土地契约文书（含海南）》中买卖与
　　　　典契的信息概要 ………………………………… (195)
附录二　《清代乾嘉道巴县档案选编》中买卖与典当
　　　　契约的信息概要 ………………………………… (206)
附录三　《清代乾嘉道巴县档案选编》中租佃契约的
　　　　信息概要 ………………………………………… (216)

附录四 《中国土地契约文书集》中买卖与典当契约的
　　　　信息概要 ……………………………………（220）
附录五 《关西坪林范家古文书集》中的土地交易契约
　　　　信息概要 ……………………………………（228）

后　记 ……………………………………………………（232）

第一章 文献综述与本卷的研究思路

第一节 研究动态与文献综述

长期以来人们认为以私有产权和自由交易为背景的传统地权市场造成贫富悬殊、阶级剥削、社会僵化和低效率。对于中国农地产权制度的变迁的普遍共识是：农地私有—自由买卖—集中兼并—两极分化—农民战争—王朝更替，如此循环往复。[①] 因此传统地权市场似乎是社会矛盾的症结。平均分配土地的制度才是土地制度的最佳方案。20世纪初以来，这种观点在学术界、政界以及人民大众中间都深入人心。然而经济学理论所得出的结论与传统观点似乎有很大的出入。并且近年来对历史上尤其是近世以来地权市场的一些最新的研究也逐渐开始质疑这些传统观点。

一 地权的资源配置功能的研究
（一）产权与资源配置效率关系的论述

制度经济学家从20世纪中叶开始就从理论的角度逐渐地构建产权与资源配置效率的关系。产权学派认为，产权制度的出现、产权的界定决定了资源的配置效率。科斯等人在《契约经济学》中通过引入交易费用，讨论了不同的制度安排与不同的资源配置效率之间的关系，特别是探究了不同的产权安排在资源配置中的作用，其得出的科

[①] 闵桂林：《农村土地产权回归农民的制度研究》，博士学位论文，江西财经大学，2009年；谢冬水：《基于比较历史和制度分析的土地集中问题研究》，中国财政经济出版社2013年版。

斯定理可以概括为：当交易成本为零时，初始产权界定方式不影响经济效率，人们总能通过谈判达到帕累托最优的结果；当交易成本为正时，产权的确定可能影响经济行为和资源配置，从而直接影响资源配置效率。① 因此，产权的作用成为效率问题的中心。

德姆塞茨所著的《所有权、控制与企业：论经济活动的组织》从外部性问题出发来解释产权的兴起。未加明确界定的产权会导致资源配置利用的不合理，加速资源的耗竭，为了遏制稀缺资源配置不合理的局面，明晰的产权制度必然会产生。产权的主要功能就是引导人们在更大程度上将外部性内部化。实际产权越是接近完整产权，则人们生产成果归自己的预期就越稳定，人们越会寻找更有利的方式来使资源被更有效地利用，资源配置的效率就越高。②

张五常在其《佃农理论》中提出，在正的交易成本和市场竞争的前提下，既定的产权安排可以对应不同契约安排，不同的产权制度也可以对应相同的契约安排。并且只要产权得到了很好的界定，即使是被认为最没有效率的契约安排也可能带来良好的效率结果，换言之，真正决定经济绩效的不是契约形式，而是支配契约安排的产权制度。"只要产权是排他性的和可转让的，不同的契约安排并不意味着不同的资源配置效率。"书中通过对台湾土地改革的实证研究，对分成租佃制度做出了新解释。其结论的要义是：在私有产权明晰的完全竞争前提下，不论地主自耕、雇佣农民生产、分租或定租的土地耕作产出，其资源配置效率是一样的。如果产权弱化，或是政府过度干预资源配置时，将导致资源配置的无效率。③

产权理论在西方国家的制度变革和经济发展中也得到了检验。西方制度经济学家普遍认为，土地私有产权的确立是欧洲发生农业革命以及后来的工业革命的前提。例如，诺斯在《西方世界的兴起》中

---

① ［美］科斯、［美］阿尔钦、［美］诺斯：《财产权利与制度变迁》，刘守英等译，上海三联书店1994年版。
② ［美］德姆塞茨：《所有权、控制与企业：论经济活动的组织》，段毅才等译，经济科学出版社1999年版。
③ 张五常：《佃农理论》，易宪容等译，商务印书馆2000年版。

指出了产权制度提高整个社会经济效率的作用。他认为有效率的组织需要在制度上作出安排和确立所有权,一个有效率的经济组织是经济增长的关键;也是西方兴起的原因所在。在考察法国、西班牙两国发展史后,诺斯认为两国衰落的关键原因在于这两个国家不能创建一套提高经济效率的所有权制度,于是它们的经济陷入了停顿。① Chappell 以及 Mitchell 对英国从 18 世纪开始的圈地运动的研究表明,圈地运动使个人产权得以确立,从而为农场主创造高额利润提供了机会,为技术的投资创造了前提。② Digby 等人以及 Laslett 对圈地运动的绩效研究显示,这一私有产权确立的过程使得土地生产率得以提高,土地经营已经转为农场主经营为主,这些农场主不再是农民,而是面向市场的农业资本家,这一时期的农产品产量得到了大幅度的提高,同时为工业的进一步发展创造了良好的条件。③ Mats Olsson 等人对瑞典农业革命的研究也得出类似的结论,即制度因素是发生农业革命的关键。土地市场以及私有土地产权的确立激励了农民在土地上的投资,使得农业生产的组织方式得到优化,从而明显提升了农业产出率。④

(二) 对土地产权的功能的探讨

对完整的地权的功能的分析有如张光宏将土地产权的功能总结为激励功能、资源配置功能、约束功能和风险规避功能。⑤ 曲福田等提出土地产权具有界区功能、激励功能、约束功能与资源配置功能。⑥ 也有部分学者论述了不完整的地权所带来的资源和效率损失。如 Otsuk 等通过对印尼的苏门答腊岛的实证研究,论证了地权的不稳定性

---

① [美] 诺斯、[美] 托马斯:《西方世界的兴起》,厉以平等译,华夏出版社 1999 年版。

② D. J. Chappell, *An Economic History of England*, Macdonald & Evans Ltd., 1980. B. R. Mitchell, *British historical statistics*, Cambridge: Cambridge University Press, 1988.

③ A. Digby and C. H. Feinstein, *New directions in economic and social history*, London: Macmillan, 1989. P. Laslett, *The world we have lost: Further explored*, Psychology Press, 2000.

④ Mats Olsson and Patrick Svensson, "Agricultural growth and institutions: Sweden, 1700 – 1860", *European review of economic history*, Vol. 14, No. 2, 2010, pp. 275 – 304.

⑤ 张光宏:《产权制度效率分析》,《中国土地科学》1998 年第 5 期。

⑥ 曲福田、陈海秋:《土地产权安排与土地可持续利用》,《中国软科学》2000 年第 9 期。

和不完整性将会导致资源的退化。① 俞海等通过对中国 180 个样本地块 1980 年代至 2000 年的土壤数据和经济数据的实证分析,论证了在土地交易权不完整情况下,农户之间的土地流转容易造成耕地长期肥力的退化,不利于保持土壤的可持续生产能力。② 还有一些国内学者分析了当前中国农村土地产权制度的功能和资源配置效率。如姚洋认为中国理想的农地产权制度应该具有地权稳定效应、资源配置效应以及社会保障和失业保险效应。③ 纪丽娟认为农地产权对资源配置的影响主要体现为资源利用量和劳动力配置方向两个方面。她对 2004 年陕西 100 个样本农户的土地占有权、使用权和收益权对其土地经营面积、劳动力投入土地的数量以及非农业收入的解释力度进行了实证研究,发现使用权对农户的资源配置决策的影响较大,而占有权和收益权的影响力较小。说明当前土地作为资产的特性其权利价值并没有充分体现出来。④ 黄少安等对 1949—1978 年中国对不同的土地产权制度下大陆农业生产效率进行实证分析比较后认为,"所有权农民私有、合作或适度统一经营"是相对较好的制度。因为在这种制度下,能较大程度地激励各生产要素的投入,土地和劳动等要素的利用率也较高,从而使农业总产值高速而稳定增长。⑤

(三) 土地产权与市场的关系的讨论

如前文所述,大量的研究表明产权明晰能够带来资源更有效率的配置。并且制度经济学家普遍认为,产权是交易的基础,如段文斌等认为支配交易的真正基础是产权,只有产权清晰,经济行为主体才能形成与其他人进行交易时的合理预期,从而产权就会像资源的稀缺性

---

① K. Otsuka, S. Suyanto, T. Sonobe and T. P. Tomich, "Evolution of land tenure institutions and development of agroforestry: evidence from customary land areas of Sumatra", *Agricultural Economics*, Vol. 25, No. 1, 2000, pp. 85 – 101.

② 俞海、黄季焜、张林秀:《地权稳定性,土地流转与农地资源持续利用》,《经济研究》2003 年第 9 期。

③ 姚洋:《中国农地制度:一个分析框架》,《中国社会科学》2000 年第 2 期。

④ 纪丽娟:《农地产权制度对农业土地资源配置效率的影响研究》,硕士学位论文,西北农林科技大学,2005 年。

⑤ 黄少安、孙圣民、宫明波:《中国土地产权制度对农业经济增长的影响》,《中国社会科学》2005 年第 3 期。

和竞争性一样，进入决策者的效用函数，进而影响经济主体的行为方式。① 然而在对土地市场的探讨中，却往往忽视土地产权与其的联系。很多学者都呼吁建立一个完善的土地交易市场以提高土地的流动性，却忽视了完整的产权对土地流动性的意义。有的学者只强调市场的作用，认为市场就是自由配置的决定因素。例如贾生华等认为影响地权配置的是农地市场的发育状况，政府应该从建立完善的保险市场、完善的农村信贷市场、给予普通农户贷款扶持等入手促进农地市场的建立。② 也有学者看到了产权是活跃的市场建立的基础，然而对产权的理解不够全面，或是多停留在理论的讨论，缺乏实践的论证。如肖飞等对中国农地使用权的确立对土地流动效率提高的影响进行了分析，论证了使用权的明晰对促进土地流转有积极效应，然而却没有把除使用权以外的其他权益纳入考虑范围。③ 钱忠好论证了农地承包经营权的产权残缺会降低农户农地经营收益和农地交易价格，提升农地交易成本，却没有讨论土地承包权以外的产权的缺失会不会对农地的经营效率产生影响。④ 高元禄认为应在家庭承包经营制度下重视土地流转，认为若是实行土地的私有制，因为土地的社会保障功能，反而会限制土地的流转。⑤ 文贯中提出土地流动性和资源效率的充分发挥必须建立一种允许各种土地所有制并存的混合型土地制度。⑥

近几年来，随着我国农村土地制度改革的推进，学界逐渐认识到完整清晰的产权是土地制度改革进一步深化的前提。在中央针对农村土地"三权分置"政策思路的基础上，许多学者从经济学和法学的

---

① 段文斌：《制度经济学：制度主义与经济分析》，南开大学出版社2003年版，第22—23页。
② 贾生华、田传浩：《农地租赁市场与农业规模经营——基于江，浙，鲁地区农业经营大户的调查》，《中国农村观察》2003年第1期。
③ 肖飞、张光宏：《农村土地使用权流转的效率分析》，《武汉大学学报》（哲学社会科学版）2002年第5期。
④ 钱忠好：《农村土地承包经营权产权残缺与市场流转困境：理论与政策分析》，《管理世界》2002年第6期。
⑤ 高元禄：《中国农村土地产权问题研究》，博士学位论文，吉林大学，2007年。
⑥ 文贯中：《土地制度必须允许农民有退出自由》，《社会观察》2008年第11期。

不同角度探讨了农村土地完整的财产权利所包括的多层次内涵，[1] 并认为这项政策思路总体而言是使得农村土地的完整产权的各项属性在法律层面上得以确立和保护，有利于农村土地市场的发展。经过确立的土地经营权将在市场中向着高效率、规模经营以及满足农户的切身需求的方向流转。[2]

对土地产权与市场之关系的研究，随着土地制度改革实践经验的积累而不断更新和推进，然而无论是理论还是实践的进展，如果缺乏历史的视角，都只能是完全摸着石头过河。近年来，不少学者以历史为依托，通过对传统地权市场所体现的多层次的产权形态和多样化的土地交易的研究，以全新的视野解读土地产权与市场的关系。例如侯璐以及龙登高将完整的土地产权细分为四个层次，由下至上分别是带来实物收益的土地耕作权；带来未来预期的土地增值权；满足多种交易需要的融通权；拥有土地产权所带来的权益意识。[3] 龙登高所著《中国传统地权制度及其变迁》以及龙登高的《地权市场与资源配置》引入法学中物权特别是他物权的概念来解释多样化的地权交易体系[4]。这些研究均表明，产权的明晰、产权形态的多层次性以及多样化交易形式将促进地权的流动与生产要素的组合，从而提高土地产出与经济效率。也就是说，唯有完整的产权以及在完整的产权之上形成的多样化土地市场才能将土地的价值和流动性充分挖掘。

---

[1] 这方面的研究如：肖卫东、梁春梅《农村土地"三权分置"的内涵、基本要义及权利关系》，《中国农村经济》2016年第11期；张红宇《准确把握农地"三权分置"办法的深刻内涵》，《农村经济》2017年第8期；陈朝兵《农村土地"三权分置"：功能作用，权能划分与制度构建》，《中国人口·资源与环境》2016年第4期。等等。
[2] 蔡继明：《"三权分置"：农村改革重大制度创新》，《农家顾问》2016年第12期；李长健、杨莲芳：《三权分置，农地流转与风险防范》，《西北农林科技大学学报》2016年第4期。
[3] 龙登高：《地权交易与生产要素组合：1650—1950》，《经济研究》2009年第2期；侯璐：《凝结在地权中的农民多重权益》，硕士学位论文，清华大学，2009年。
[4] 龙登高：《中国传统地权制度及其变迁》，中国社会科学出版社2018年版；龙登高：《地权市场与资源配置》，福建人民出版社2012年版。

二　地权市场与地权交易的研究

（一）对地权市场功能的理论研究和论证

地权市场最直接的功能就是提高地权的流动性，而土地流动性的提高将使得资源得到更好的利用，并降低土地投资的风险。姚洋认为土地的自由流转可能产生两种效应，即边际产出拉平效应和交易收益效应。边际产出拉平效应是指土地的自由流转促使农户的边际产出趋于相等。交易收益效应是指土地交易性的提高增加土地拥有者在需要的时候找到土地需求者的概率，同时也增加土地投资实现其价值的概率，从而提高农民进行土地投资的积极性。其通过对江西和浙江的经验研究也证明了在对土地交易如使用权转让、出租和代耕限制较少的村子里，农民施用更多的绿肥，且单产较高。[①] 关于农村土地市场的发展对农业经济增长的影响，黄贤金等人认为土地所有权和使用权的转移会使资源配置更有效，并刺激对土地资源开发利用的深度投资，减少农户的风险规避行为，土地资源获取的限制往往降低农户的收益，因而也会降低农业劳动力的保有价格。土地市场失败刺激农户和农场主，导致农户和农场主对供给反应能力的退化。[②] 王青研究了土地市场的运行对经济增长的作用。并通过实证检验论证了中国土地市场运行对经济增长的影响遵循经典的西方经济增长理论，即通过土地市场的运行对土地、劳动力和资本的投入和配置产生影响，从而间接作用于经济增长。[③] 对于历史上中国土地市场的发展路径与功能的研究，如方行[④]提出随着农业生产和地主制经济的发展，土地市场发展的三阶段说，他认为明中叶以前的土地市场不具备要素市场的性质，明中叶以后，才具有要素市场的因素或萌芽。

---

① 姚洋：《中国农地制度：一个分析框架》；姚洋：《中国农村土地制度安排与农业绩效》，《中国农村观察》1998年第6期。
② 黄贤金等：《中国农村土地市场运行机理分析》，《江海学刊》2001年第2期。
③ 王青：《土地市场运行对经济增长影响研究》，博士学位论文，南京农业大学，2007年。
④ 方行：《中国封建社会的土地市场》，《中国经济史研究》2001年第2期。

（二）地权交易形式的研究

经济学家多将地权交易简单地看为土地买卖，在此之上讨论自由的土地交易市场可能带来的消极因素。如农民容易为应付一时只需而贸然失去土地，结果失去保障；土地的频繁交易可能带来土地兼并以及农村的贫富分化，等等。

近些年一些经济史学家和法学家开始从原始土地契约中发掘中国明清以来逐渐丰富的多种民间地权交易形式。曹幸穗在对近代苏南农家经济的研究中简单提到了地权的抵押、典当、绝卖这三种与一般的买卖不同的交易方式。[①] 赵晓力对中国近代土地交易中的活卖、找价、回赎、绝卖、转典这几种交易形式的产权意义。例如认为活卖提高了一个家庭原本在绝卖下可以购得的土地的数量。[②] 侯建新对河北20世纪上半叶的土地市场的研究中，发现存在8种土地转移形式：买进、典进、典进典绝、赎回、卖出、典出典绝、赎出。[③] 黄宗智对清代和民国时期有关"典"的民间习俗与成文法律进行详细的讨论。[④] 张研在对传统社会土地交易过程中的乡规、乡例的探讨中专门论述了活卖之下的"回赎""找价"这两种交易惯例，认为这两种交易惯例的产生于土地权属的多重性有关，并通过这种方式将土地的交易与土地价格之间的结合更加紧密。[⑤] 陈卫星从法学的角度研究了清代民田地权流转的形态：抵、当、租佃、典卖（活卖）、绝卖（杜卖）、阄分（分家析产）的具体形态和法律功能。[⑥]

从经济学的角度分析明清、近代的地权交易形式的研究初崭头

[①] 曹幸穗：《旧中国苏南农家经济研究》，中央编译出版社1996年版。
[②] 赵晓力：《中国近代农村土地交易中的契约，习惯与国家法》，《北大法律评论》1998年第1期。
[③] 侯建新：《农民，市场与社会变迁：冀中11村透视并与英国乡村比较》，社会科学文献出版社2002年版。
[④] ［美］黄宗智：《法典，习俗与司法实践：清代与民国的比较》，上海书店出版社2003年版。
[⑤] 张研：《关于中国传统社会土地权属的再思考——以土地交易过程中的"乡规"，"乡例"为中心》，《安徽史学》2005年第1期。
[⑥] 陈卫星：《清代民田地权流转的形态及法律规制》，硕士学位论文，西南政法大学，2009年。

角。例如清代地权交易形式归纳为债券型交易、产权转让和股权交易三大类。① 尽管没有发展成现代意义上的金融市场，但传统土地交易形式与现代金融工具如债券、股票、衍生品等在本质上具有相似性。② 方行总结了清代前期涌现的各种土地交易形式，将土地产权交易分为三个层次。第一个层次是，借贷性的土地产权交易，即押、典、当、抵；第二个层次是部分产权的交易，即土地经营权的交易；第三个层次是整体产权的交易，即活卖和绝卖。这些多样化的交易形式使土地"经常掌握在劳动力比较强壮和充足、生产资料比较充裕的佃农手中，这就使土地资源经常处于配置优化的状态中，对农业生产无疑是非常有利的"③。

现有的研究中也有不少针对单个交易形式的深入探讨。其中研究最多的还属地权租佃与买卖。张纯宁对徽州买卖契约的研究，罗洪对清代黔东南锦屏苗族林业买卖契约的研究，马燕云对吐鲁番葡萄园租佃买卖契约的考析，童广俊等人对清代、民国时期冀中地区的买卖契约中所体现的契约精神的论述等都是其中的代表。④ 还有一些学者从法学和经济学的角度对于"典"这种交易形式进行考量。陈东红以及李力对清代土地契约中的"典"以及发生在典之后的"找贴"的法律内涵进行了阐述。⑤ 有学者认为"典"是一种在近代民法学框架中地位尴尬产权含糊的形式，是在传统中国社会民法不发达、产权模

---

① 龙登高：《清代地权交易形式的多样化发展》，《清史研究》2008年第3期。
② 闻鸣：《清代地权上的交易安排与现代金融工具的相似性》，硕士学位论文，清华大学，2006年；邵玉君：《从金融视角审视中国传统农地产权及地权交易》，《中国储运》2014年第9期。
③ 方行：《清代前期的土地产权交易》，《中国经济史研究》2009年第2期。
④ 张纯宁：《明代徽州散件卖契之研究》，博士学位论文，成功大学，2003年；罗洪洋：《清代黔东南锦屏苗族林业契约之卖契研究》，《民族研究》2007年第4期；马燕云：《吐鲁番出土租佃与买卖葡萄园券契考析》，《许昌学院学报》2007年第6期；童广俊、张玉：《试论清代、民国时期冀中农村土地买卖中的契约精神——以束鹿县张氏家族土地买卖契约为例》，《河北法学》2006年第8期。
⑤ 陈志红：《清代典权制度初步研究》，硕士学位论文，中国政法大学，2001年。李力：《清代民间土地契约对于典的表达及其意义》，《金陵法律评论》2006年第1期。

糊的背景下的产物。① 龙登高和温方方，以及龙登高、林展等人认为"典"与活卖以及押租有本质的区别。典既不是所有权也不是使用权的交易，而是占有权（他物权）的交易，是约定期限内土地经营权及其全部收益与利息的交易。典能够形成担保物权，与短期性抵押贷款相比，风险低并有效抑制地权的最终转移。② 此外，也有针对其他交易形式的深入分析，如曹树基对浙江石仓村清代中叶至民国间五千多份"退田契"所进行的整理、研究。③

（三）土地产权大小与土地经营规模形成的问题

在一个以完整的产权为基础的自由的土地交易市场中，土地的经营规模将不受其所有权大小的限制。恰亚诺夫提出土地交易是土地规模得以调节的一个途径。④ 赵晓力补充了恰亚诺夫的假设，认为租佃也是调节土地规模的一个途径。她认为一个村庄中土地有不断地从 P/E 值（劳动人口比消费人口的比例）小的家庭流入 P/E 值大的家庭的趋势。因而土地的经营规模与土地的所有权规模有两个不同的形成机制。中国历史上的状况是，地权规模长期以来细碎化程度很高，土地经营规模是以小农经营为主。⑤ 关于中国历史上地权细碎化的形成机制学术界颇有争论。主要有人口压力和土地的稀缺性⑥、中国传统的诸子均分财产的制度⑦、土地交易的频繁发生⑧、不在地主的出

---

① 周翔鹤：《清代台湾的地权交易——以典契为中心的一个研究》，《中国社会经济史研究》2001 年第 2 期。

② 龙登高、温方方：《传统地权交易形式辨析——以典为中心》，《浙江学刊》2018 年第 4 期；龙登高、林展、彭波：《典与清代地权交易体系》，《中国社会科学》2013 年第 5 期。

③ 曹树基、李楠、龚启圣：《"残缺产权"之转让：石仓"退契"研究（1728—1949）》，《历史研究》2010 年第 3 期。

④ ［苏联］恰亚诺夫：《农民经济组织》，萧正洪等译，中央编译出版社 1996 年版。

⑤ 赵晓力：《中国近代农村土地交易中的契约，习惯与国家法》。

⑥ K. Chao, "Tenure systems in traditional China", *Economic Development and Cultural Change*, Vol. 31, No. 2, 1983, pp. 295–314.

⑦ ［美］何炳棣：《明初以降人口及其相关问题，1368—1953》，中华书局 2017 年版。

⑧ 秦晖、苏文：《田园诗与狂想曲：关中模式与前近代社会的再认识》，中央编译出版社 1996 年版。

现①、宗族势力较弱②等解释。关于小农经营形成原因的解释如恰亚诺夫提出小农的收入边际效用很高,当无外部就业机会时,他们便会在自家的农场上投放高于在流行工资率下应该投入的劳动量,因而小农户可能比大农户更密集地使用劳动力。③黄宗智称这一现象为农业的内卷化。④姚洋认为一个农户只有在不变或递减规模报酬区域生产才是合理的。而他的实证研究发现,土地规模报酬不变的区域可能不止一个,因此土地适度规模就不止一个,而是多个,如10亩左右、20—25亩或30亩左右等等。⑤对个别地区土地经营规模形成原因的探讨如李伯重论述了宋末至明清时期农业家庭耕种规模的变化,发现江南平原上,从南宋到明清,户均耕种土地的数量和人均耕种土地的数量都减少了,其中主要的原因是轮耕技术的普及。⑥

对于土地经营规模的问题值得进一步探讨的一点是,以往的研究多是假设生产效率更高的经营规模将被选择,即如果存在规模效应则会追求规模经营,然而实际的情况是,很多地方土地经营规模与生产效率并没有直接的关系。如曹幸穗发现苏南的大农场比小农场具有更高的土地产出率。他认为其原因为物化投入的不足以及小农的粗放经营。⑦黄宗智则发现华北农场规模对土地产出率没有明显影响。⑧对此问题讨论的一个可行的思路是,若将农场视为一个企业⑨,则经济学中关于企业规模的探讨,如交易费用理论、产权理论、成本理论等对企业规模决定的解释对农村经营规模的形成原因也有一定的解释

---

① 费孝通:《江村经济:中国农民的生活》,上海人民出版社2006年版。
② 胡正波:《明清民国时期关中农村地权分散原因分析》,硕士学位论文,陕西师范大学,2007年。
③ [苏联]恰亚诺夫:《农民经济组织》,中央编译出版社1996年版。
④ [美]黄宗智:《华北的小农经济与社会变迁》,中华书局2000年版。
⑤ 姚洋:《小农与效率——评曹幸穗〈旧中国苏南农家经济研究〉》,《中国经济史研究》1998年第4期。
⑥ 李伯重:《宋末至明初江南农民经营方式的变化——十三、十四世纪江南农业变化探讨之三》,《中国农史》1998年第2期。
⑦ 曹幸穗:《旧中国苏南农家经济研究》,中央编译出版社1996年版。
⑧ [美]黄宗智:《华北的小农经济与社会变迁》,中华书局2000年版。
⑨ 龙登高、彭波:《近世佃农的经营性质与收益比较》,《经济研究》2010年第1期。

力。蔡银寅通过新古典经济学模型,认为农民的就业选择取决于由自身农业生产要素组合决定的边际收益曲线和劳动力市场价格的均衡,交易成本的降低和劳动力市场的开发都会使农民转向其他行业,从而土地经营规模也会扩大。① 赵亮用交易费用理论对土地经营规模的形成机制做了初步的解释,认为土地经营规模的确定是生产成本和交易成本之间权衡的结果。②

三 地权结构的选择与租佃制的研究

(一) 地权结构的选择

在土地资源私有与劳动力自由的条件下,存在三种合约安排。③ 一是固定工资合约,即地主雇用劳动力,付给劳动力所有者固定工资并享有剩余索取权;二是固定地租合约,即劳动力所有者从地主那里租入土地,向地主支付实物形式或货币形式的固定地租并享有剩余索取权;三是分成租佃合约,即地主与劳动力所有者分别以土地和劳动力作为合约谈判的条件,在合约中确定收益的分配比例,实现土地资源与劳动力资源的结合进行生产,并共同享有剩余索取权。这三种合约安排加上自耕农,共有四种地权结构。关于这四种地权结构的决定因素问题,张五常以及斯蒂格利茨认为,在不同的风险规避成本和交易费用下,农地资源配置绩效会出现差异,因而最优的土地制度也就不同。④ 杨小凯等人用专业化经济与交易费用来解释制度的选择,认为二者的权衡决定分工的演进及制度的选择。⑤ 其理论也可以用在解释土地制度的选择上。彭美玉利用杨小凯、黄有光的理论构建了一般

---

① 蔡银寅:《农地规模与经济效率:地权和交易成本约束下的农业生产及农民的选择》,《制度经济学研究》2007年第16期。
② 赵亮:《劳动力与土地的动态结合——中国历史上农村要素的动态配置机制及其启示》,载《论中国土地制度改革》,中国财政经济出版社2009年版,第609—618页。
③ [美]诺斯、[美]托马斯:《西方世界的兴起》;张五常:《佃农理论》;巴泽尔:《产权的经济分析》,费方域等译,上海三联书店1997年版。
④ 张五常:《佃农理论》。J. E. Stiglitz, "Incentives and risk sharing in sharecropping", *The Review of Economic Studies*, Vol. 41, No. 2, 1974, pp. 219 – 255.
⑤ 杨小凯、黄有光、张玉纲:《专业化与经济组织》,经济科学出版社1999年版。

均衡模型来解释土地制度的选择问题。其得出的结论也论证了张五常、斯蒂格利茨的观点。① 如果根据龙登高等人将农场视为一个企业的观点，则可以企业产权理论对最优所有权结构进行解释。德姆塞茨以及哈特分别对企业的最优所有权结构构建了解释模型，为地权结构的探讨提供了可供借鉴的工具。②

此外，Dubois 提出的"跨期激励"（Intertemporal incentives）理论；Hallagan 的"筛选模型"（Screening Models）；Laffoont 等人和 Manabendu 等人的道德风险和资金约束等，均从不同的视角探讨地权结构选择的问题。③

（二）租佃状况的实证研究与资料整理

新中国成立前一些学者就开始对近代的租佃制度进行研究，这些研究主要以实地调查的资料为依托，通过对调查数据的整理和研究对租佃关系进行分析描述。国内学者如陈正谟在《中国各省的地租》一书中，采用现代统计学方法对当时全国主要省份的地租情况进行了实证分析。④ 又如冯和法主编的《中国农村经济资料》和《中国农村经济资料续编》，书中亦有专门章节论述租佃制度。⑤ 各地区的租佃制度研究方面也有许多宝贵的成果，如金陵大学农经系的《豫鄂皖赣四省之租佃制度》一书。⑥ 此外，国民政府行政院农村复兴委员会在

---

① 彭美玉：《中国农地制度多样性一般均衡研究》，博士学位论义，西南交通大学，2007年。

② ［美］德姆塞茨：《所有权、控制与企业：论经济活动的组织》；［美］哈特：《企业，合同与财务结构》，费方域等译，上海三联书店2006年版。

③ P. Dubois, "Moral hazard, land fertility and sharecropping in a rural area of the Philippines", *Journal of Development Economics*, Vol. 68, No. 1, 2002, pp. 35 – 64. W. Hallagan, "Self – selection by contractual choice and the theory of sharecropping", *The Bell Journal of Economics*, Vol. 9, No. 2, 1978, pp. 344 – 354. J. J. Laffont and M. S. Matoussi, "Moral hazard, financial constraints and sharecropping in El Oulja", *The Review of Economic Studies*, Vol. 62, No. 3, 1995, pp. 381 – 399. Manabendu Chattopadhyay and Atanu Sengupta, "Farm size and productivity: A new look at the old debate", *Economic and Political Weekly*, 1997, pp. A172 – A175

④ 陈正谟：《中国各省的地租》，商务印书馆1936年版。

⑤ 冯和法：《中国农村经济资料》，黎明书局1933年版；冯和法：《中国农村经济资料续编》，黎明书局1935年版。

⑥ 金陵大学农学院农业经济系：《豫鄂皖赣四省之租佃制度》，金陵大学农业经济系1936年版。

三十年代对陕、豫、苏、浙、粤、桂六省进行了农村调查,据此编写了六省农村调查报告。这些研究和调查报告为后来学者对近代租佃制度的研究提供了翔实的资料。

50年代,在农业史及经济史资料的汇集方面,有学者对土地租佃制度的发展状况作了重要的资料整理工作。如李文治、章有义编辑的《中国近代农业史资料》,严中平编辑的《中国近代经济史统计资料选辑》等,就是其主要代表。[1]

80年代以后,出现了一些在租佃制度研究方面的专门性著作:如周远廉等人的《清代租佃制度研究》,对清代的土地租佃制度及各省的租佃关系作了细致论述;[2]又如乌廷玉的《中国租佃关系通史》等。[3]另外还有许多地区性的研究著作和文章。如章有义对近代徽州租佃关系的研究,利用徽州明清时代地区置产簿、分家书、地租簿等私家帐册,对当时的土地关系和租佃关系作若干典型的个案解剖。[4]这些著作对史料进行了提炼和整理,并在一定的理论基础上对租佃关系进行解释。费孝通等人在对云南禄存的调查中对该村的租佃制度形态进行了细致的描述和统计。[5]又如史建云用扎实的史料对近代华北地区的土地占有、地租形态等情况加以描述。[6]另外吴玉琴《解放前江苏省的租佃关系探讨》,钞晓鸿《本世纪前期陕西农业雇佣、租佃关系比较研究》,张永莉《二十世纪二三十年代北方乡村租佃制度及影响研究》,贾贵浩对民国时期河南租佃制度特点的研究等都是研究地区租佃关系有代表性的文章。[7]

---

[1] 李文治:《中国近代农业史资料》(第一辑),生活·读书·新知三联书店1957年版;章有义:《中国近代农业史资料》(第二辑),生活·读书·新知三联书店1957年版;严中平:《中国近代经济史统计资料选辑》,中国社会科学出版社2012年版。
[2] 周远廉、谢肇华:《清代租佃制度研究》,辽宁人民出版社1986年版。
[3] 乌廷玉:《中国租佃关系通史》,吉林文史出版社1992年版。
[4] 章有义:《近代徽州租佃关系案例研究》,中国社会科学出版社1988年版。
[5] 费孝通、张之毅:《云南三村》,社会科学文献出版社2006年版。
[6] 史建云:《近代华北平原佃农的土地经营及地租负担》,《近代史研究》1998年第6期。
[7] 吴玉琴:《解放前江苏省的租佃关系探讨》,《中国农史》1997年第1期;钞晓鸿:《本世纪前期陕西农业雇佣、租佃关系比较研究》,《中国经济史研究》1999年第3期;张永莉:《二十世纪二三十年代北方乡村租佃制度及影响研究》,硕士学位论文,西北大学,2004年;贾贵浩:《论1912—1937年河南租佃制度的特点》,《河南大学学报》2006年第2期。

第一章 文献综述与本卷的研究思路

一些外国学者也参与到中国近代土地租佃制度的调查研究中。卜凯对1921至1925年中国7省17个县2866个农场进行了翔实的调查,收集了大量关于租佃制度的统计资料。① 又如美国学者马若孟在《中国农民经济》中对中国华北地区的农村经济与农民生活状况作了细致深入的研究,对其中六个县的土地所有制结构进行了描述。② 白凯对1840至1950年长江下游地区的租佃关系进行论述,讨论在租佃以及一田两主的关系中地主、佃农和政府之间的互动。③

对租佃制度的地区差异能够达成的共识是,北方地区自耕农多,地主多为雇佣劳动力的经营地主,南方地区租佃制较为盛行,经营地主少。这一点在卜凯的农村调查、民国时期的几次全国普查如土地委员会的《全国土地调查报告纲要》、国民政府主计处统计局的全国统计、民国时期各省的农村调查报告等历史统计资料中都有证实。④ 各地区租佃率的研究也对这一分布趋势有更深入的论证。对北方的研究如史建云的研究显示华北平原在近代直到1937年以前,自耕农一直占50%以上,而且佃农比重还有逐步下降之势。⑤ 秦晖等人通过考察关中农村,认为该地区地权分配平均,几乎可以概括为"无租佃"。⑥ 罗仑等人发现山东多为雇佣雇工的经营性地主而租佃的比例很少。⑦ 对南方的研究主要有以下成果,如章有义认为徽州地区租佃经营的比重较高。⑧ 曹幸穗提出土地租佃是近代中国苏南农村的主要生产关系

---

① [美]卜凯:《中国农家经济》,张履鸾等译,商务印书馆1936年版。
② [美]马若孟:《中国农民经济——河北和山东的农业发展(1890—1949)》,史建云译,江苏人民出版社1999年版。
③ 白凯:《长江下游地区的地租、赋税与农民的反抗斗争(1840—1950)》,上海书店出版社2005年版。
④ [美]卜凯:《中国农家经济》;土地委员会:《全国土地调查报告纲要》,1936年版;国民政府主计处统计局:《中华民国统计提要》,商务印书馆1936年版;国民政府主计处统计局:《中华民国统计提要》,商务印书馆1947年版。
⑤ 史建云:《近代华北平原自耕农初探》,《中国经济史研究》1994年第1期。
⑥ 秦晖、金雁:《田园诗与狂想曲:关中模式与前近代社会的再认识》,语文出版社2010年版。
⑦ 罗仑、景甦:《清代山东经营地主经济研究》,齐鲁书社1985年版。
⑧ 章有义:《近代徽州租佃关系案例研究》,中国社会科学出版社1988年版。

形式，其土地租佃率几乎是全国最高的。①李德英在对成都平原佃农比例的统计中发现，从1912年到1931年成都平原各县佃农百分率均有大幅上升，平均从38.8%上升到57%。②温锐对清末民初赣闽边地区土地租佃制度的研究显示，该地区租佃土地的数量在55—65%左右。在商业资本进入农村较多的闽西地区，租佃土地的比率则可能还要大于65%③。

对租佃制地区差异原因的解释大致有自然条件的优劣、灾害程度的大小、人口压力的强弱、公有土地的多寡、农家负债数额的大小和商业化程度的高低、宗族制度的兴衰、国家赋税的轻重以及政治法律制度的保障与否等等。根据帕金斯的观点，商业化程度的高低是决定租佃率高低的主要原因。他的研究发现，出租土地的地主大部分是"不在地主"，而决定"不在地主"是否愿意投资土地的主要因素一是土地的投资回报，二是地主自身拥有的财富的多少。商业较发达地区富商较多，而且农产品更容易外销，因而投资土地对商人就更有吸引力。④也有学者提出租佃制度是否发达与土地肥沃程度关系最为密切，例如夏明方主要是从土地投资者的投资意愿角度来分析的，土地越高产投资者越愿意投资。李德英则认为土地肥沃程度同样是其租佃土地的重要因素，佃农会考虑付出劳动之后的回报是否适当，所以土地越肥沃，愿意租佃的人就越多。⑤

（三）租佃制的公平与效率问题的探讨

以往学者对租佃制所持的传统观点是：其一，从效率的角度来看，自耕农是最有效的土地制度，租佃制则造成了效率损失。古典经济学家如穆勒（John Stuart Mill）、西斯蒙第（Jean Charles Léonard de

---

① 曹幸穗：《旧中国苏南农家经济研究》，中央编译出版社1996年版。
② 李德英：《民国时期成都平原佃农经营：以温江为例》，载《论中国土地制度改革》，中国财政经济出版社2009年版，第529—549页。
③ 温锐：《清末民初赣闽边地区土地租佃制度与农村社会经济》，《中国经济史研究》2002年第4期。
④ ［美］帕金斯：《中国农业的发展》，宋海文译，上海译文出版社1984年版。
⑤ 夏明方：《民国时期自然灾害与乡村社会》，中华书局2000年版；李德英：《民国时期成都平原佃农经营：以温江为例》。

Sismondi) 都在其经典著作中论述了其自耕农最优的观点。如穆勒认为，如果土地集中在大地主手里，由佃农租种土地，则不仅会使佃农由于被剥削而陷入贫困，也会严重影响经济效率。① 其二，从公平的角度看，传统观点认为租佃制是地主剥削农民的封建制度。其给佃农造成严重的地租负担，造成农村两极分化等。如章有义从徽州地主家的账本中发现地主对地租的索取非常苛刻，锱铢必较，欠租半斤斗不允许，由此得出地主对佃农的剥削之残酷。② 又如在魏孔明看来，租佃制是地主土地所有制的必然产物，也是我国封建社会地主配置其土地和掠夺地租的主导方式。③ 其三，地主对佃农的剥削是中国近代经济落后的根本原因。地主阶级利用特权，想方设法增加佃户赋役，从事农业经营的佃农始终处于弱势，所以难以产生农业资本主义，现代化进程也就受阻。④

然而早在卜凯的研究中，就已经从实际的统计调查中发现自耕农往往并不如佃农更有经济效率，调查范围内大部分县的佃农拥有比自耕农更大的农场面积和经营效率。⑤ 近几年来也逐渐兴起了对租佃制经济效率的重新认识，得出一些与以往不同的结论。如通过历史资料来论证，珀金斯从土地的投资回报的角度论证了相对发达的南方地区租佃率高而相对落后的北方租佃率较低的原因。⑥ 这观点也在曹幸穗对苏南农家经济的研究中得到论证，他认为土地的买卖主要是由于商品经济的发展引起的。⑦ 史建云发现华北地区佃农农场的平均经营面积要大于自耕农。⑧ 李德英对民国时期四川温江县佃农经营的研究发现，在该地区佃农平均耕种的农场面积和作物面积均明显大于自耕农

---

① [俄] 车尔尼雪夫斯基：《穆勒政治经济学概述》，季陶达等译，商务印书馆1997年版。
② 章有义：《近代徽州租佃关系案例研究》，中国社会科学出版社1988年版。
③ 魏孔明：《中国地主制经济研究的新动向》，《光明日报》2000年5月19日。
④ 侯建新：《富裕佃农：英国现代化的最早领头羊》，《史学集刊》2006年第4期。
⑤ [美] 卜凯：《中国农家经济》，商务印书馆1936年版。
⑥ [美] 帕金斯：《中国农业的发展》，上海译文出版社1984年版。
⑦ 曹幸穗：《旧中国苏南农家经济研究》，中央编译出版社1996年版。
⑧ 史建云：《近代华北平原佃农的土地经营及地租负担》，《近代史研究》1996年第6期。

和佃农,并且佃农拥有的土地质量要高于自耕农。① 若把土地看做机会成本,则自耕农的收入和利润都要低于佃农。也有一些学者从理论的角度对土地制度选择的机制进行了论述。赵冈运用制度经济学原理分析我国历史上的租佃制度取得令人瞩目的成就的原因,认为租佃制度之所以成为主流的经济关系形态就在于租佃制具有增加生产上的灵活性、减少交易费用等优势。② 曹秀华论证了16世纪以来太湖流域以南广大农村地区租佃制兴盛的原因要归之于租佃制在土地权属关系上的优势以及它在经济绩效方面的优势。③

(四) 对租佃制的功能的研究

对租佃制功能的现有研究基本上有相近的观点,即租佃制使得土地经营规模更容易被调整。④ 日本的经济学家速水佑次郎等人通过对日本农业研究指出,农民对土地强烈依恋和对农村土地将不断升值的预期,使得转移农村土地所有权来扩大农业经营规模是不可能的,剩下唯一办法是通过发展土地租赁市场来扩大经营规模。⑤ 赵冈提出租佃制的好处之一是增加生产制度的灵活性,它可以使经营单位选择最有利的生产规模。在古代,尤其是在中世纪的欧洲,农地产权单位规模都很大,但是在古代的农耕技术之下,大规模农场不如小农场有效率。所以农地的所有人希望在租佃制度下把大的田产化为由众多佃户经营的小规模家庭农场。⑥

近年来对土地产权以及传统地权市场的研究在理论上和实证上都做出了重大的突破,产权以及制度经济学的理论被应用于中国地权制度的研究,这为我们思考当今的地权制度提供了许多启发。对传统地

---

① 李德英:《民国时期成都平原佃农经营:以温江为例》,第529—549页。
② 赵冈:《农业经济史论集:产权,人口与农业生产》,中国农业出版社2001年版。
③ 曹秀华:《试论十六世纪以来江南农村租佃制兴盛成因》,《云梦学刊》2005年第4期。
④ 如赵晓力《中国近代农村土地交易中的契约、习惯与国家法》认为租佃也是调节土地规模的一个途径。
⑤ [日] 速水佑次郎、[美] 拉坦:《农业发展的国际分析》,郭熙保等译,中国社会科学出版社2000年版。
⑥ 赵冈:《从制度学派的角度看租佃制》,《中国农史》1997年第2期。

权市场的研究在史料的整理、实证分析的结论以及对传统观点的反思上都做出了巨大的贡献。然而现有的研究缺乏对传统地权市场配置资源的机制进行更加深入的剖析，尤其是在经济学的框架下解构地权市场的各个层次。本卷将对近世地权市场的各个层面：一般意义上的土地交易、多样化的地权交易以及租佃制进行深入分析，探讨近世地权市场所具有的资源配置功能，以及这功能产生的机制。

备注：本书的资料书籍缩写

《徽州资料》：《明清徽州社会经济资料丛编》
《广东契约》：《广东土地契约文书（含海南）》
《宁波契约》：《清代宁波契约文书辑校》
《民事习惯》：《民事习惯调查报告录》
《福建契约》：《明清福建经济契约文书选辑》
《巴县契约》：《清代乾嘉道巴县档案选编》
《刑科题本》：《乾隆刑科题本租佃关系史料之一：清代地租剥削形态》
《范家古文书》：《关西坪林范家古文书》

第二节 本卷研究思路与研究方法

本卷探讨近世地权市场所具有的配置资源的功能，以及这样的功能是如何通过多样化的地权交易（绝卖、活卖、典、胎借、押租等）和多样化的地权结构（自耕、租佃等）而实现的。本卷的思路及相关分析内容如下：

一 地权市场的资源配置功能

近世土地市场所具有的资源配置功能。本卷将选取一些案例，结合对土地的交易频率、契约发生的原因等的统计来反映近世地权市场在提供流动性、满足多样化需求、实现土地与劳动力、土地与资本的最佳结合上的作用。例如广州地区沙田开发的过程体现了在市场的激励机制下资本与土地的结合。此外土地市场还具有调节土地经营规模的功能，本卷也将对此进行探讨，并对中国历史上以及现今的土地规模与其他国家进行比较。

在一般均衡理论中，自由的交易市场能带来资源最有效的利用已经被证实。然而，在人们以往的想象和固有观念中，这种最优配置所需的条件过于理想。首先，交易成本太高了，可能存在有富裕劳动力、缺乏土地耕作但缺少资本购买土地，或者有劳动力也有资本但找不到可以买的土地等的情况，这就提高了谈判的成本和获取信息的成本。其次，人们认为，农民往往并不是理性的，可能只看到急需用钱的眼前利益而忽视了保障未来的长远利益而将土地轻易卖掉。如果土地的交易只有买卖的话，这些条件确实是对资源最优配置的限制。然而近世地权市场的灵活性与深度远超过简单的土地买卖。

多样化的地权交易有利于实现要素的动态配置。一块完整的土地可以在空间上划分为不同的内涵，从物权上分割为不同的权利。地权市场之所以能够提供要素的流动性并满足多样化的需求，是因其交易的基础是这些细分的权利，而不是整块的土地。多样化的物权分割可以用来解释多样化的地权交易形式。本卷提出：土地物权的不同层次的价值在多样化的交易中体现。为论证这个观点，对福建5地区200年间的典和绝卖契约进行了统计和比较。此外，提出了活卖具有四种不同的交易取向，并对其进行分析。

二 租佃制及其合理性

租佃交易是众多交易形式中最丰富的一个，租佃制也在近世中国许多地区成为主导的地权结构。然而无论是在西方经典的经济学著作还是在当前中国经济史学界主流的观点中，自耕农制度大都被认为是最优的制度，虽然西方有人提出过不同意见，但这一领域的争论仍在继续。本卷利用中国的历史资料，建立经济学模型质疑这种主流观点，讨论自耕农制度是否真的是最优的制度，并试图解释租佃制度的合理性。从以下方面进行了论证：第一，建立"最优地权结构选择模型",并对影响地权结构的因素进行实证分析。农场地权结构的选择（即自耕制、租佃制、雇工制等）取决于农场企业总盈余的大小，且在专业化收益较高和未定价资产较多的情况下，选择租佃的可能性较高。第二，民国时期各地的租佃率与农产品商品化程度、运输成本、所有权规模与经营规模有相关性。例如在商品化程度较高的地方租佃率较高，原因在于商品化程度直接影响投资收益和专业化收益。第三，通过对大量民国时期数据的统计与整理，从经营面积、收入、利润等角度比较自耕农与佃农的经营效率，发现佃农在许多情况下表现出比自耕农更强的经营能力，例如全国平均而言佃农的农场面积比自耕农更高，农场利润也较高。并且在有的地方大佃农表现出比大自耕农更强的经营能力。第四，对租佃制度具有效率以及合理性的原因进行探讨。租佃制之所以具有适应性和优势在于三个方面：分离生产要素、调节经营面积和产权面积之间的矛盾、对耕者的择优。第五，将博弈论的方法应用于租佃契约的研究中，来分析租佃制能够成为一种公平稳定的制度的机制。

三 一个家族百年地权交易的案例分析

以往研究所使用的土地契约材料虽然非常丰富，但比较零散，且资料中缺乏关于交易者背景的信息。本卷针对一部罕见的资料，即台湾地区关西范家100多年的土地交易，进行深入而完整的案例分析，是对地权交易研究在方法上的全新尝试。通过对照家族契约资料与家谱，追溯了不同代人在几处土地上进行的连续的交易，以及在地权市场中所发生的身份的变化，以此为基础来支持全文的理论框架。这部契约资料非常珍贵，本卷第一次将其运用于学术研究。通过对史料的解读和整理，地权市场交易的活跃程度、交易方式的多样化、地权市场带来的社会流动性等信息清晰而生动地体现出来。同时利用其中的交易案例来更深层次的为全书的论述提供例证。如用跨期消费选择模型解释范洪德与廖天送之间的胎借交易，从中看出多样化地权交易在调剂当期收益和未来收益上的重要性。又如从本案例以及其他一些相关的案例中，可以看到租佃制，尤其是台湾的三层租佃制在配置要素、调节经营方式上的灵活性。以此支持关于租佃制的合理性的相关观点。通过对史料的发掘，论述了以下观点：以地权为基础的融资交易是交易双方在当期收益与未来收益之间的交换（前文当期收益与未来收益模型中只有一个人，这里扩展到两个人）；大租户、垦佃、耕佃的具有不同的要素禀赋，其中大租户拥有土地，垦佃具有资本和判断市场的能力，耕佃擅于实际农场经营；传统地权市场促进了社会流动性，人们的身份在地权市场中不断发生变化等。

四 总结与现实意义

最后一部分将对本卷的理论对现实土地制度的借鉴意义进行总结。近年来土地制度改革不断取得重大进展，但未来仍有很大的改革空间。土地制度改革的关键是土地产权改革和交易形式的创新，以给予农民更多的选择的权力，使得农业生产要素能发挥更大的生产效率。

五 本卷研究方法

本卷使用的研究方法主要如下：（1）用经济学的理论及工具分析历史。经济学的理论以及分析工具与历史资料的佐证相结合。本卷将运用新古典经济学中的一般均衡理论分析农业生产要素实现动态最优配置的机制和条件；建立经济学模型，用制度总盈余来解释地权结构的决定因素；以及用博弈论分析租佃契约的缔结以及信息公开和重复交易的租佃市场如何降低交易双方的道德风险等。（2）用历史验证经济学理论并启发理论的创新。本卷引用大量的原始契约、档案以及近代的统计数据来对传统地权市场所实现的资源配置功能提供佐证，并对经济学理论的解释提供事实的证据。同时在从历史事实获得启发的基础上进行理论的创新。比如对自耕农最优论的反驳就是缘于在对历史资料的整理中，发现佃农的生产效率往往比自耕农更优，于是对固有观念进行再反思。（3）用定量分析辅助理论与假设的检验。文中不仅采用定性分析方法，对传统地权市场的资源配置过程进行剖析和研究，同时采用计量、统计等定量的方法对观点进行检验，如用统计方法检验商品化程度对各地租佃率的影响等。用数据支持研究结论更具说服力。(4) 案例分析为本卷的论证提供了更微观和具体的素材。在理论框架的基础上,本卷对台湾地区范家土地交易进行了深入的案例分析,从原始资料中还原整理出该家族土地产权变迁的线索。其中反映的地权市场的交易形式、地权市场带来的社会流动性等是对本卷论点有力的支持。

第二章 研究对象与理论前提

第一节 近世地权市场的制度背景

在开始本卷理论框架的论述之前,笔者将对近世地权市场的制度环境进行简要的描述,因为这是一个有秩序的地权市场能够形成的基础。

一 契约与产权

一种对近世中国土地市场的误解是,历史上中国人的产权意识比较弱,民间交易受文化的左右,所形成的市场是缺乏秩序和公证的。并且私有产权是不被保护的,皇帝、政府和官员可以随意改变交易规则、侵占百姓私产。然而近年来这种观念已经不被许多学者认可。近世地权市场建立在对私有产权的认可和保护之上,[1] 以交易契约为载体,交易的效率、公正程度、规则的完善程度等都不逊色于西方发达国家。章有义在对徽州契约的研究中发现地主的账本记录得非常清晰,即使是半斤斗的欠租都要详细记录,从而得出地主对佃农剥削之苛刻,其实这正是产权对人权利的界定和保护的体现。[2] 曾小萍等人将中国历史上民间经济的特征概括为:一方面国家法律及此系统中的机构很少关注私人间的经济联系。另一方面,私人间的协议在此种交

---

[1] 近世时期土地私有产权、法人产权、国有产权并存,其中土地私有产权是较为成熟和普遍的产权形态。参见龙登高《中国传统地权制度论纲》,《中国农史》2020 年第 2 期。
[2] 章有义:《明清徽州土地关系研究》,中国社会科学出版社 1984 年版。

易中扮演一个重要甚至是主导性的角色。[①] 张振国也提出，从西周以来中国民间的经济交易和契约活动就非常频繁，可以说，调整社会秩序，带动整个社会经济运转的不是法律，而是活跃的民间交易，即大量和成熟的契约活动。[②] 我们现在所能想象的契约类型在传统契约中都能找到。很多我们无法想象以及并不存在的交易类型在传统社会中都在不断发生。单从与土地相关的交易来说，就存在着活卖、绝卖、典、当、抵、押、租佃、分股、代管田产、交换、合产、合伙、划界等等丰富的契约形式。这些交易类型并不是官方制定的，或是从国外引入的，而都是民间自发形成的。从这些交易当中，能看许多现代的市场交易方式，例如传统的公司制、股份制、担保物权的灵活使用、丰富的融资方式。有些交易甚至超越了西方国家存在的交易形式。例如对股票的租赁，使出租者实现了由股权转换为债权。[③]

据现存史料，中国历史上自隋唐起已有了民间土地契约的书面形式的存在，至明清间，土地契约文书内容更加丰富。这正是适应了土地买卖、租佃等地权转移的频繁和土地买卖形式的多样性而起的。私人之间订立的土地买卖契约，内容常载有出卖人姓名、出卖原因、土地数量（亩、分）、坐落位置、编号、四至（土地界限）、卖价、交讫日期、载租额、载税额、起割入册、管业归属、注意事项等（如不许有重复交易、来脚不明及一切不明之事；家内外人不许占拦；这是卖方之责，不涉头方；是否允许日后回赎和找价等）。交易后双方不许反悔，先悔者要罚款，而原契仍旧生效。立契时间等亦需一一写明。此外如有特殊情况，卖方亦须在私契上写明，如卖方原土地上有附属物（青苗、木植、堆房、水碓等）、佃户、佃户住房等，写明一并卖给对方，更要写明买主，自交割之日起即归业户受业。为了表示

[①] ［美］曾小萍、［美］欧中坦、［美］加德拉：《早期近代中国的契约与产权》，浙江大学出版社2011年版，第18页。

[②] 张振国：《中国传统契约意识研究》，中国检察出版社2007年版，第68—69页。

[③] 在股票出租的契约中，出租者获得固定的租金回报，从而将股票的高风险的分红回报转换为低风险的租金回报。张振国引用了《中国历代契约汇编考释》第1554页的租赁股票的契约。

◈◈ 良田择良耕 ◈◈

契约的公正性，必须有中见人，或称凭中、凭中人、中人、见人。中见人一般是年长有声望者受邀参与。书写人，或称书契人、代笔人、代笔。卖主称立契人、卖契人、契人。上述人员（除业户外）都需一一画押（签字）。例如一则非常典型的买卖契约：

> 立卖杜绝契人广安庄陈学道。有明买得郑石等水田一所，坐落在恋恋庄，大小共拾肆坵，受丈贰甲壹分七厘，配水拾分，年载课粟拾肆石庄栳。东至圳，西至滥仔圳，南至傅家田，北至陈文良田，四至明白为界。今因乏银别置，先问房亲人等不能承受外，托中引就送卖与刘忠水出首承买。三面言议，时值价花边银参百壹拾大员正。其银即日仝中收讫，其田随付银主前去掌管耕作，收租纳课，永为己业。一卖终休，日后子孙不敢言贴，亦不敢言赎。保此田系学道明买物业，与房亲人等无干，亦无重张典挂他人，以及来历交加不明等情为碍。如有不明，学道出首抵当，不干银主之事。此系二比甘愿，各无反悔。恐口无凭，立卖杜绝契壹纸，并缴连上手契肆纸，共伍纸。付执为炤。
>
> 即日仝中收过契内花边银参百壹拾大员正，完足再炤。
>
> 内注得郑石等批的四字炤
>
> 为中人陈尧老
>
> 代书人章爵若
>
> 乾隆伍拾壹年闰柒月 日立卖杜绝契人陈学道①

地权买卖的程序经历了一个漫长的演变过程。总体的趋势是，政府的参与在民间的土地交易中逐渐淡化。大约从隋唐时起，土地的买卖开始规定严格的程序，田土的交易必须事先"经所部官司申牒"。宋代为防止纠纷的发生，规定田地出卖后卖主必须"离业"，在不动产买卖契约方面规定的问邻、印契、过割、离业四个要素。元代时期，不动产买卖必须有"经官给据""先问亲邻""印契税契""过

---

① 陈秋坤辑：《万丹李家古文书》，"国史馆"台湾文献馆2011年版，第960016号。

割赋税"这样四个法定要件才可生效。至明清时期，法律对于田宅典卖过程中的"离业"已无明确规定。民间出卖土地后即成为买方佃户依旧耕种原土地的情况比比皆是，并且"给官给据"和"先问亲邻"已被废除。田宅典卖的过程大致是：田宅典卖双方订定典卖契约后，买主应在当年至官府，缴纳契税（"投缴契税"）；官府会在契约之后粘连契尾，并加盖骑缝官印，并将赋税在簿内重新登记（"赋税过割"）。①

除了土地的买卖，还有其他各种交易形式，其中大量出现的是租佃契约。租佃契约中明确规定了地主和佃农的权责，分为分成地租、定额谷租、定额货币地租等不同形式。例如徽州的一则租佃契约：

> 立租批人唐在中，今租到程□□名下，此字号田一亩四分有零，土名下，三面议定每年交纳时租晚谷四十一斗整。其租挑送上门，风车扇净，无得欠少。倘有欠少籽粒，本家即行起回。其田本家并无小买、青苗、酒食、顶头等项，如或不种，交还本家，不得私退与他人。恐口无凭，立此租批存照。
> 乾隆三十三年八月　日立租批人 唐在中
> 凭中人　唐云龙
> 代笔人　程廷彩②

租佃在西方国家也是比较常见的土地经营方式。例如1982年4月1日年一则美国 North Dakota 的定额租佃契约：

> 农民某某同意付地主某某每亩每年30美元来佃种156亩耕地，第一年总租金4680美元。4月1日付10%，10月1日之前付清剩下的90%。此契约每年续签，除非任何一方于9月15日

---

① 姜茂坤：《近代中国民法学中的物权行为理论》，博士学位论文，华东政法大学，2008年。
② 安徽省博物馆：《明清徽州社会经济资料丛编》（第一辑），中国社会科学出版社1988年版，第28页。

前告知对方（停止续约）。如果停止续约，地主要按亩付给佃方交地时在本年已经发生的耕种费用①。佃方承担所有缴纳政府的费用。

双方签名②

又如西班牙葡萄酒种植中常采用的永佃制。1880 年代在西班牙加泰罗尼亚的一则永佃契约规定：佃农承诺永远种植并照料葡萄园，将酿出的葡萄酒的七成到八成交付地主。③

相比同时期的西方国家而言，近世中国的佃农有较高的经营独立性。例如意大利锡耶纳省 1891 年的一则租佃契约中对佃农的规定：契约中提到的佃农的家庭成员不能自由离开这个家庭，除非有地主明确的同意，也不能通过结婚或其他方式增加家庭人数。佃农不能耕种其他的土地，也不能从事其他的工作或生意，否则地主将立即解除租佃契约，佃农承担损失。④ 而中国的佃农与地主之间多是一种不同要素拥有者之间的合作关系，只要佃农能履行缴纳地租的义务，地主几乎不干涉佃农其他的事情。

私有产权和民间契约都是受国家保护的。由于田产的所有者上缴的田赋是国家税收的主要来源，为了确保国家税收的稳定，政府不会轻易干涉私有产权，也会制定规则保护民间的产权以及民间的自由交易。

正是由于对稳定产权的预期，以及国家对私人间交易的保护，近世地权市场才会呈现出繁荣而多样化的形态。表 2 - 1 显示了笔者已经接触到的各地已经出版或公开的明朝至民国时期的土地契约。仅这些已经被整理出的契约就已经有两万份左右。

---

① 原文是 "Renters will be paid for the summer fallow with price per acre to be established at that time"。

② Douglas W. Allen and D Lueck, *The nature of the farm: Contracts, risk, and organization in agriculture*, Cambridge, Mass.: MIT Press, 2002, p. 34.

③ Giovanni Federico, *Feeding the world: an economic history of agriculture, 1800 - 2000*, Princeton: Princeton University Press, 2005, p. 127.

④ A. Luporini and B. Parigi, "Multi - task sharecropping contracts: the Italian Mezzadria", *Economica*, Vol. 63, 1996, pp. 445 - 457.

第二章 研究对象与理论前提

表2-1　　　　　　　　　已发表或公开的契约数量

台湾地区	已公开的契约大致数量	大陆地区	已公开的契约大致数量
《大甲西社古文书》	330	《清代宁波契约文书辑校》	415
《大台北古契字二集》	680	《贵州文斗寨苗族契约法律文书汇编》	600
《大肚社古文书》	100	《清代乾嘉道巴县档案选编》	200
《道卡斯古契文书》	175	《乾隆刑科题本租佃关系史料之一：清代地租剥削形态》	399
《台湾司法债权编》	100	《田藏契约文书粹编》	950
《清代台湾大租调查书》	400	《明清徽州社会经济资料丛编》	800
《台湾中部平埔族群古文书研究与导读》	90	《明清福建契约文书选集》	430
《关西坪林范家古文书集》	100	《中国历代契约汇编考释》（明朝至民国）	781
《万丹李家古文书集》	478	《闽南契约文书综录》	906
《大岗山地区古契约文书汇编》		《广东土地契约文书（含海南）》	400
傅斯年图书馆藏		《石仓契约》	8000
《许舒博士所藏商业及土地契约文书》		《中国土地契约文书集》（日本出版）	423
《台湾司法物权编》		《清代以来天津土地契证选编》	637
《台湾平埔族文献资料选集：竹堑社》		《清代浙东契约文书辑选》	340
		《吉昌契约文书汇编》	348
		《广西少数民族地区碑文契约资料集》	140
		《厦门典藏契约文书》	1117
		《清代山西民间契约文书选编》	5067

二　政府与法律的功能

与市场相对应，政府与法律的功能主要表现在以下四个方面：

其一，保护私有产权。土地的私有产权和自由买卖的制度自唐宋以后开始确立，到了明清时期，地权的交易更加频繁，政府对私有产权的制度保护也更加完善。明清时期，官府通过鱼鳞册进行土地的丈量和登记。"鱼鳞册"是明清时期的土地登记制度，具有地籍性质。同一地段相连接的各块不同业主的土地，经丈量呈报后，绘制图册，每份详细载明地块名称、类别、面积、四至以及管业人的籍贯，姓名，并用线条勾画出每块地的形状。① 例如明末绩溪县的一张鱼鳞图册，上面写明了所载土地"东至塝，西至汪东之田，南至汪大用、汪天宇田，北至汪安学、汪保相田"②。在鱼鳞册制度下，土地私有权属进一步明晰化，国家开始出台相关律令保护私有产权，并为私有产权的合理流动提供保障。如有涉及土地产权纠纷的案件，当事人及主管官署都是据鱼鳞册及推收册来断案判决。在鱼鳞册上登记，是取得合法产权的唯一途径。据《明史·食货志》载："鱼鳞册为经，土地之讼质焉；黄册为纬，赋役之法定焉。"③ 赵冈研究认为，鱼鳞图册上的数字可信度相当高。④

除在鱼鳞册中登记外，官府还为土地所有者颁发文书来确认土地产权，例如签业票、清丈归户票等。垦荒帖文也是其中的一种文书。徽州祁门县人程昂开垦了四分荒山，于1471年告官要求获得认可，祁门县官府给程昂颁发了帖文，帖文上明确记载了所开垦土地的四至："一号山一分，坐落本都三保，土名鲍家坞，系经理阙字五百五十六号，东降，西田，南、北程山。"⑤

---

① 郑焕明：《古今土地证集藏》，辽宁画报出版社2002年版。
② 刘和惠、汪庆元：《徽州土地关系》，安徽人民出版社2005年版，彩图一。
③ 戴天放：《"鱼鳞册"制度对农村土地产权的完善及促进土地流转的借鉴》，《农业考古》2008年第3期。
④ 赵冈：《简论鱼鳞图册》，《中国农史》2001年第1期。
⑤ 周绍泉、赵亚光：《窦山公家议校注》，黄山书社1993年版，第287—288页。

其二，规范交易规则。在近世土地交易中，人们发展出了各种满足多样化需要的交易形式，政府也逐渐制定交易规则来规范民间的土地交易。明朝的法律中规定了典当和买卖土地的区别：土地的典当者可以赎回土地并不用支付交易税，而土地的卖者完全转让土地并得到相当于土地全部价值的报酬，且不能赎回土地。清朝政府起初延续了明朝关于土地买卖和典当的法律，然而康雍以后土地买卖更加频繁，促使清政府对土地买卖中许多具体问题规定得更加明细。例如增加了对典当交易更加具体的规定，如在典期内承典者不能拒绝出典者赎回土地的要求等。

政府也会出台法律和规定或对一些交易行为进行约束或禁止，然而这些法律的效果是较弱的。例如对于活卖与找价的规定。明朝禁止活卖与找价，出台了很多法律试图制止民间的找价行为，然而却无法阻止活卖与找价交易在民间的盛行。清朝活卖与找价成为合法的交易，清朝政府规定，若绝卖则必须在契约中说明，否则将视为活卖。活卖者有权利在30年之内向买者要求一次找价，由起初交易的中人对土地估价来确定找价的价格。[①] 虽然这样的法律是在维护土地买者的权益，是减少因土地买卖而起纠纷和保证土地产权稳定的举措，然而实际上，多次找价的情况在各地都大量存在。又如清政府统治了台湾之后，为保护台湾原住民的土地，制定了一系列法律禁止汉人购买或占领原住民的土地，但汉人还是通过租佃的方式获得了大量土地的实际控制权。

其三，提供共同信息。原始土地契约中，有相当部分的契约没有写明土地的四至，但说明了可以依据的官方文书。例如写"其田四至，自有保簿可查""四至依照清册""所有四至悉照鳞册为界不载"[②] 等字样。

明代1427年汪汝名将水田卖给汪汝嘉的契约中说，该田"四至

[①] Chiu - Kun Chen, *Sale of Land in Chinese Law*, Oxford, UK: Oxford University Press, Vol. 5, 2009, pp. 185 – 189.

[②] 安徽省博物馆：《明清徽州社会经济资料丛编》（第一辑），第60、86、412页。

自有经理保簿可照"①。"经理"即是指鱼鳞册。明代1618年王惟武卖山的契约上说："四至悉凭升科印信文帖可证。"②"升科印信文帖"是明朝官府颁发给开荒人拥有土地的证明文书，清代1892年广东的伍长发堂将缯沙围田等出卖给爱育善堂卖契，契文四至空白，但契文最后写有"今欲有凭，立此永远断卖围田文契一纸，印契一张，部照一张，沙捐印收一张，及上手红契三包，交执为据"③。其中的"部照"是指官府颁发的证明土地已经报承输粮的证明文书，它载明土地的四至。例如，广东香山县衙颁发的元字3467号的《户部沙田执照》，载有土名潭洲缯沙围坦一坵，"东至本围基六十丈，西至大海（同丈），南至温流㴦五十丈四尺五寸五分，北至水河（同丈）"④。

鱼鳞册在民间土地交易中有着越来越重要的地位。表2-2的统计可以看出，明朝时期徽州地区只有28%的土地买卖契约依据鱼鳞册作为土地四至的权威依据，72%的契约仍然清楚标明了土地四至。而清朝时期，96%的土地买卖契约以鱼鳞册作为土地四至的依据，只有不到4%的买卖契约清楚标明了四至。

表2-2　　　　徽州土地买卖契约中土地四至的依据

	明朝	清朝
总数	127	163
契约载明四至	91	6
说明依照鱼鳞册（"经理保簿"、"清册"）	30	87
未提及四至依据，但说明了土地在鱼鳞册中的编号	6	70

注：根据《明清徽州社会经济资料丛编》（第一辑）中的卖田契约统计。

其四，维持市场秩序、处理交易纠纷。清朝土地买卖双方的关系主要是通过经济契约来维持，宗法约束、人身依附和经济强制都明显

---

① 安徽省博物馆：《明清徽州社会经济资料丛编》（第一辑），第36页。
② 安徽省博物馆：《明清徽州社会经济资料丛编》（第一辑），第539页。
③ 谭棣华、冼剑民：《广东土地契约文书（含海南）》，暨南大学出版社2000年版，第103—104页。
④ 谭棣华、冼剑民：《广东土地契约文书（含海南）》，第110页。

减弱。政府也通过法律和制度来维护契约关系和市场秩序。如依据明朝的法律，出卖不属于卖者的土地，侵占他人的土地，以及重复出卖同一块土地都属于违法行为。① 又如，清1773年浙江布政司的告示规定："民间执业，全以契券为凭。其契载银数或百十两，或数千两，皆与现银无异。是以民间议价立契之时，必一手交银，始一手交契，从无将契券脱手付与他人收价之事……盖有契斯有业，失契即失业也。"②

在发生与产权有关的纠纷或案件时，土地所有权的证明（如红契、缴税证明）以及双方的交易契约是官府判案的主要依据，其次是按照当地的民间习惯。例如清代台湾新竹县的一起产权纠纷。一个名为"金六和"的合伙企业对某块土地开垦茶园，并用一份土地买卖契约证明这块土地是他们从原住居民手中购买得到的。然而附近村庄的9个居民对这块土地的所有权提出异议，并向官府诉讼，用另一份契约证明这块土地是他们的祖先从原住民手中买到的。县官对这9位居民的契约进行研究之后，认为这份契约是伪造的，因为已经超过一百年了，仍然"墨迹新鲜清晰，印章纹路分明"，于是确认了"金六和"的土地产权。③

第二节　近世地权市场的特征

一　活跃的地权交易

近世中国地权市场非常活跃，在同一块土地上进行的交易往往相当频繁，反映在大量的土地交易契约中。在制度经济学的思想下，赵红军用单位时间内完成的同质交易或业务活动的次数来衡量交易效率。④ 本人也通过对土地交易频率的测量来反映土地要素的流动性和

---

① Chiu-Kun Chen, *Sale of Land in Chinese Law*.
② 杨国桢：《明清土地契约文书研究》，人民出版社1988年版，第249页。
③ ［美］曾小萍、［美］欧中坦、［美］加德拉：《早期近代中国的契约与产权》，第151—152页。
④ 赵红军：《交易效率、城市化与经济发展》，上海人民出版社2005年版。

◈◈ 良田择良耕 ◈◈

交易效率。表2-3是从广东土地契约文书中提取出的在某一块名叫"雁企沙南侧"的坦田上所进行过的所有有记载的交易。根据相关契约推测出土地及地权所有人的分布图（图2-1），可以看出40年之间，这块土地数次被聚集、被分割。40年后不仅已经完全易主，而且土地划分也发生了很多的变化。

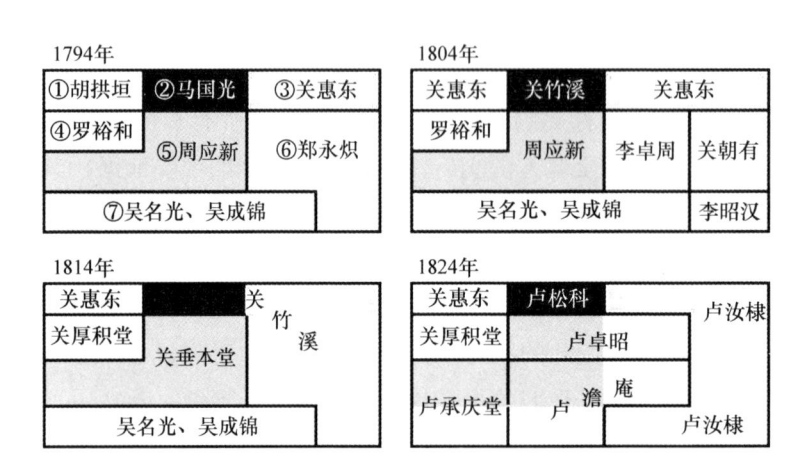

图2-1 雁企沙南侧坦田1794—1824年每十年所有者及土地划分的变化

注：此处为示意图，显示这块土地各部分的面积、所有者的信息，不是土地的实际形状和位置。

表2-3 1796年至1823年在雁企沙南侧（位于广州附近）坦田上进行的交易

土地及面积	年份	交易	交易原因	交易后所有者	单价（两/亩）
第①块地，20亩	1796	胡拱垣卖与关惠东	急用钱	关惠东	1.25
第②块地，20亩①	1798	马国光等卖与关惠东	无力经营	关惠东	2.50
	1805年之前	关惠东卖与关竹溪（推测）			
	1823	关竹溪卖与卢松科		卢松科	55.73

① 由于计税面积的变动，同一块田地在原始契约中显示的亩数在两个年份前后不一致。这里均按较早的年份计量的土地面积。

34

续表

土地及面积	年份	交易	交易原因	交易后所有者	单价（两/亩）
第③块地，40亩（可能包含第一块地，但契约中未显明）	1805	关惠东卖与关竹溪	凑用	关竹溪	3.00
	1823	关竹溪卖与卢汝棣		卢汝棣	55.74
第④块地，11.7亩	1805	罗裕和卖与关厚积堂	凑用	关厚积堂	5.13
第⑤块地，60亩	1805	周应新卖与关垂本堂		关垂本堂	6.00
	1823年之前	关垂本堂卖与关竹溪（推测）		关竹溪	
	1823	关竹溪卖与卢承庆堂、卢卓昭祖、澹庵祖		卢承庆堂、卢卓昭祖、澹庵祖	55.74
第⑥块地，100亩	此地1/4	1804	郑永炽卖与李卓周	无力经营	李卓周	1.80
		1808	李汝宽、谭氏（李卓周妻儿）卖与关竹溪	父丧债急用	关竹溪	4.05
		1823	关竹溪卖与卢汝棣		卢汝棣	55.73
	此地1/2	1804	郑永炽卖与关朝有	无力经营	关朝有	1.80
		1808	关国贤、升贤、序贤卖与关竹溪	凑用	关竹溪	3.73
		1823	关竹溪卖与卢澹庵、卢卓昭		卢澹庵、卢卓昭	55.74
	此地1/4	1804	郑永炽卖与李昭汉	无力经营	李昭汉	1.80
		1808	李昭汉卖与关竹溪	凑用	关竹溪	4.10
		1823	关竹溪卖与卢汝棣		卢汝棣	55.73
第⑦块地，77.233亩	1818	吴名光、吴成锦等卖与关广业祖	修山急用	关广业祖	11.77
	1823年之前	关广业祖卖与关竹溪（推测）		关竹溪	
	1823	关竹溪卖与卢承庆堂、卢汝棣、澹庵祖		卢承庆堂、卢汝棣、澹庵祖	55.74

资料来源：根据广东契约中的"广州地区契约文书"摘录和统计得到。

◈ 良田择良耕 ◈

从徽州休宁朱姓置产簿中也可以看出土地买进和卖出的频率。根据章有义对该置产簿的统计,从1666年到1829年间朱姓地主分73次购进田、园、地、山共108.099税亩,平均每次1.48税亩,分25次购进田皮、山皮共47.632税亩,平均每次1.91税亩。[1] 该置产簿记录的这些土地平均30多年易主一次。而1800年以前每块土地平均50多年被交易一次,1800年以后每块土地平均12年被交易一次。土地交易明显趋于频繁。

表2-4　徽州休宁朱姓置产簿中土地产权买卖的时间间隔[2]

土名	现契年份	老契年份	间隔年数
陈家坞（田底）	1706	1641	65
山九坞（田）	1725	1697	28
田坞（田皮）	1729	1697	32
思贤岭里山（田皮）	1738	1733	5
坑底（田皮）	1749	1715	34
白石坞（田皮）	1789	1672	117
砖坞口（田底）	1798	1727	71
观音亭（底面田）	1804	1801	3
杨梅岭等（田底）	1804	1797	7
杨梅岭等（田底）	1804	1796	8
天将岭（田皮）	1809	1783	26
外坞（园地）	1810	1794	16

资料来源:章有义《明清徽州土地关系研究》,第80页。

表2-5显示了江苏江宁县各村平均每户农户卖出的土地面积以及典出的土地面积。笔者根据秦翙对江宁县农场面积的分段统计估算出该地人均农场面积大约为15.2亩。[3] 而全县平均每户卖出土地

---

[1] 章有义:《明清徽州土地关系研究》,第88—89页。
[2] 现契年份和老契年份的时间间隔表明土地从买进到卖出的年数。
[3] 秦翙:《农村信用与地权异动关系的研究——江宁县第一区农村调查报告》,《民国时期社会调查丛编·乡村经济卷》(下),福建教育出版社2009年版,第627页。

6.22亩，典出土地1.95亩①，即41%的土地参与了买卖交易，12%的土地参与了典的交易。

表2-5　　　江苏江宁县各地区平均每户卖出土地面积和典出土地面积（1937年）②

地区	前心塘	方家冲	王家楼	庙东村	张桥村
买卖土地总面积/总农户数（亩/户）	13.6	3.37	4.57	9.52	3.32
典出土地总面积/总农户数（亩/户）	0.63	2	0.56		0.92
买卖土地总面积/总农户数（亩/户）	3.5	5.05	6.63	4.17	4.7
典出土地总面积/总农户数（亩/户）	2.24	1.18	1.25	2.89	4.8

资料来源：秦翊《农村信用与地权异动关系的研究——江宁县第一区农村调查报告》，第634页。

此外罗仑等人的调查显示，山东章丘县太和堂李姓地主，从1761年至1905年这145年间，共购进土地515.92亩，立契105张，平均每次买进4.91亩，最大的两笔交易都发生在同治七年（1868），每笔30亩，最小的一笔交易仅0.11亩③。根据侯建新的统计，河北清苑11村在1930至1936年平均每户购买土地9亩，卖出土地11亩。④ 1936至1946年平均每户购入土地10亩，卖出土地6亩。赵冈等人对浙江遂安县的研究表明，遂安县同治元年至十三年这13年中有300余户进行过土地买卖交易。⑤

生产要素的流动性不仅体现在土地买卖上，更体现在以土地为核心的多样化的交易中。这些交易形式降低了生产要素的流动成本。这将在后文中论述。

---

① "100亩以上"（269户中只有两户有100亩以下的土地）的土地均以150亩计，其余取了每个区间土地面积的中位数进行的估计。例如"5—10亩"的土地均按7.5亩计。
② 原始数据中没有说明统计的时间段。
③ 罗仑、景甦：《清代山东经营地主经济研究》，第65—68页。
④ 侯建新：《农民、市场与社会变迁：冀中11村透视并与英国乡村比较》，第75—76页。
⑤ 赵冈、陈钟毅：《中国土地制度史》，新星出版社2006年版。

二 多样化需求的满足

人们的需求偏好千差万别，有多少消费者，几乎就有多少种需求偏好结构。在传统地权市场中，人们通过各种形式的交易谋求自身需求和偏好最大限度的满足。从表2-6显示的土地买卖交易的原因中看到，人们买卖土地的原因有很多。在巴县，大部分的交易产生的原因是因为卖者需要钱还债或者维持生计。但也有不少交易是为了筹措资本，以投资在别的地方，或是因为自己没有经营土地的能力，或是因为田地位置或形状不利于卖者经营所以就干脆卖了。广州地区的契约文书在后三个交易需求上就体现得更明显。可见，资本、土地、劳动力这三种资源就在市场中根据具体的需要而不断重新组合。

表2-6　　　　土地买卖契约交易原因统计（卖方的原因）

卖方交易原因	四川巴县	广州	中国土地契约文书集	台湾崩山八社	徽州
还债、还租	41	4	1		1
维持生计	17	16	2		64
筹措资本①	4	12	1	15	1
不擅经营、不便经营或不愿经营（主观原因）	2	9	9	1	33
田地位置不好（或因太窄，或因太远，客观原因）		5	8		1
有急事需要钱（看病、祭祀、丧葬等）	1	2			4
交不上国税			8	1	
公用					3
需用钱，但原因未明		28	48	22	119

资料来源：从左到右各列所统计的契约分别来源于：《清代乾嘉道巴县档案选编》（其中的买卖、典当契）；《广东土地契约文书（含海南）》（其中广州地区的买卖契约）；《中国土地契约文书集》（其中的买卖契约）；《台湾中部平埔族群古文书研究与导读》（其中的崩山8社买卖、典当契）；《明清徽州社会经济资料丛编》（第一辑）。

---

① 凡出卖土地原因标为是"乏银别创""生意无本"等的均归为这一类，并不一定指经营企业的资本。

第二章 研究对象与理论前提

除了普通的买卖交易，还可以看到一些个性化的交易契约。比如一些土地交换契约。这类交易的产生往往都是因为某一方或双方希望将零碎分散的土地集中在一处，以便于经营。如1756年四川巴县的某掉田（换田）契：

> 立掉田地合约人耿良才。今将本年得买梁姓田地一股，因南界与杨儒席田地夹插，又有杨姓与梁子位所买北界与耿姓田地夹插，情愿凭众将南界掉杨处北界，有荒熟不等，耿处补杨处铜钱四千文正。……其有杨处北界，自……为界，界内悉归耿处管理；其有耿处南界自……为界，界内尽归杨处管业。……①

在这则契约中，因为耿良才与杨儒席两人的田地相互夹插，就通过土地交换重新确定了两个人各自的地权边界和范围，并且由于交换的土地的土壤质量不等，耿补偿了四千文钱给杨。又如1823年广州地区的某换田契：

> ……大良陈世业堂、羊额何广厚堂，有土名雁企沥心沙三尖田五亩六分九厘三毫二丝，与容奇关竹溪祖田互相毗连。因竹溪祖筑围田，欲取方正，筑入陈何老田一十四亩……另三尖田五亩六分九厘三毫二丝俱在围内。今竹溪祖欲将围外之田五亩六分九厘三毫二丝，换陈何围内三尖田五亩六分九厘三毫二丝，各取方正允协，齐至田所丈量明白，亩数相符，以围内之田换围外之田，以税抵税。自换之后，围外之田五亩六分九厘三毫二丝，系陈何所得，围内之田五亩六分九厘三毫二丝系关竹溪所得。②

竹溪祖因为自己的土地分散在两处，就通过交易将自己分散在远处的一块土地换成与另一块土地相连，这样他就可以"筑围田"，实

---

① 四川大学历史系、四川省档案馆编：《清代乾嘉道巴县档案选编》，四川大学出版社1989年版，第82页。
② 谭棣华、冼剑民：《广东土地契约文书（含海南）》，第36页。

行规模经营。

三 市场的价格形成与激励机制

不同质的商品的价值在一个信息充分的市场当中能够被反映出来。如果土地市场是有效的，则土地价格反映其未来的收益。即使价格出现偏离，也可以被市场纠正回来。1867年5月，梁绳武堂梁西轩等因"经赈饥揭欠人家银两"欲通过中人出卖自己5块总计2.7333637顷土地。最初定价为420两。在契约中，卖者极其清晰的说明了土地的未来收入流，即收入年8.898石租米和8.898两租银，流出8.84175石米的税。但市场并不认同这个价格。问了很多人以后，发现"各嫌田少税多，又遭水患"，怕"失租赔粮"，也就是说卖者低估了风险。于是卖者降价，降为400两。[①]

如果土地的市场价值随着土地质量的提高而提高，且对土地的增值收益有稳定的预期，则资本的所有者有激励投资于土地的开垦、开发与改良。历史上广州人从宋元时期便逐步开始利用海滩，通过修堤筑围，引淡洗咸，把海滩改造为良田。这一类的田地统称为沙田。沙田经过"水坦""白坦""草坦""潮田""围田"等发展阶段，地势逐渐升高。"水坦"在水面之下。"白坦"在涨潮时没在水面之下。沙田浮出水面之后，人们通过植草改良土壤，就是草坦。发展到"潮田"时已经可以进行耕种，但容易受潮水的影响，产量不稳定。"围田"则已经发展成熟，地势较高，土壤完全脱盐，是高产农田。[②] 一般而言围田的价值最高。因为存在不同形式的沙田，广州珠江三角洲的土地契约中也就多种多样，如有白坦契、草坦契、田坦契、缯沙田契、围田契、基底契等名目。而在广东腹地，地契的种类就较为单一，泛称田契。[③] 政府根据不同的土地质量和等级制定不同的税则，反映在田契上便有"斥卤""下则""中则""上则"之分。由于沙

[①] 谭棣华、冼剑民：《广东土地契约文书（含海南）》，第4页。
[②] 卜松竹：《广东人最早发明生物防治技术比西方早一千多年》，《广州日报》2010年9月16日。
[③] 冼剑民：《从契约文书看明清广东的土地问题》，《历史档案》2006年第3期。

田在不同的发展阶段价值逐渐增值,对沙田的投资也非常活跃。从《广东土地契约文书》中可见,一些地主、商人、宗族购买未成熟的沙田,将其修筑开发成围田,然后再以更高的价格出卖。以香山塞口沙坦(又称永丰围)为例,最初由三水邓章等人合买53顷,起征"斥卤",进行工筑。后于1845年统一出卖,分为53份,每份100亩,售价950两,马苏荫堂买了四份(400亩),共付出3800两。1881年出售时,丈田得438亩,以每亩50两的价格卖给爱育堂,共得18136.9两的利润。[1] 又如广东的关竹溪及其家族于1798至1818年之间在雁企沙南侧购置了8块白坦田,共363亩,[2] 购买价在每亩2.5两与11.8两之间不等。购置后对这些白坦田进行"用资工筑"。将这些白坦田投资开发成围田之后,1823年关竹溪将这8份围田分别出卖,卖价为每亩55.7两。[3] 且其采用拍卖的方式出卖土地,"一应标贴,召各乡财东到祠投买……价高者得"。可见土地是非常抢手的投资品。

表2-3反映了不同种类的沙田的市场价格区间,所使用的数据来源于1786至1906年广东的广州地区和新会县的土地交易契约中的信息。笔者对每份契约中的土地价格根据彭凯翔所测算出的当年的物价指数进行了调整(以1760年的物价水平为基准),以剔除通货膨胀的影响。[4] 图中显示了不同类型的土地的价格区间有明显的差别。无论在广州还是新会,围田都是价值最高的土地。

如果土地的价格不能反映其真实的未来收益,则资本无法激励对其进行长远的改良,而是以投机为主,获取短期的回报。

---

[1] 冼剑民:《从契约文书看明清广东的土地问题》,第66页。
[2] 根据其后来出卖土地的契约来看,先前买的应该更多,但没有被收录完全。
[3] 谭棣华、冼剑民:《广东土地契约文书(含海南)》,第37—66页。
[4] 根据彭凯翔清朝物价水平的计算,1786年至1906年的通货膨胀并不大。1906年的物价水平只是1786年的1.1倍,这期间物价水平最高的年份是最低的年份的物价水平的2.2倍。参考彭凯翔《清代以来的粮价:历史学的解释与再解释》,上海人民出版社2006年版。

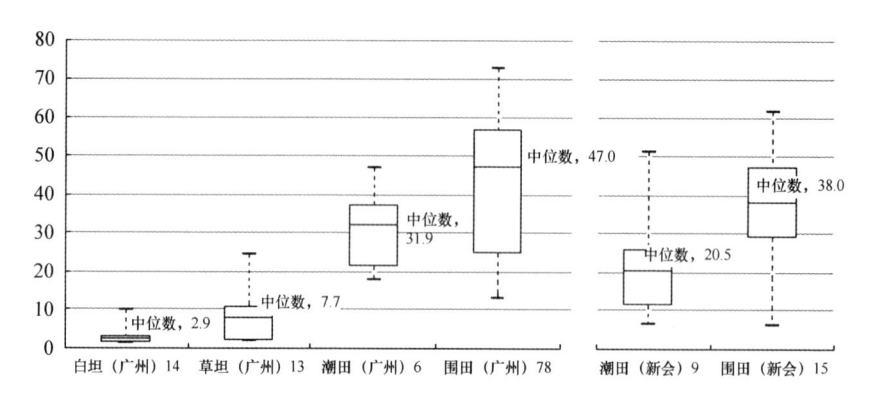

图 2-2　广州、新会地区沙田开发各阶段的价格箱型图

第三节　理论前提

一　资源配置问题——劳动力与土地的动态结合

资源配置是经济学中最核心的问题，指一定量的资源按某种规则被分配于不同产品的生产和被分配给不同的生产者使用。它有两层含义：（1）稀缺资源按消费者偏好大小，合理用于生产不同的产品。（2）稀缺资源应尽可能多地由生产效率高的生产者使用。

资源的有限性与人类需要之间矛盾的永恒存在，就产生了资源配置是否有效率的问题。对资源配置效率的研究，从古典经济学就已经开始。亚当·斯密在《国民财富性质和原因的研究》中通过对市场运作原理的分析，来证明市场机制这只"看不见的手"可以最有效地配置资源。以庇古为代表的传统福利经济学最早开始对资源配置效率标准问题进行系统研究。庇古在《福利经济学》中，提出了资源最优配置的效率标准就是边际私人净产品与边际社会净产品相等，市场的作用就是通过自由竞争和社会经济资源的自由转移来实现这个条件。当所有人的收入均等且货币的边际效用相等时，社会经济就会达到最大化。因此庇古的效率标准是与分配，即公平问题紧密相连的。但意大利经济学家菲尔弗雷多·帕累托提出了帕累托效率标准。所谓帕累托效率指的是，如果社会资源的配置已经达到这样一种状态，即任何重新调整都不可能在不使其他任何人境况变坏的情况下，而使任何一个人的境况变得更好，那么，这样资源配置的状态就是最佳的，也就是有效率的，如果达不到这种状态，即表明资源配置仍不是最有效率的，还存在着继续改进的余地。①

新古典经济学对资源配置的研究是建立在理想市场的假设下。以科斯、诺思等为代表的新制度经济学家对新古典经济学家的效率概念提出进一步修正，从交易成本角度提出了产权制度效率的思想。科斯指出，在交易成本为零的世界里，即在新古典经济学的假设下，不管权利初始安排怎样，当事人的谈判都能导致财富最大化安排，如果市场交易成本为正，则"合法权利的初始界定对经济制度的运行效率产生影响。一种权利的调整会比其他安排产生更多的产值"②。科斯主张从产权制度成本角度去评价制度效率的高低。诺思从制度变迁的角度，提出了制度效率，即指在一种约束机制下，参与者的最大化行为将导致产出的增加；而无效率则是指参与者的最大化行为将不能导致产出的增加。

地权市场使得土地与劳动力、土地与资本拥有灵活的配置机制。劳动力所有者通过地权市场追求与劳动力数量匹配的土地规模。资本所有者也通过地权市场来发挥资本的价值。以下以劳动力与土地为例探讨要素之间的动态结合。

在一个封闭的市场中，假设只存在一种行业，即农业耕种，并假设只存在两个家庭和两种生产要素（L：劳动力，T：土地），并且生产要素总量既定不变。这时我们可以用 Edgeworth 盒来表示这两种生产要素的配置状况以及产量。新古典经济学论证了完全竞争市场如何实现社会总福利的最大化，也就是实现帕累托最优状态。帕累托最优（Pareto optimum）也称为帕累托效率（Pareto effieieney），是指这样一

---

① 黄和亮：《林地市场与林地市场化配置研究》，博士学位论文，福建农林大学，2005年。
② [美]科斯、[美]阿尔钦、[美]诺思：《财产权利与制度变迁》，上海三联书店1994年版。

种情况，在其他人的效用水平不下降的情况下，没有任何可能使某些人的效用水平有所提高。根据一般均衡理论，生产的帕累托最优条件是：任意两种要素之间的边际替代率，对于所有生产者来说都相等时，产量达到最大，即：

$$\frac{f'_{T1}(x)}{f'_{L1}(x)} = \frac{f'_{T2}(x)}{f'_{L2}(x)} \qquad (2-1)$$

如图 2-3 所示在 Edgeworth 盒中，在生产契约线 OO'上的任意一点都有两个家庭的土地和劳动力之间的边际替代率相等，两个假设两个家庭 1、家庭 2 初始拥有的劳动力分别为 L_a、L_b，拥有的土地分别为 T_a、T_b。$L_a > L_b$，$T_a < T_b$。此时两家庭的等生产线分别为 n_1 和 n_2，生产能力处在 A 点，有：

$$\frac{f'_{Ta}(x)}{f'_{La}(x)} > \frac{f'_{Tb}(x)}{f'_{Lb}(x)} \qquad (2-2)$$

A 没有在生产契约线上，生产能力有通过要素交换而提高的空间。两个家庭的人口在短时间内是不变的，土地如果可以自由流动，则家庭 2 可以给家庭 1 一部分土地使得两个家庭拥有相同的要素边际替代率，这时两家庭的等产量线变为 n_1' 和 n_2'，总生产能力达到最大，即达到图中的 B 点。如果地权是清晰的，那么家庭 1 需要支付家庭 2 至少大于 n_2 和 n_2' 所差距的福利，才能获得 B 点的土地数量。即两个家庭经过土地和资本的交换以后，福利均得到提高。

当某个家庭劳动力数量改变的时候，其生产要素的边际替代率发生改变。比如 b 家庭的劳动力数量增多，则其土地对于劳动的边际替代率提高并大于 a 的边际替代率，即：

$$\frac{f'_{Ta}(x)}{f'_{La}(x)} < \frac{f'_{Tb}(x)}{f'_{Lb}(x)} \qquad (2-3)$$

这时，又如上文所述，可以再次进行土地交易以提高两个家庭的总福利。也就是说，若实现了要素的自由交易，劳动力与土地的结合能够根据家庭劳动力数量的改变而不断改变，使得这种结合在动态变化中总处在较高的生产力上。

土地是一种生产要素，同时也是一种资产。土地作为整体进行交

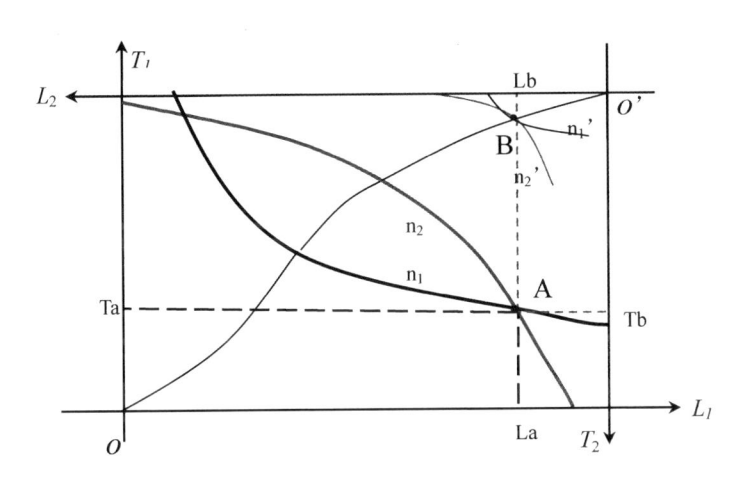

图 2-3　用 Edgeworth 盒表示的劳动力与土地的结合

易的成本较高，而当其生产要素功能与资产功能分离时，则可使劳动力与土地更容易自由的结合。中国历史上，拥有独立佃权的农民，在不断实现着劳动力与土地的动态结合。

明清时期由押租制、开荒加工、典卖田地等演变出了永佃制，即土地的权力有两个层次，田底权代表的是土地的资产功能，而田面权代表的是生产要素功能。拥有田底权的田骨业主拥有收租权，拥有田面权的田面业主享有永久的土地使用权，并可以自由买卖、继承、典当。田骨业主无权干涉田面业主的对其田面的任何行为，即使是追讨租金也无权侵犯田面业主的田面产权。甚至在后来的田骨交易市场上，买进田骨之人不必知道田产坐落何方，面积多大，田中所种何物。[①]"一田两主"实现了土地作为一种固定资产和作为一种生产要素的分离。田骨逐渐成为一种金融工具，而田面权是生产要素的所有权，其必须与劳动力结合起来才能实现价值。这种分离降低了地权市场的门槛，使得劳动力和土地的结合变得更容易。田面权与目前中国农村的土地经营权又有根本的不同。因为田面权代表着一种独立的产权，拥有田面权的农民会在土地上进行长期投资并努力耕作。

---

① 赵冈：《论"一田两主"》，《中国社会经济史研究》2007 年第 1 期。

◆◆ 良田择良耕 ◆◆

当佃权独立并由佃主控制与支配时，就能通过佃权的流动实现生产要素的动态组合。劳动力充裕的家庭，可以佃种较多的土地；劳动力缺乏的家庭，则可以出让其田地的佃权，脱离土地耕种。比如《刑科题本》第343号显示，王子昂佃种蔡桂玉田租20石。乾隆三十四年，因其家庭人力不敷，遂将其中的5石5斗，转拨王起先耕种，得顶首七折钱3千文。乾隆四十一年，王子昂的四个儿子长大了，要将田5石5斗以原价取回自己耕种。①

王子昂家就类似于上文Edgeworth盒中的家庭2，当其劳动力较少而土地较多时，将其田面权转让给他人，而当其家庭劳动力增多时，又买回其原先的土地。王子昂不懂得边际替代率的道理，但他知道根据自己家庭劳动力的状况调整拥有土地的数量，以较大程度上提高自己家庭的福利，而高流动性的土地交易市场帮助他实现了这一点。

然而仅通过生产要素的自由流动，劳动力与土地的动态结合是否能充分实现？这里有两个问题：一是土地流动的成本高，仅有劳动力没有资本仍是无法获得土地；二是农民在大多数情况下不愿意将土地卖掉，即使其没有能力耕作，也不愿意轻易失去土地。因而生产要素动态结合的真正实现，需要除简单的买卖之外的更深层次的市场。体现在近世地权市场中就是多层次的地权交易。这将在第三章中论述。

二 制度选择问题——多样化地权结构的形成

以往对契约选择机制的探讨有两种视角。总结如下：

其一，风险分担和交易费用之间的权衡。张五常的《佃农理论》论证了在自由契约的条件下（零交易成本），在私有产权限制之财富最大化的完全竞争前提下，不论地主自耕、雇佣农工生产、分租或定租的土地耕作产出，其资源配置效率是一样的。而在交易费用为正的条件下，不同合约安排其效率不同，也就是不同的资源配置方式导致不同的资源配置效率。由于规避风险和交易成本两大

---

① 龙登高：《地权交易与生产要素组合：1650—1950》，《经济研究》2009年第2期。

因素的制约，从而导致产生不同的合约安排，其农地资源配置绩效也随之出现差异。

表2-7　　　　　三种农地合约的风险、交易成本对比

合约类型	定额租约	分成合约	工资合同
交易费用	谈判签约费用	谈判签约费用＋产量监督费用	谈判签约费用＋资产监督费用＋劳动监督费用
风险	佃农承担	共同承担	地主承担

在私有产权制度及交易成本不为零的情况下，至少有两大因素导致当事人选择不同类型的合约安排。一是规避风险。如果合约当事人规避风险的成本低于从所规避的风险中获得的收益，那么他就会选择试图规避风险。二是交易成本的大小。经济当事人往往选择交易成本较小的合约。因此，当事人选择不同的合约安排，是为了在交易成本的约束条件下，从分散风险中获得各自的最大利益。由于任何一种资源配置利用存在竞争，有各自的信息条件、资产条件不尽相同，在资源利用过程中必然出现不同的合约形式，从而也就产出了不同的资源配置绩效。因此，在一个交易成本不为零的私有产权世界，资源配置方式呈现出多元性。

杨小凯等人在新古典框架下发展了间接定价理论，揭示了企业制度之于经济效率的含义，即分工和专业化经济是经济增长的内因。该模型被称为"斯密—科斯"模型。分工产生专业化经济，同时分工产生信息不对称，信息不对称产生交易费用增加，专业化经济与交易费用的权衡决定分工的演进及制度的选择。[①] 彭美玉利用杨小凯等人的理论构建了一般均衡模型来解释土地制度的选择问题。其将土地制度分为五种模式：自耕农制度（自己开发土地，自己生产粮食）、完全分工制度（土地所有者专门开发土地卖给农民，农民专门生产粮食卖

---

① 杨小凯、黄有光、张玉纲：《专业化与经济组织》，经济科学出版社1999年版。

给土地开发者)、分成租佃制、定额租佃制、雇工制。并用交易效率、生产函数、每种要素的使用数量和价格等变量构造了每种土地制度模式的效用最大化函数。得出结论认为:(1)当交易成本为零时,各种制度选择下的人均真实收入相等,即各种制度选择下的经济效率是一致的。这就从一般均衡的角度论证了张五常的佃农理论和Stiglitz关于分成租和定额租的经济效率的结论,并与科斯定理的结论是一致的。① (2)如果交易效率非常低,则自给自足的自耕农制是一般均衡的结果。如果交易效率很高,则完全分工是一般均衡。如果土地租赁市场的交易效率较高,租佃制是一般均衡,如果劳动力市场的交易效率较高,雇工制是一般均衡。②

张五常的假设是,分成租佃有风险分担的作用,而固定地租契约和雇工契约的交易成本较高。于是哪种契约占优势取决于所在的环境中这两个因素的权衡。③ 这种观点存在两个困难。一是分担风险是选择分成契约的主要原因的观点缺乏论证。④ 二是如果把监督成本考虑到交易成本当中,分成租佃的交易成本不一定就比雇工契约的交易成本高。⑤

其二,从生产函数的角度出发。也有学者认为租佃制是对除土地之外的其他生产要素市场的缺失或不完全的替代。市场的缺失或不完全的主要原因是质量保证的高成本。现有的文献指出了不完全的市场

---

① 张五常在其《佃农理论》中论述了分成租、固定租和雇工契约在不考虑交易成本的情况下是同等有效的。斯蒂格利茨用道德风险模型,一般化了张五常的理论观点。科斯定理是说如果交易成本为零,且产权可以明确界定,则产权的初始安排与资源配置效率无关。

② 彭美玉:《中国农地制度多样性一般均衡研究》,博士学位论文,西南交通大学,2007年。

③ 张五常:《佃农理论》,商务印书馆2000年版。

④ C. Pant, *Tenancy in semi – arid tropical villages of South India:Determinants and effects on cropping patterns and input use*, International Crops Research Institute for the Semi – Arid Tropics, 1981. C. H. H. Rao, "Uncertainty, entrepreneurship, and sharecropping in India", *The Journal of Political Economy*, Vol. 79, No. 3, 1971, pp. 578 – 595. K. Chao, "Tenure systems in traditional China".

⑤ G. D. Jaynes, *Economic theory and land tenure*, New Haven:Yale University Press, 1982.

的要素包括 Reid 提出的技术技能，Zusman 提出的管理能力，此外还有牲畜、信用、家庭劳动力等等。① 获得这些生产要素的有效的方法是给要素的拥有者提供一个自我监管激励契约（Self - monitoring incentive contract），把要素提供者纳入生产过程。于是要素拥有者就将各种要素作为整体提供出来。

在 Reid 的基础上，Eswaran 等人假设地主和佃农都是非市场化资源的提供者。分成租佃是地主和佃农的合作机制，在这种机制下双方都有自我监管的激励。② 这种契约缓和了契约双方的道德风险。如果所有对于投入质量的监管都由一方来执行（在雇工契约中是地主，在固定地租契约中是佃农），他就拥有全部的剩余索取权。不同的契约反应的是组合非市场化资源的不同方式。这个方式的选择取决于外生参数，例如要素所有者的禀赋，主导的生产技术等。均衡的契约结构取决于地主和佃农在一个既定的环境中的最优决定。

Stiglitz 和 Hallagan 用筛选模型（Screening Models）解释不同种土地契约的存在。他们的假设是，对佃农的能力的信息不对称是不能总是使用分成契约的主要原因。③ 不同种类的契约的使用可以将不同能力的佃农筛选出来。而 Eswaran 等人则认为在大多数的农村，地主不了解佃农的能力的假设是不适用的。由于人口流动性较小，关于能力和资产的信息是容易获取的。并且筛选模型也不能解释为什么在不同的区域，占主导的契约种类不一样，以及在一些国家和地区，随着技

---

① J. D. Reid, "Sharecropping as an understandable market response: The post - bellum south", *The Journal of Economic History*, Vol. 33, No. 1, 1973, pp. 106 - 130. C. Bell and P. Zusman, *New approaches to the theory of rental contracts in agriculture*, Washington, D. C.: World Bank, 1979. C. J. Bliss and N. Stern, *Palanpur: The economy of an Indian village*, Oxford, UK: Oxford University Press, 1982. G. D. Jaynes, *Economic theory and land tenure*, New Haven: Yale University Press, 1982. C. Pant, *Tenancy in semi - arid tropical villages of South India: Determinants and effects on cropping patterns and input use*, International Crops Research Insitute of the Semi - Arid Tropics, 1981.

② M. Eswaran and A. Kotwal, "A theory of contractual structure in agriculture", *The American Economic Review*, Vol. 75, No. 3, 1985, pp. 352 - 367.

③ J. E. Stiglitz, "Incentives and risk sharing in sharecropping". W. Hallagan, "Self - selection by contractual choice and the theory of sharecropping", *The Bell Journal of Economics*, Vol. 9, No. 2, 1978, pp. 344 - 354.

术和市场的发展，契约结构为什么发生变化。例如在印度，20世纪60年代，随着新技术的引入，租佃契约普遍改变为雇工契约。又如美国在南北战争后，随着机械时代的到来，美国南方从以分成租佃为主转变为雇工契约为主。[①]

Allen等人的契约选择模型中将农业生产要素分为定价资产、未定价资产和劳动力，通过讨论在不同的契约关系下各种要素的投入和机会成本来分析决定契约选择的因素。[②] 本卷将以其模型为基础，引入资本要素和交易成本变量，并将各种地权结构，自耕、雇工、分成租佃、定额租佃，纳入一个统一的模型中进行比较。

本卷将在这两种视角的基础上，建立"最优地权结构选择模型"。模型中的制度总盈余包括由生产函数和成本决定的生产收益，同时考虑交易成本的影响。将在第四章中详细论述。

三 制度弹性——地权市场对土地经营规模的长期调节

（一）土地最佳经营规模的决定机制

土地的最优经营规模是使得农场收益最大化的规模，也就是使土地的边际收益等于边际成本的经营规模。如上文所述，土地市场使得单个家庭的土地规模伴随其劳动力数量的变化而调整，提高了资源的使用效率。除了劳动力的数量，土地的最佳经营规模还受自然条件、生产能力、技术水平等宏观因素的影响，因而在不同的地域和时期有较大的差异。自由的土地市场下，当宏观条件发生变化，土地的平均经营规模也相应地发生变化，带来更高的生产效率。

生产函数和生产成本决定了土地最大的边际利润，以及在此之下的最优经营规模。Binswanger认为均衡时农场的规模、农作物的选择以及要素的使用取决于一系列的因素：土壤类型及农业气候条件，要素相对价格，中间投入资源的价格，所在市场的农产品价格，以及技

---

① R. H. Day, "The economics of technological change and the demise of the sharecropper", *The American Economic Review*, Vol. 57, No. 3, 1967, pp. 427–449.

② Douglas W. Allen and D Lueck, *The nature of the farm: Contracts, risk, and organization in agriculture*, Cambridge, Mass.: MIT Press, 2002.

术水平。①

在 Boserup，Binswanger 等人和 Binswanger 等人关于农业发展的理论中，人口压力被认为是决定农业生产关系的最重要的外生因素。②此外许多中国学者都认为中国历史上以及现今农业土地细碎化的最主要原因是人口的增速高于耕地面积的增速。③然而在一个自由的要素市场中，人口密度的增加并不是小规模经营的直接原因，而是在人口流动性较低，且农业为主要产业的情况下，人口的增速高于耕地面积的增速必然会带来耕地相对价格的上涨。因而人口的因素也是决定生产函数和生产成本的因素。下文将讨论要素禀赋变化、技术进步对农场最优规模的影响。

当生产技术提高，如果劳动力和土地都能自由流动，农户会自行选择最优的耕种规模。要素禀赋的变化带动技术创新从而改变生产函数，生产函数的改变将改变土地的最优规模。Eastwood 等人将技术进步分三种情况：中性技术进步（Neutral technical advance）、劳动增加型技术进步（Labor–augmenting technical advance）和土地增加型技术进步（Land–augmenting technical advance）。④

（1）中性技术进步下，生产函数可表示为 $Y = \gamma F(N, L)$。其中 N 为土地的面积，L 为劳动力数量。$F(N, L)$ 为初始的生产函数。γ 是代表技术水平的参数，其数值随着时间的推移而增加。

（2）劳动增加型技术进步。生产函数可表示为 $Y = F(N, \beta L)$。

---

① H. P. Binswanger and M. R. Rosenzweig, "Behavioural and material determinants of production relations in agriculture", *The Journal of Development Studies*, Vol. 22, No. 3, 1986, pp. 503–539.

② E. Boserup, *Conditions of agricultural growth*, Chicago: Aldine Publishing Company, 1965. H. P. Binswanger and M. R. Rosenzweig, "Behavioural and material determinants of production relations in agriculture". Hans P. Binswanger–Mkhize, W. Graeme Donovan and World Bank., *Agricultural mechanization: issues and options*, Washington, D. C.: World Bank, 1987.

③ 朱国宏:《人地关系论：中国人口与土地关系问题的系统研究》，复旦大学出版社1996年版；张海洋:《人口密度与中国封建小农经济的生成》，《江苏技术师范学院学报》2005年第5期。

④ R. Eastwood, M. Lipton and A. Newell, *Farm size*, Oxford, UK: Elsevier, Vol. 4, 2010, pp. 3323–3397.

该函数的含义是，技术进步使得劳动力的边际产量提高了 β 倍。

（3）土地增加型技术进步。生产函数可表示为 Y = F（αN，L）。该函数的含义是，技术进步使得土地的边际产量提高了 α 倍。

第 2、3 种技术进步往往由要素禀赋的变化而诱发。Hicks 称其为"诱致性创新"[①]。速水佑次郎等人用诱致性创新理论建立了农业生产技术进步的模型。[②]

图 2-4 描述的是用劳动（L）、土地（N）这两种要素投入生产一种产品（粮食）的生产关系。图中 N—L 象限表示生产单位产品的等产量土地和劳动力的替代关系。P 为劳动—土地价格比率。曲线 P_0 表示在 0 时期的土地和劳动的价格比率下的等成本线。曲线 I 是"创新可能性曲线"，它是同一时期所有可能的技术相对应的单位等产量曲线的包络线。i_0 代表在 0 时期使得成本最小化的技术。换言之，i_0 是生产者在一组可选择的创新可能性 I_0 中努力寻求最小成本点（a）而开发出来的。

假设从时期 0 进入到时期 1，土地的相对稀缺性提高了，于是劳动对土地的相对价格从 P_0 降低到 P_1。同时创新的可能性曲线朝原点方向移动到 I_1，表示用更少的要素投入生产一个单位粮食的社会能力的提高。此时的成本最低点为（c），对应的技术为 i_1。然而在新技术 i_1 被开发出来以前，原来的技术仍在使用，投入点由（a）点移动到（b）点。然而 P_1 和 P_1' 之间的距离度量的生产者的预期收益，将诱致他们为开发技术而努力，并导致技术由 i_0 转移到 i_1，投入点最终移动到（c）点。

根据诱致性技术创新理论，技术创新滞后于要素禀赋的变化。正是由于技术创新带来的收益的增加是可预期的，技术创新才可能产生。

李伯重论述了宋末至明清时期农业家庭耕种规模的变化，发现江南平原上，从南宋到明清，户均耕种土地的数量和人均耕种土地的数

---

① J. R. Hicks and S. J. R. Hicks, *The theory of wages*, London: Macmillan, 1966.
② ［日］速水佑次郎、［美］拉坦：《农业发展的国际分析》，郭熙保等译，中国社会科学出版社 2000 年版。

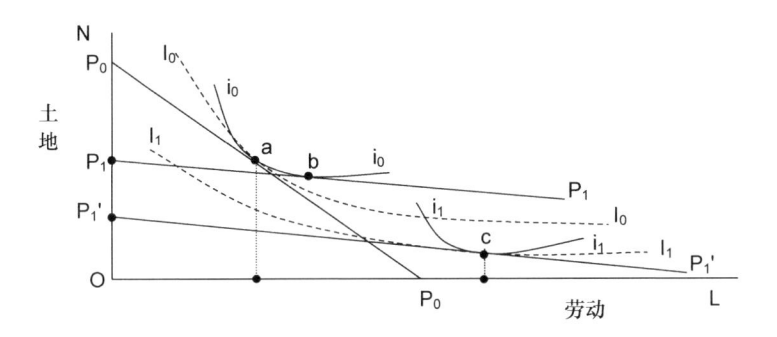

图 2-4 诱致性技术创新（劳动增加型）

量都减少了。人均耕种数量，南宋后期为 13 亩，明初为 10 亩。户均的减少幅度更大。其中主要的原因是轮耕技术的普及。明代以前江南平原大部分地区实行水稻一年一作制。而在这种耕作制度下，一个农户（有夫妇两个劳动力）如果无牛，可种稻 25 亩上下；若是有牛，则所能种的面积还要更大。但是在水稻与春花轮作的"新一年二作制"下，一个成年男劳力只能耕种 10 亩上下。人均耕种的土地少了，生产力却大大提高。宋末至明初，江南稻田的平均亩产量提高了 60% 以上。①

当土地的相对价格提高时，技术创新的方向是使得均衡的劳动—土地投入比提高。同理，当劳动力的相对价格提高时，技术创新的方向是使得均衡的劳动—土地投入比下降。

（二）土地实际经营规模的影响因素以及市场的作用

宋末至明初江南农户平均种田数量逐渐下降的现象，表现了农民对获得最大收益的最佳经营规模的追求。如果不存在其他因素的影响，农户会自行选择使边际收益等于边际成本的经营规模，然而由于以下三类因素的存在，最优土地规模往往不能实现。

一是协调一致的干预（concerted human intervention），包括权力的

---

① 李伯重：《宋末至明初江南农民经营方式的变化——十三、十四世纪江南农业变化探讨之三》，《中国农史》1988 年第 2 期。

拥有者制定某种政策规定了土地如何分配，或规定了必须使用的农业结构（如禁止租佃）。①

二是交易成本。Roumasset 的家庭农场理论认为：交易成本，而不是技术上的规模经济，决定了农场的最优规模。较高的交易成本，尤其是监管雇工的成本，决定了最优的生产单位是家庭农场。② 赵亮认为土地的经营规模由生产成本和交易成本决定，扩大土地经营规模一方面由于规模效应降低了平均生产成本，另一方面大规模的经营需要在土地交易、雇工、生产方式的选择等方面产生更多的契约和摩擦，因而提高了交易成本。因而均衡的规模是使得生产成本和交易成本二者之和最小的经营规模。③

三是资本的限制。当资本受限时，即使大规模经营更加有利，对于普通农户也存在较高的规模经营的门槛。一个发达的土地买卖市场可以起到降低交易成本的作用，然而仅有土地买卖交易无法降低资本的限制。近世地权市场的灵活性不仅仅限于土地的自由买卖，还有多样化的交易形式支持生产要素最优结合的实现。这将在第三章中论述。

地权市场的重要功能就是降低交易成本以及资本的限制对土地经营规模的影响，使土地经营规模接近生产上的最优经营规模。"最佳经营规模"由于各种因素而处于不断变化之中，因而理想的土地市场应该使各种生产要素可以以低交易成本自由组合。中国历史上农业生产以家庭小农经营为主，这并不代表小农经营在现今也是最优的生产方式。随着经济的发展，最优的经营规模也在发生变化。因而理想的地权市场是使得土地的经营规模能够不断适应最佳经营规模的变化。

---

① R. Eastwood, M. Lipton and A. Newell, *Farm size*, p. 3336.

② J. Roumasset, "The nature of the agricultural firm", *Journal of Economic Behavior & Organization*, Vol. 26, No. 2, 1995, pp. 161 – 177. R. Eastwood, M. Lipton and A. Newell, *Farm size*, p. 3336. 根据 Roumasset 的研究，定义家庭农场为：至少三分之一的长期劳动力是由家庭成员提供；定义交易成本为：任何与把生产要素从市场转移到农场以及把产品从农场转移到市场相关的成本。包括运输成本和信息成本（或代理成本）。

③ 赵亮：《劳动力与土地的动态结合——中国历史上农村要素的动态配置机制及其启示》，载《论中国土地制度改革》，中国财政经济出版社 2009 年版，第 609—618 页。

(三) 各国农场规模的变化和比较

从全球各地区平均农场规模的变化当中，可以看到各地区农场规模和变化趋势差别较大。其中西方发达国家的农场规模普遍呈上升趋势，而亚洲、南美、非洲的农场规模则逐渐下降。中国的平均农场规模自1990年后低于几乎所有地区的平均水平，包括非洲和亚洲。

表2-7　　　各国平均农场规模的长期变化（公顷）

年份	美国	加拿大	比利时	英国	德国	日本	爪哇	中国
1850	82							
1860	80.5							
1870	62	40						
1880	56	40	6.3		6			
1885				33				
1890	56	45						
1895			6.7	32				
1900	59	50					1.44	
1910	56	65		31.5	5.55	1.04		
1920	59	80				1.08	1.1	
1924				31.5	6	1.08		
1930	63.5	91	6.4			1.05		1.5
1935	58.21	79.34		25.39	7.44			1.01
1940	70					0.84		
1946								1.49
1950	87	113	6.8	33		0.82		
1970								
1975	178			51		0.5		
1990	197	242	17.6	70	28.1	1.2		
1995						1.2		
1997								0.67
1999								0.53

55

◈ 良田择良耕 ◈

续表

年份	美国	加拿大	比利时	英国	德国	日本	爪哇	中国
2000	178.35		23.12	70.86	40.47			
2001		273.4						
2003								0.501

资料来源：1935 年的所有数据来自《全国土地调查报告纲要》。中国 1930 年数据来自《中国土地利用》中 1929—1933 年的统计数据。中国 1946 年数据来自《中华民国统计年鉴》。中国 1997 年数据，以及其他国家 2000 和 2001 年数据来自 R. Eastwood et al., *Farm size*。中国 1999 年数据来自周应堂等人的统计，此数据为家庭经营规模数据，若是"平均地块大小"则比此数更小。其余数据来自 Giovanni Federico, *Feeding the world*。[①]

将这些数据取对数后放在同一张图中比较，可清晰显示各国农场面积的长期趋势。

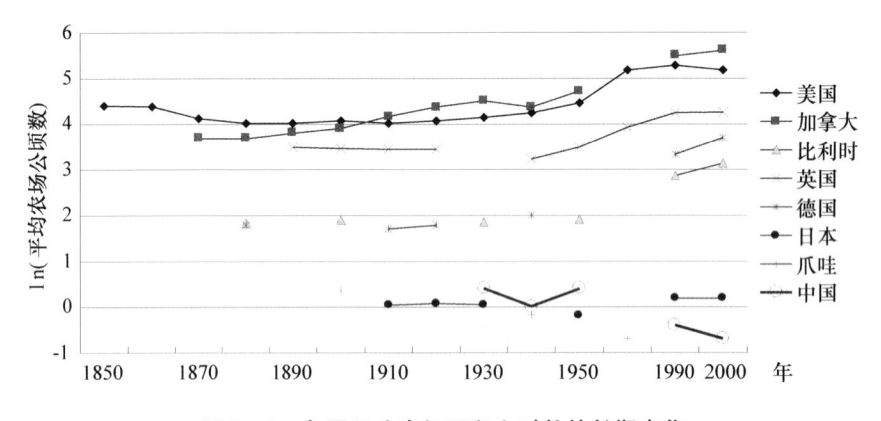

图 2-5 各国平均农场面积之对数的长期变化

平均土地面积与各国的要素禀赋有较大的关系。许多学者用中国

[①] 土地委员会：《全国土地调查报告纲要》，1936 年，第 28 页。[美] 卜凯：《中国土地利用》，成城出版社 1941 年版，第 43 页。中华民国主计部统计局：《中华民国统计年鉴》，1948 年，第 70 页。R. Eastwood, M. Lipton and A. Newell, *Farm size*, p. 3396. 周应堂、王思明：《中国土地零碎化问题研究》，《中国土地科学》2009 年第 11 期。Giovanni Federico, *Feeding the world: An economic history of agriculture, 1800–2000*, Princeton: Princeton University Press, 2005, p. 154.

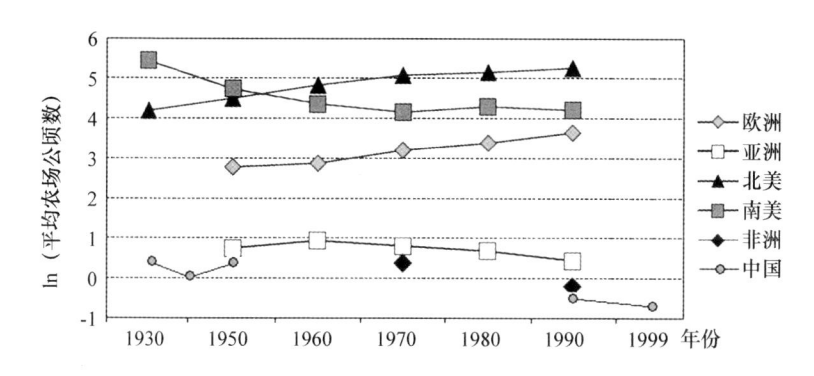

图 2-6　1930 年以后各大洲平均农场面积与中国平均农场面积的比较

人口密度大来说明中国农场面积过小的合理性。笔者对各地区人均耕地面积的长期变化进行比较。表 2-8 对比了各大洲以及中国 1900 年至 2000 年左右人均耕地面积的变化。将其数值取对数值显示在图 2-7 中。可见全世界除大洋洲外（大洋洲未在图表中显示）各地区的人均耕地面积均呈长期下降趋势，与农场面积的变化趋势并不相关。历史上中国的人均耕地面积确实几乎是全世界最低的，然而其变化相对其他地区是比较平稳的。自 20 世纪 90 年代之后，中国的人均耕地面积已经高于了南美洲和非洲的平均水平，并与亚洲的平均水平相当。如果说历史上的家庭小农经营与当时的人口、技术条件等要素禀赋相适应，当前中国的农场经营规模已偏离了技术上的最佳经营规模，应

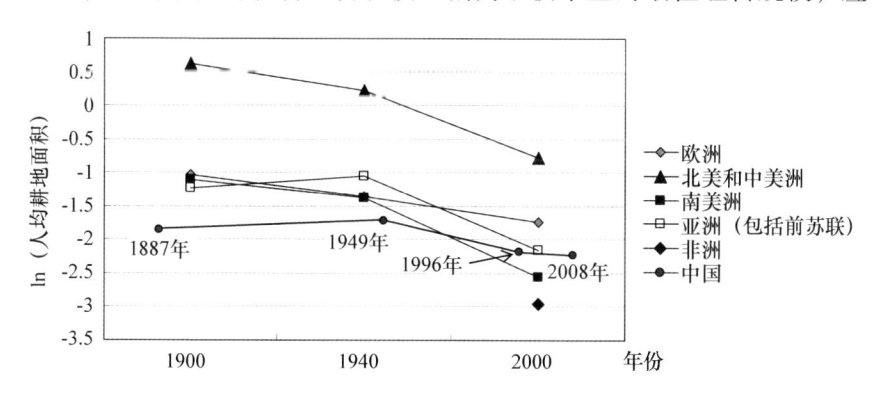

图 2-7　各大洲与中国人均耕地面积对数值变化

该寻找新的机制使得农场规模的变化具有更强的灵活性。

表2-8 各大洲与中国人均耕地面积变化（公顷/人）

地区	1900年	1940年	2000年	
欧洲	0.35	0.26	0.18	
北美和中美洲	1.87	1.25	0.46	
南美洲	0.33	0.25	0.08	
大洋洲	1.50	1.18	1.88	
亚洲（包括苏联）	0.29	0.35	0.12	
非洲			0.05	
	1887年	1949年	1996年	2008年
中国	0.16	0.18	0.11	0.09

资料来源：中国1887年、中国1949年数据来自李俊喜的统计。[1] 中国1996、2008数据来自《中华人民共和国统计年鉴》（1997、2009年）；各大洲的耕地总面积数据来自Giovanni Federico, Feeding the world[2]，各大洲的总人口数据来自美国商务部。[3]

---

[1] 李俊喜：《我国历代耕地面积的变化》，《中国国情国力》1993年第2期。

[2] Giovanni Federico, Feeding the world, p. 36.

[3] 转引自 "Vaughn's Summaries"（http://www.vaughns-1-pagers.com/history/world-population-growth.htm）。

第三章　多样化地权交易与要素动态结合的实现机制

第二章论述了近世地权市场在自由交易中具有了促进要素的流动、满足多样化需求、有效配置资源的特征与功能。然而如果对土地交易的选择只有整体上的买和卖，生产要素的流动成本很高。从近世地权市场的多样化的契约当中可以看到，完整的土地产权包含极其丰富的内容。民间土地契约不仅在空间上对土地包含的各种产权界限都有细致的划分，在物权层次上也针对各个层面的物权进行多样化的交易。在土地产权可细分的情况下，生产要素的流动成本被大大降低，并且多样化的需求得到更深层次的满足。

第一节　土地市场对地权的细分和价值的体现

土地产权具有多种内涵和多个层次。一个有效的土地市场将土地产权各个部分的价值和归属体现出来。

一　土地产权的空间划分

首先从土地产权的空间构成上看，每一块土地都是一系列产权的组合，每一个产权都代表着这块土地的一个用途，或者这块土地的潜在利润，或者表明当这块土地被转让的时候这些产权的一部分或者全部如何进行分割和处置。① 图3-1所显示的一块土地及其涉及的空间中可能包含各种产权。这些产权都具有产权的完整属性。

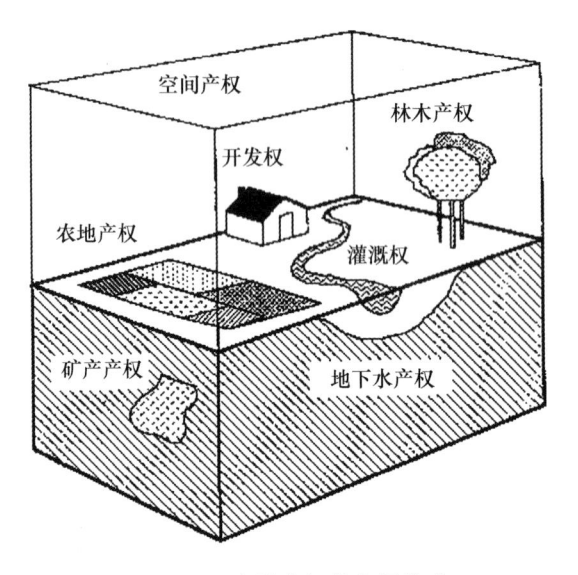

图3-1 土地产权的空间构成

资料来源：P. F. Dale and J. D. McLaughlin, *Land information management: An introduction with special reference to cadastral problems in developing countries*, Clarendon press, p. 3.

中国民间土地契约中所显示的要素，有标准化的成分，如土地大小、价格、年产量、纳税、地租等。也有因所处地域、土地类型等原因形成的每个独立的契约都不相同的个性化的成分。如田地的品种，水源的产权界定，土地上的树木房屋等其他财产的划分，等等。

因为土地产权涵盖广泛的内容，土地交易契约中除了规定农地产权的转让、划分外，往往还涉及水源、林木、房屋等其他附属物的产权，这些附属物的产权可能与农地一同转移，成为农地拥有者的私有产权的一部分，也可能独立与农地，属于公有产权（法人产权），或被土地卖出者保留产权。土地交易中关于水的产权的归属例如1826

---

① P. F. Dale and J. D. McLaughlin, *Land information management: An introduction with special reference to cadastral problems in developing countries*, Clarendon press, 1988.

第三章 多样化地权交易与要素动态结合的实现机制

年在广州地区的一份围田买卖的契约中,关竹溪将土地卖给了卢澹庵,同时在契约中规定,经过该土地的水道属于公有——"农船耕种,任从湾泊,不得拦阻出入"①。又如1820年福建龙溪林江盛出卖土地的契约中说明了该土地"带潭水灌溉"②。土地交易中树木的产权也有不同的归属,例如1747年四川巴县的霍明远兄弟三人将土地卖给张硕飞兄弟二人,但契约中说明霍家祖坟前后的八棵树不能砍。③土地不同部分产权的归属在交易中被清晰的体现。

从各地的民事习惯中也可以看到对土地交易中划分水权的规定。例如:

> 安徽舒城用水权习惯:舒俗田产买卖,契约内必注明登用亩堰之水,始有用水权,其使用之范围一依该田旧有之用水权为标准。有忙水(栽插期间)、间水(非栽插期间)之别。用忙水者不能用间水,用间水者不能用忙水。又有混水(即水涨时)、清水(即水枯时)之分,居上游者,混水之际得筑成垱坝截用三日,清水之际得截用七日,期满即应开垱放水下流。倘下流有需水急迫情形,亦只能向上游情商,不能擅挖他人垱埂。
>
> 按:此项习惯系安徽高等审判厅民国八年审理舒城县方瑞庭等因争执水利杀伤人命一案调查所得。④
>
> 安徽南陵县用水权习惯:南陵县属水田居多,其用水权约分公、私二种。其私者只准一人使用,公者则应有之持分行使其灌溉之权利。其用水之界段范围以及用水之车埠若干,均与买契内注明。
>
> 按:此项习惯系由南陵县知事审理王朝章与程凤翔因争水涉

---

① 谭棣华、冼剑民:《广东土地契约文书(含海南)》,第63页。
② 福建师范大学历史系:《明清福建经济契约文书选辑》,人民出版社1997年版,第132页。
③ 四川大学历史系、四川省档案馆编:《清代乾嘉道巴县档案选编》,第85页。
④ 前南京国民政府、司法行政部:《民事习惯调查报告录》,中国政法大学出版社2005年版,第233页。

讼一案讯问所得。①

二 土地的物权层次

(一) 中国传统地权交易中的物权体系

从土地产权的层次上看，不同交易形式是对土地的物权的不同形式的分割。虽然中国古代的民事法律并不发达，不能同现代民法进行简单的类比，但物权的观念无论在民间的地权交易中还是在清代的法律中都有所体现。② 物权的概念源于罗马法，是指权利人依法对特定的物享有直接支配和排他的权利，包括自物权和他物权。自物权即所有权。他物权是指权利人对他人之物享有的进行有限支配的物权，包括用益物权和担保物权。③

用益物权指非所有人对他人之物所享有的占有、使用、收益的排他性的权利，可分为土地使用权和土地收益权。土地使用权是指可以决定土地如何使用、由谁耕种的权利。土地收益权包括赚取土地投资收益、获得地租收益的权利。担保物权指的是为确保债权的实现而设定的，以直接取得或者支配特定财产的交换价值为内容的权利，如抵押权、质权等。

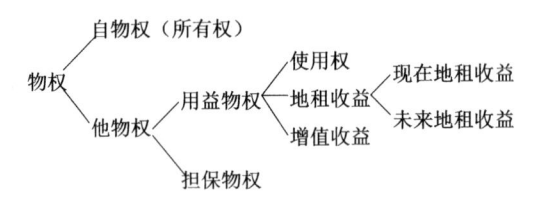

图 3-2 土地的物权体系

传统地权交易形式包括土地买卖、租佃以及典、当、抵、押等以

---

① 前南京国民政府、司法行政部：《民事习惯调查报告录》，第 234 页。
② 张晋藩：《清代民法综论》，中国政法大学出版社 1998 年版，第 82—84 页。
③ 杨立新、尹艳：《我国他物权制度的重新构造》，《中国社会科学》1995 年第 3 期。

第三章 多样化地权交易与要素动态结合的实现机制

土地为基础的借贷交易。① 龙登高、李伯重等学者引入物权的概念分析各种传统的地权交易形式。② 受其启发，笔者以图 3-3 来显示不同类型的土地交易是对土地物权不同层次的分割。"卖"是出让全部的物权。其中包括活卖和绝卖，将在后文中论述。以土地为基础的金融交易是借款方保留土地的自物权而出让土地的担保物权和部分用益物权的交易，根据对用益物权的不同出让形式，包括典、当、胎借等。"胎借"即是保留土地使用权而出让一段时间内的地租收益权。"典"则是同时出让土地一段时间内的使用权和地租收益权，且保留自物权。而一般的租佃交易中出租方保留了土地的完整物权，只是对获得地租收益的时间做出不同形式的安排，即选择不同的当前押租和日后每年的地租。

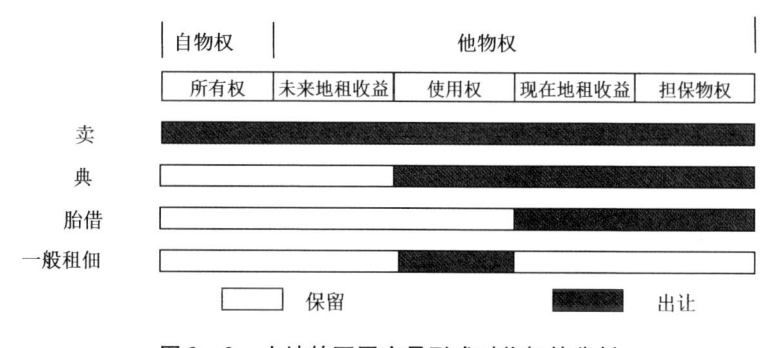

图 3-3　土地的不同交易形式对物权的分割

土地的每一个权利都代表一定的价值，且在交易中得到体现。如下面一则契约反映了土地他物权的价值：光绪十六年台湾苗栗县的佃户谢永安原本以年租额 265 石佃种书院的一块山脚荒地，然而"该处山脚溪边，前人苦其艰难未及开辟之处，间或右可成田，然工浩大，非可骤成"，谢永安向田主说其可以"备出工本"、增加劳力来开垦

---

① 关于传统地权市场中多种交易形式的论述见龙登高：《清代地权交易形式的多样化发展》，《清史研究》2008 年第 3 期。
② 龙登高：《中国传统地权制度及其变迁》，中国社会科学出版社 2018 年版；龙登高：《地权市场与资源配置》，福建人民出版社 2012 年版。

这块土地，但要求田主给其永佃权。如果能得到永佃权，谢愿意每年增加 60 石的地租。[①] 这则案例体现了一般租佃和永佃权在价值上的差异。永佃权即土地的他物权。这个案例中土地使用权的价值是每年 265 石谷价值的现值，而他物权的价值是每年 325 石谷价值的现值。

（二）西欧前现代土地融资交易，不同的形式但相同的物权本质

以完整物权为基础的多样化地权交易在西欧的中世纪以及前现代时期也并不少见。西方一些学者参照罗马法，将西欧历史上除买卖以外的土地融资交易分为四种类型：Mancipatio cum fiducia，债务人将土地的所有权和占有权转移给债权人；In iure cession cum fiducia，债务人将所有权转移给债权人，但保持对土地的占有；Pignus，债务人保留所有权，但把财产的占有权转移给债权人直到归还债务；Hypotheca，债务人保留对财产的所有权和占有权，但将财产产生的利息转移给债权人。[②] 目前发现的欧洲前现代时期的大部分的土地契约属于 Pignus 和 Hypotheca，但另外两种交易也同时存在。

例如，意大利在 16 世纪之后随着城市和商业的发展，粮食以及土地价格的不断增长，以地权为基础的融资交易逐渐活跃。De Luca 和 Lorenzini 将这些交易分为三种类型：reservativus，土地所有者将土地的使用权和收益权转移给债权人，类似于中国传统地权交易中的典。consignativus，土地所有者将土地出卖，但同时承租土地作为佃农，即转让所有权但保留使用权。muttum，交易双方签订土地买卖契约，但约定一段时间以后卖方有权以某一个价格将土地买回。从契约上看这类似于中国的活卖，但 De Luca 和 Lorenzini 分析认为这种交易实际上仍是抵押借款，而不是买卖，只是交易双方为了绕开禁止放贷收息的法律而将契约写成了买卖契约。[③]

[①] 台湾银行经济研究室：《台湾文献史料丛刊：台湾私法物权编》，台湾省文献委员会 1994 年版，第 705 页。

[②] Roger J Goebel, "Reconstructing the Roman law of real security", *Tul. L. Rev.*, Vol. 36, 1961, p. 29.

[③] Giuseppe De Luca and Marcella Lorenzini, Not only land: mortgage credit in central - northern Italy in the sixteenth and seventeenth centuries, *Land and Credit*, Springer, 2018, pp. 181 - 204.

第三章 多样化地权交易与要素动态结合的实现机制

又如在英国，虽然其法律系统不是建立在罗马法的传统上，且其前现代时期的土地交易没有欧洲大陆那么活跃和多样，但根据 Briggs 的考证，英国 13、14 世纪以土地为基础的抵押贷款交易也是大量存在的。然而，由于英国前现代时期的土地多属于庄园主，大部分的农民不拥有土地产权，所有的土地交易只有通过庄园主的同意才合法，因而交易被大大地受限，许多针对土地使用权的抵押由于没有经过庄园主同意而无法订立契约，只能在庄园的法庭记录里看到一些交易的线索。① 到了 16、17 世纪，随着土地私有产权的确立和自耕农阶层的兴起，并伴随着法律对高利贷的放宽，各种形式土地抵押借款交易的数量在英国的自耕农土地中迅速增加。② 可见完整清晰的物权是多样化的交易类型得以发展的基础。

从土地交易契约的长期发展趋势上看，西欧历史上土地交易契约越来越对债务人有利。这一方面因为各国统治者为了防止土地的大规模集中，保护土地所有者免于失去土地而在法律上不断增加土地所有权最终实际转移的难度，另一方面也因为随着土地的日益稀缺和价值增长，土地所有者同时作为债务人越来越倾向于保住土地所有权。因此，尽管 Pignus 契约在 13 世纪的意大利、英国、佛兰德斯③等地都非常普遍，Hypotheca 这种更有利于债务人的交易类型在中世纪后期成为主流的地权融资形式。

西欧历史上的土地交易形式与中国近世土地市场有一定的类比性，但在交易方式的形成上有本质的区别。Taisu 认为中国前现代时期的土地交易大多数类似于 Mancipatio cum fiducia。由于大多数土地所有者都不情愿最终失去土地，并且法律层面也倾向于保护土地所有者，交易双方所订立的土地交易契约多给土地所有者即融资方较大的

---

① Chris Briggs, Mortgages and the English Peasantry c. 1250 – c. 1350, *Land and Credit*, Springer, 2018, pp. 17 – 45.

② Juliet Gayton, Mortgages Raised by Rural English Copyhold Tenants 1605 – 1735, *Land and Credit*, Springer, 2018, pp. 47 – 80. Imogen Wedd, Mortgages and the Kentish Yeoman in the Seventeenth Century, *Land and Credit*, Springer, 2018, pp. 81 – 115.

③ 西欧的历史地名，包括现在的比利时、法国和荷兰的部分地区。

将来收回土地的可能性。也正因为此，中国保持了长期稳定的小农经济，土地大规模兼并的现象极少出现。相对而言，欧洲前现代时期的土地交易多由法律严格区分和管理，即土地市场的形成多源于自上而下的设计而非民间自发形成，因而交易缺乏灵活性，土地所有者为保护自己的土地而缺乏交易意愿。①

第二节　土地自由流转的实现机制

由第二章的分析我们看到，若劳动力和土地实现了动态结合，就能在动态中不断向着最优的资源配置的方向调整。历史上，所谓"一田两主"的产权制度，使得围绕土地产权的交易得以实现。第三章的第一节中论述了多样化的交易契约对土地在空间上和物权层次上进行了细分。下文将讨论这些对土地的细分方式如何满足多样化的需求，深化生产要素的动态结合。

一　农民获得土地耕种的多样化方式

资本是劳动力与土地结合得以实现的中介，也往往成为多余劳动力无法获得土地耕种的障碍。然而多种交易方式的使用减弱了资本对劳动力和土地的结合的影响。如图3-4所示，当农民需要获得土地时，可以在付出的资本和获得物权或未来收益之间权衡。

```
                无押租租佃   有押租租佃   永佃   田面权   完整所有权
所需资本：少 ────────────────────────────────────────────────→ 多
获得物权或未来收益：少                                          多
```

图3-4　农民获得土地耕种的多样化方式

无押租的租佃是指农户只需与地主订立契约，无须付出任何的资本就租佃到土地。押租指农民获得土地的佃权要先缴纳一部分押金

---

① Taisu Zhang, "Property Rights in Land, Agricultural Capitalism, and the Relative Decline of Pre-Industrial China", *San Diego International Law Journal*, Vol. 13, 2011, p. 129.

第三章 多样化地权交易与要素动态结合的实现机制

（批头银、批礼银），相当于保证金，之后每年向地主交纳地租。押租的金额和地租的数量都是在事先商定的契约中约定的。农民可以根据自己目前资金的情况和对未来收益的不同需要和地主商定不同的押租和租金。永佃权通常指业主在垦佃允诺定时纳租的条件下，准予永久承耕。唯在转让佃耕权利前后，需要事先通知业主。田面权是一种独立于业主，可自由买卖的耕作权利。因而田面权比永佃权所获得的权利要多。租佃、永佃与田面权均使得农民可以以较低的门槛获得土地耕种。完整的土地则是土地田面权、田底权的整体。

在有押租的租佃中，地主和佃农在当期押租和未来地租之间可以进行灵活的协商。以一个转佃的案例为例。巴县任潮选的田地以押佃银 900 两租佃给胡从茂，每年租谷 6 石；胡从茂转佃给陈全康，收佃银 350 两，每年纳租谷 46 石；道光二十一年，任潮选直接佃给陈全康，收押佃银 700 两，每年租谷 26 石；道光二十二年，改为押佃银 600 两，年纳 32 石。

表 3–1　　　　　　　　巴县转佃案例：选择与组合

	押租银（两）	每年租谷（石）	
任潮选租佃给胡从茂	900	6	胡某有较多的现金
胡从茂转佃给陈全康	350	46	陈某有较少的现金
任潮选直接佃给陈全康	700	26	陈某可以负担的现金增多
减少押金增加地租	600	32	

资料来源：四川大学历史系、四川省档案馆编《清代乾嘉道巴县档案选编》，第 172 页。

由这一系列的租佃关系我们看到，同样一块田地，由于佃农不同的经济状况，在不同的租佃和转租契约中，所约定的初期押租和未来每年的地租是有较大差别的。较富有的农民会选择较少的押租和日后较多的地租，如胡从茂；而具有较少现金的农民会选择较多的押租和日后较少的地租，如陈全康。只要农户剩余劳动力预期耕作田地的收益与租金之差的现值大于押租（不考虑劳动力的机会成本），农户就会选择增加耕种土地的数量以满足剩余劳动力的需要。这样，资本对于劳动力和土地结合的限制减弱了。

二 不同结构的融资方式使得农民充分利用土地来融资

按照惯常的理解，在土地私有制下，势力单薄的农民是很不稳定的，由于缺乏资金和财产，难以应对各种风险，处在随时可能因急需资金而卖掉土地从而不得不租种土地的境况中。然而实际情况是，如果劳动力数量稳定，农户不会轻易失去土地的所有权（或永佃权）。之所以可以做到这一点，是因为农民可以充分利用地权来进行各种形式的融资。不发生地权所有权的转移，利用地权来融资的方式大致有如下几种：按，类似pledge，是以土地为担保的借贷形式；押、胎借、质押，相当于collateral，以地权为担保并以土地收益来偿还的借贷，它们与"按"的区别在于以土地收益来还本付息；典，即pawn broking，是土地使用权在约定期限内发生变更，典需离业，收租抵息。但其前提是最终要赎回，即使所有地权收益在约定期限内都转归典主，田地的业主在法律上并没有改变；当，相当于pledge or hock，以地权为中介的各种借贷形式，其用法相当有弹性。①

即使要发生地权所有权的转移，出卖土地者也可以得到一定程度的保障。"活卖"是土地买卖的一种形式，发生了产权的转移，契约规定原主保留对土地回赎和找价的权力。这是对被迫出卖地权的弱势者维系和保障最终产权的安排。"绝卖"，则是土地所有权或占有权的最终出让，原主不能回赎和找价，但事实上原主央求找价的现象仍不时可见。乾隆时期曾经一度规定，即使绝卖也可找价，以此保障弱势者延续其土地收益的获取权。②

地权市场的各种交易形式起到跨期调节资金需求的作用。这些交易形式实现对当期收益和未来收益的多样化调剂。图3-5体现的是不同形式的地权交易对当期收益和未来收益的权衡。

---

① 龙登高：《清代地权交易形式的多样化发展》，《清史研究》2008年第3期。
② 龙登高：《清代地权交易形式的多样化发展》，《清史研究》2008年第3期。

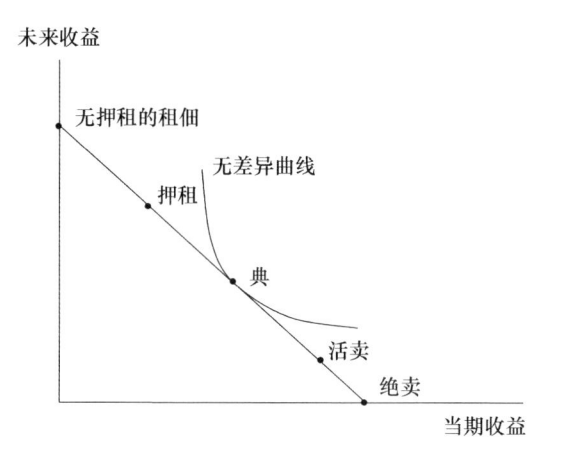

第三章 多样化地权交易与要素动态结合的实现机制

图3-5 土地的不同交易形式对当期收益和未来收益的选择

若只考虑两期：当期 t 和未来 t+1。t+1 期之后各期的收益均贴现到 t+1 期。土地的绝卖价格为 L，市场利率为 r。当期收益为 R_1，未来收益为 R_2。绝卖的当期收益为 L，未来收益为 0；活卖的当期收益为活卖价格，未来收益为找价收益。典的当期收益为典价，未来收益为由典变为绝卖所追加的土地价格或为地租收益扣除典价；押租的当期收益为收取的押租，未来收益为地租；无押租的租佃的当期收益为 0，未来收益为地租。如果土地未来所有收益的贴现等于土地价格，则所有的这些交易安排所带来的当期收益和未来收益均在一条收益可能性曲线上：$R_1 + R_2/(1+r) = L$。[①] 不同的人对当期收益和未来收益的偏好不同。例如在图3-5 中的无差异曲线所显示的偏好中，典这种交易是交易人最优的安排。在如此多种收益结构的融资方式下，劳动力如果还是需要土地的，则不会轻易地放弃地权。

对不同类型地权交易的价格进行比较可以清晰的看出不同类型融资方式在当期收益上的区别。《明清福建经济契约文书选辑》中的契约以典和绝卖为主。图3-6 显示了不同地区 1705—1906 年典和绝卖

---

① 然而传统社会中并不存在一个完备的地权市场和资本市场供人们随意的按需要进行投资，连续的收益可能性曲线实际不存在。

的价格差别。由于土地质量千差万别,本书用土地的受种来代表土地的面积。交易的土地价格与受种之比代表土地的单价。根据彭凯翔所测算出的当年的物价指数进行了调整(以1760年的物价水平为基准)。[①] 剔除物价整体变化的因素后可见福建土地价格在这200年间没有明显的上涨趋势。统计结果显示福建5地区的绝卖价格平均大于典的价格,在箱型图3-7中也显示了绝卖价格的中位数、下四分位数和上四分位数均大于典。

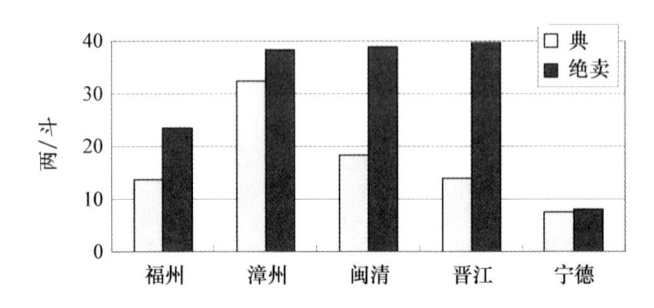

图3-6 福建5地区典与绝卖的土地价格/受种平均值(1705—1906)

资料来源:此图以及下两图由张国伟收集的《明清福建经济契约文书选辑》契约数据库中的土地交易契约数据计算得来。

为了排除典与绝卖价格的差异是受土地价格上涨影响的可能性(例如有没有可能是因为地价长期呈上涨趋势,而在典当的频率相对买卖的频率呈下降趋势,因而造成了典的价格低于买卖的价格),笔者对福建5地区绝卖与典当契约的价格按年份进行了统计(如图3-8所示),发现绝卖价格在200年中几乎没有整体性的变化,而典的价格有上升的趋势,说明典价相对低于绝卖价格并不是土地价格上涨造成的。

从日后行使了找价和绝卖的活卖契约中可以估算活卖价格占土地总价格的比例,见表3-2。同样从日后行使了加典和绝卖的典契当中也可以估算出典价占土地总价格的比例,见表3-3。二者的比较

[①] 彭凯翔:《清代以来的粮价:历史学的解释与再解释》,第168—176页。

第三章 多样化地权交易与要素动态结合的实现机制

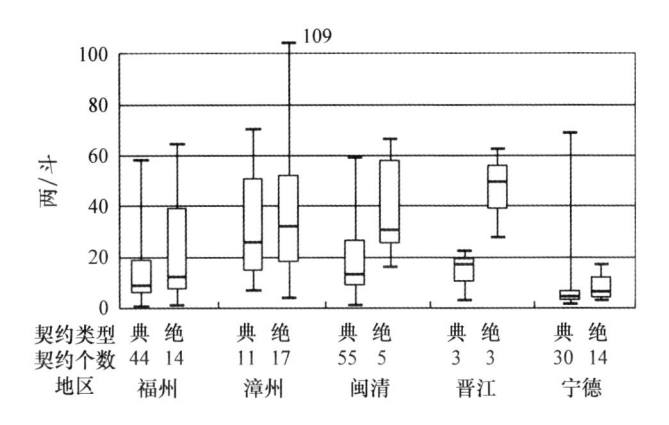

图 3-7 福建 5 地区典与绝卖的土地价格/受种箱形图（1705—1906）

资料来源：由于契约中使用的容积、重量和货币的单位不一致，本卷按以下标准进行了换算：（1）1 石 = 10 斗 = 72 斤（根据《明清福建经济契约文书选辑》第 12、16、21、28 等页的契约中的说明）。（2）圆（元）没有统一的标准，由于该书中使用"圆"或"元"作为交易货币的契约大多集中在 18 世纪末至 19 世纪末，根据吕臻《清代银钱比价的历史演变》（硕士学位论文，中共中央党校，2008 年，第 13 页）的论述，这段时间流通的银元主要为西班牙银元和墨西哥银元。又根据宋佩玉《1840—1911 年中国货币制度研究》（硕士学位论文，新疆大学，2001 年，第 14 页），外国银元与银两的比价在 0.7 左右。因此本书统一为 1 圆（元）= 0.7 两。（3）1 吊 = 1000 文。各年份文与两的换算根据陈春声《清代广东银钱比价》（《中山大学学报》1986 年第 1 期）"广东银钱比价表"。若没有对应的年份则取该表中最近的年份。统计时将 15 千米范围内的地区归为一个地区。图中的"福州"为福州、侯官；"晋江"为晋江、南安、同安；"漳州"为漳州、龙溪。

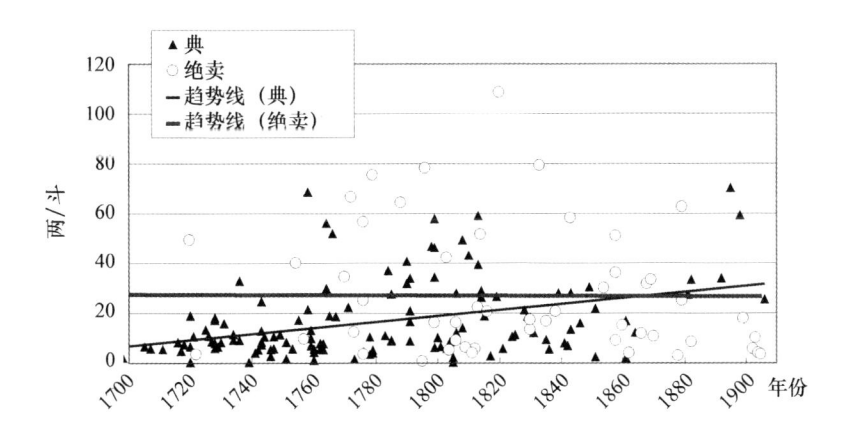

图 3-8 剔除物价指数后福建各地各年的地价分布

显示了活卖和典在当期收益和未来收益分配上的区别。绝卖价就物权交易而言，活卖与典有本质的不同。典是他物权的交易，没有发生所有权的转移，而活卖交易伴随着税赋的过割，即发生了所有权的转移。活卖价占土地总价的比重比典价的比重要高。典契的作用正是为了缺乏现金，而暂时出典田地，但保留土地可能的增值收益。活卖中卖者还保留优先回赎权，然而活卖的回赎权比典的回赎权弱很多。其一，典的回赎权是被法律规定和保护的，而活卖的回赎权没有在法律中规定，只是习惯上存在。其二，典的回赎是同一次交易的一个关节，而活卖的回赎则是另一个交易。[1] 其三，典进行了几次加典之后仍有回赎权，而活卖的找价权和回赎权往往只能行使一项。活卖若进行了一次找价之后便往往不能再回赎。[2] 且活卖后找价较回赎更普遍。

表3-2　　　　　　　　　　活卖与找价价格[3]

契约编号或页码	活卖价	找贴价数	是否绝卖	总价	活卖价比重
《历代契约考释汇编》					
944	48两	5钱、3钱（二次）	不清		
986	7两	1两、7两（二次）	不清		
1047	110两	70.15两	是	180.15两	61%
1048	60两	49.23两	是	109.23两	55%
1098	252千文	126千文	是	378千文	67%
1107	1700千文	1088千文	是	2788千文	61%
1120	560千文	240千文	是	800千文	70%
1135	35千文	19千文	是	54千文	65%
1143	60两	35两	是	95两	63%
1168	70两	62两	是	132两	53%
1186	15两	12两	是	27两	56%

---

[1]　龙登高：《地权市场与资源配置》，第69—70页。
[2]　刘高勇：《论清代田宅"活卖"契约的性质——与"典"契的比较》，《比较法研究》2009年第6期。
[3]　该表的《历代契约考释汇编》部分引用自刘高勇《论清代田宅"活卖"契约的性质——与"典"契的比较》，第30页。下表同。

第三章 多样化地权交易与要素动态结合的实现机制

续表

契约编号或页码	活卖价	找贴价数	是否绝卖	总价	活卖价比重
《明清徽州社会经济资料丛编》					
193 页	5 两	3 两	是	8 两	63%
197 页	3.5 两	1000 大钱（约 0.78 两[1]）	是	4.28 两	82%
202 页	14 两	2800 大钱（约 1.4 两）	是	15.4 两	91%
207 页	51000 大钱	2000 大钱	是	53000 大钱	96%
208 页	26 两	1.88 两	是	27.88 两	93%
211 页	100 两	5000 大钱（约 2.9 两）	是	102.9 两	97%
212 页	16.2 两	8280 大钱（约 4.4 两）	是	20.6 两	79%
《历代契约考释汇编》					
1239		102 千文、9.12 千文			
1237	60 千文	42 千文	否		小于 59%
1257	300 千文	337.92 千文	是	637.92 千文	47%
1254	87 吊	7 吊、95 吊、86 吊	是	275 吊	32%
1260	45 千文	15 千文	否		小于 75%
《闽南契约文书综录》					
844	130 两	50 两	否		小于 72%
845	36 大员	6 大员	否		小于 90%
847	48 大员	20 大员、6 大员	否		小于 65%
853	126 大员	30 大员、20 大员	否		小于 72%
861	55 大员	36.5 大员	否		小于 60%
866	1400 大员	300 大员、500 大员	否		小于 64%
867	400 大员	400 大员	否		小于 50%
868	5000 员	4000 员	否		小于 56%

---

[1] 该表中银钱比的换算根据彭凯翔提供的江南银钱比价换算。

第三节　多样化交易取向的一个缩影——活卖

地权交易的多样化不仅体现在各种交易类别上，也体现在同一类交易的多样化取向。下文将以活卖为例来展示传统地权交易的多元化取向。如前文所述，活卖是土地卖方出卖土地物权的同时却保留了获取土地优先回赎权或增值收益的权利。近世地权市场中活卖与找价交易有如下四种情况。

一　优先回赎权的保留

优先回赎权与增值权虽然不会在活卖契约中明确说明，但在各地的习惯法中都有约定。民国时期各地关于活卖、绝卖与回赎的习惯如：

> 黑龙江大赉县：凡不动产之买卖契约如田宅等，若系全数卖尽毫无存留者，习惯上均用绝卖或杜绝字样。若系尚有剩余未经卖尽者，则仅书立卖契或兑契，均不得用绝卖、杜绝等字样。[1]
>
> 山东堂邑、滋阳两县之习惯：买卖不动产，间有买者于一定期间内可以买回，谓之"死契活口"，但逾期不买，即作绝卖。[2]
>
> 江苏句容县：不动产之买卖有活卖、杜卖之分，活卖者，不拘年限，准予原价赎回。即其契首尾载有杜绝等字样，若老契内声明不拘年限，留钱一二百文者，仍可回赎，故必契内载明永无回赎字样之条件者，方能发生杜绝之效力。[3]
>
> 浙江缙云县：缙云县民间典契及未经找绝之卖契，均有不拘年限取赎之习惯。[4]

---

[1]　前南京国民政府、司法行政部：《民事习惯调查报告录》，第68页。
[2]　前南京国民政府、司法行政部：《民事习惯调查报告录》，第135页。
[3]　前南京国民政府、司法行政部：《民事习惯调查报告录》，第218页。
[4]　前南京国民政府、司法行政部：《民事习惯调查报告录》，第284页。

第三章 多样化地权交易与要素动态结合的实现机制

浙江萧山县：萧山县南沙地方出戤田地，有写绝契字样而并不推收过粮者，其是否绝卖，应以户粮为标准，间亦有活戤而过户者，则契中必注明回赎日期，及逾限不赎作为绝产等字样。①

福建漳平县：漳平绝卖不动产，契约须写明一卖百休、断肠洗绝、永不许异言找赎等字样，否则，卖主得主张以厚价回赎，或另议增洗；甚有增洗至三四次者，每增一次，即加价一次，立增洗契一纸。②

行使优先回赎权的契约如：

效山立回赎据③

效山今因年前契买的荣邸祖上祀田数处，各处土名坵爿四址亩分俱立，买契不载，惟契内土名寺前下漕田壹坵，量计一分零，其四址：上至下至俱至坤山田，里至㘭，外至礼恭房更田为界，俱立四址分明，其田荣邸房今卖与坤山为业，当领得荣邸回赎价钱四百文，其钱随赎收足。自赎以后任从坤山管业布种收花，中间并无争执等事。今欲有凭，立此回赎据为照

道光十七年十二月　日立回赎契效山押。

见中　大敬押

代笔　万清押

又如一则江苏江北的回赎契约：

立留赎字张富成，今立到□□□□周顺成名下，所有契买刘宝兴段下熟沙田亩二分，凭中议明，五年为满，听凭顺成照原价取赎，与外人不涉，并无异说。欲后有凭，立此留赎字为证。

光绪三十年七月　立留赎字张富成

---

① 前南京国民政府、司法行政部：《民事习惯调查报告录》，第285页。
② 前南京国民政府、司法行政部：《民事习惯调查报告录》，第314页。
③ 王万盈：《清代宁波契约文书辑校》，天津古籍出版社2008年版，第54号。

◈❖ 良田择良耕 ❖◈

中……①

二 增值权

活卖中的优先回赎权和找价只能行使一项。行使找价往往相当于对土地增值收益的追加,即行使土地增值权。以下交易为活卖之后找价的典型交易方式。

> 歙县许荫宗退小买田契
> 立退卖麦柚田人许荫宗,今退到胡名下田壹亩贰分,土名確白塌,兹因作种不便,自愿出退与胡姓耕种,三面言定价银九色九四平五两整。其银当即收足。其田听凭管业耕种。期以陆年为满,听凭早晚麦柚田取赎。倘有内外人等异说,俱系出退人承当,不涉耕种人之事。今恐无凭,立此退契存照。
> 乾隆六十年四月　日立出退小买契人　许荫宗
> 凭中……
> 嘉庆六年十二月　日立,加价九色九四平银三两整。其银当即收足。其田言定永远无得生端加价取赎。恐口无凭,立此存照。②

交易双方约定该活卖交易的取赎期为6年,然而6年之后卖方选择进行找价而放弃对土地的回赎。以保留增值权为基础的活卖交易有点类似于现在的期货交易,不同的是活卖交易的损益方向是单向的,即只存在土地增值找价的情况,而期货交易的损益是双向的。并且期货交易是在到期日进行交割,而活卖交易是交易发生时就进行了所有权的转移。

三 分期付款

当买方资金不够时,可以以活卖的方式进行"分期付款"。如以

---

① 前南京国民政府、司法行政部:《民事习惯调查报告录》,第183页。
② 安徽省博物馆:《明清徽州社会经济资料丛编》(第一辑),第193页。

第三章　多样化地权交易与要素动态结合的实现机制

下找价契约中显示，土地买卖交易发生时，买方阙翰成没有交足全价，于是在活卖契约中约定了日后进行找价交易，付清所欠的四千文地价。该找价契约即是对前契中约定的找价的行使。

> 立找断截田契人赖通盘同侄佑华、佑琳等，缘日先自手交易有民田一处，坐落松邑二十都大阴庄沙铺安着，小土名高圻子水田壹大坵，其田界至亩分，前有正契载明，不必重叙，兹因前价未足，自情愿托中，再向业主阙翰成亲边找出正契外足价铜钱四千文正，其钱即日随找亲收完足，不短分文，其田自找之后，契断价足，无找无赎，任凭业主推收割户，改耕易佃，收租完粮，永远子孙血产管业，日后赖边房亲伯叔兄弟子侄人等，年深日久，不得言称找赎等情，一找千休，如同割藤断根，愿找愿断，此出两相情愿，并无逼抑之理，恐后无凭，立找断截田契付兴业主子孙久远为据。
>
> 咸丰五年十二月初九日　立找断截契人赖通盘
> 在场见找　同侄等　佑华　佑琳
> 原中　……①

四　出于人情的找价

也有的找价是绝卖之后进行的找价，此类交易完全是出于乞求和人情，且往往是经过中人协调。例如：

> 立割绝找契人刘运兴，原因日前与关玉璨边交易民田一契，土名圻断亩额，俱已前契载明，契明价足，理无可找，尽因年近岁逼无措，托兴中向与关边劝找契外洋银二员正，其洋银即日亲收足讫，无欠分文，其田自找之后，割绝断根，此出两家心愿，并无反悔逼抑等情，恐口无难信，故立找契永远为据。

---

① 曹树基、潘星辉、关龙兴：《石仓契约》第一辑第六册，浙江大学出版社2011年版，第97页。

◈◈ 良田择良耕 ◈◈

  同治九年十二月十七日　立割绝找契人　刘运兴
  见找……①

  在此契之前，刘运兴与关玉璨已经进行了"断卖截田"的交易。此契的找价完全出于人情。

  绝卖之后再进行找价的现象屡见不鲜。有学者认为这是近世权利义务关系的不安定和不确定性的体现。这种权利的不清晰经常引起纠纷，据岸本美绪的调查，15世纪后半叶、16世纪后半叶、17世纪中叶、18世纪中叶等时期，找价纠纷与诉讼增加，引起了当时政府官员和知识分子的忧虑。②但是，就是在这样的不稳定与不确定的情况下，绝卖之后找价的现象始终都大量发生，并没有产生什么混乱，民间交易秩序依然正常运转，而加找习俗也一直保留到20世纪。说明这种情况并没有对交易的一方造成明显不利，否则不能长久存在且为民间所广泛接受。

  许多地方的民事习惯中都有关于绝卖之后找价的习俗。例如：

  福建闽清县、古田县：业产虽经立契断卖，数年之后，业主尚得向买主要求找贴，谓之洗断，并付洗断契为凭。③

  福建霞浦县：写明永断葛藤，不敢言贴业之业，尚得立字找贴一二三次，其第一贴照原断价加一，至二、三贴则照第一贴递次减半，但在咸丰成契者，止一卖一贴，同治后者，乃有三贴，俗例然也。④

  安徽全省：不动产买主于支付价金，领受买得物后，卖业人于正价外，另索找价一次，名曰添，其设立之书据，一曰增加

---

① 曹树基、潘星辉、关龙兴：《石仓契约》第一辑第六册，第115页。
② ［日］岸本美绪：《明清时代的"找价回赎"问题》，《中国法制史考证》，中国社会科学出版社2003年版，第425页。
③ 前南京国民政府、司法行政部：《民事习惯调查报告录》，第303、295页。
④ 前南京国民政府、司法行政部：《民事习惯调查报告录》，第319页。

字，找价之额总以不逾正价十分之一为限。①

安徽当涂县：当涂西南乡卖买产业，卖主于立契成交后，得于三、五月至年余之期间内，向买主要求增价一次，其所增额数，每亩少则四、五角、一元，多则二、三元不等，由卖主另立增找字，给买主收执为据。②

第四节 本章总结

仅通过一般意义上的土地交易无法实现要素真正的自由配置，因为整块土地的产权进行流动的成本是较高的。近世地权市场之所以活跃，与其多样化的交易形式有直接的关系。这些多样化的交易是对完整的土地产权不同形式的分割。完整的土地产权从空间上可以划分为农地产权、开发权、灌溉权等许多内涵；从物权上可以划分为自物权、用益物权、担保物权等许多层次。这些内涵和层次均有其价值，在不同的契约中规定不同的归属，从而满足人们更加细化的需求。例如买卖、典、押租、一般的租佃等交易均是对物权不同形式的分割，也是对当期收益和未来收益不同形式的分配。在这些多样化的交易中，没有土地的农户得以以灵活的方式和较低的门槛获得土地耕种，拥有土地的农户则可以充分利用地权来融资，避免因为一时之需而失去土地。活卖是多样化交易取向的一个缩影。沽卖与找价交易的发生有不同的原因：卖方希望保留优先赎回权、卖方希望保留土地增值权、买方希望通过分期付款的方式来获得土地、绝卖之后买方愿意出于人情给予卖方找价等，均是沽卖的不同的交易取向。

---

① 前南京国民政府、司法行政部：《民事习惯调查报告录》，第525页。
② 前南京国民政府、司法行政部：《民事习惯调查报告录》，第560页。

第四章 地权结构的多样化选择

"地权结构"是指土地产权在不同主体之间的权利分配。第三章论述了多样化的地权交易将完整的土地产权分割为许多不同的层次：所有权、用益物权（其中包括使用权、现在地租收益和未来地租收益权等）、担保物权。这些不同层次的物权在交易参与者之间进行分配的结果就是形成了近世地权市场多样化的地权结构。例如一块租佃农场的地主将土地典给另外一个人，则土地的完整产权就在地主、佃农和承典方之间分配。形成了地主拥有所有权，佃农拥有使用权（以及剩余索取权），承典方拥有收取现在地租的权利以及担保物权的地权结构。近世中国最普遍存在的地权结构是自耕制与租佃制。此外雇工经营也是一种常见的经营方式，由于其特殊的收益分配方式，也可以认为是一种特殊的地权结构。本章将探讨这三种地权结构的形成与选择机制，重点讨论自耕与租佃之间的选择。

第一节 对自耕农经济效率的传统认识

自耕农无论从经济效率还是公平的角度来说都优于租佃制经济，这一观点从西方古典经济学到历史与现实的中国都居于主流。英国古典经济学家穆勒（John Stuart Mill）通过对爱尔兰农业的观察，提出了他关于土地制度的鲜明观点，即最有效率的土地制度是自耕农制度，如果土地集中在大地主手里，由佃农租种土地，则不仅会使佃农由于被剥削而陷入贫困，也会严重影响经济效率。他用生动的语言描述了自耕农对劳动的热爱，并举了古安赛（Guernsey）岛的例子（这个岛以自耕农制度为主,结果就比英国的经济效率高得多)。穆勒认为,只有在某些特定的情况下自耕农经济不是农业制度最有利的形式,就是当存在较显著的规模经济的时候。①

同时期的法国古典经济学家西斯蒙第也表达了他对自耕农制度的推崇。他认为凡是有自耕农的地方,也就会有舒适、安全、对未来的信心和独立意识,由此而保证有幸福和道德。农民及其子女承担了祖上传下来的土地上的全部工作,不向任何人缴地租,也不向任何人付工资。并且自耕农能够有长远的目光,不仅为当前的需要,也是为了子孙后代的利益而辛勤劳动。②

自耕农经济效率优于佃农的观点也成为中国社会关于土地制度的主流观点,这也顺应了人们对于"耕者有其田"理想的追求。这种观点也为自民国至今的土地制度提供了理论依据。以往的国内学者常持有的思想中有代表性的有:第一,平均分配土地使用权的制度才是农民的最佳保障,许多佃农都是在情急之下不得已卖掉土地而"被迫沦为"的,③ 这是社会的不稳定因素。甚至很多学者都认为自耕农经济发达与否是我国传统社会兴衰的衡量标准。第二,与佃农相比,自耕农没有地租重负,其所承担的国家赋役较之地租一般说要轻得多,因而生产积极性较高,同时他们生产经营的自由度和灵活性也较大,这有利于农业生产技术的不断改进和提高为集约经营的发展,提供了可能。特别是由于经营稳定,自耕农乐意作长期打算,向土地投入工本,兴修水利,改良土地。④ 第三,地主对佃农的剥削是中国近代经济落后的根本原因。如侯建新认为,历史上中国地主可以利用特权,想方设法增加佃户赋役、坐吃地租,从事农业经营的佃农也就始终处

---

① [俄] 车尔尼雪夫斯基:《穆勒政治经济学概述》,第 56—71 页。

② "自耕农在所有的耕作者当中获得的土地产品最多,因为他对未来盘算得最多,经验最丰富……与此同时,在实行自耕农制度的地方,土地比任何其他地方养活的人口都多,而土地的肥力却不会耗竭。最后,在所有的耕作者当中,自耕农给予工商业的刺激最大,因为自耕农最富裕。"转引自约翰·穆勒《政治经济学原理》,商务印书馆 1991 年版。

③ 陈翰笙:《现代中国的土地问题》,中央研究院 1933 年版;费孝通:《江村经济:中国农民的生活》,上海人民出版社 2006 年版。

④ 方行:《中国封建社会的土地市场》,《中国经济史研究》2001 年第 2 期。

81

于弱势，所以难以产生农业资本主义，现代化进程也就受阻。[1] 当前由于人们普遍对租佃制的畏惧，担心农民如果租种土地就会朝不保夕，我国土地制度对农村土地流转的开放非常谨慎。

然而观察历史事实我们却能得到与传统观点不同的结论。例如按照传统的理解，土地租佃之所以形成是由于很多农民在极端困难的情况下迫不得已失去土地。如果这样的理解成立，则越是自然灾害严重、生产落后的地方租佃率应该越高。然而事实上，租佃制在中国经济史上发挥了相当重要的作用，不仅与自耕农长期并存，而且在很多经济发达的地区成为主流的土地经营方式。从统计资料上看，近世中国经济发达、商业活跃的地区的租佃率远高于经济相对落后的地区，经济繁荣的时期反而往往租佃率上升。[2]

本章将建立模型解释最优地权结构的选择，质疑自耕农最优的观点，并通过实证分析探讨影响土地产权结构选择的因素。

第二节 最优地权结构选择模型

企业产权理论以制度安排的总盈余来探讨企业的最优所有权结构的选择，在均衡状态下，使得总盈余最高的所有权结构将被选择。[3] 在此基础上，赵亮建立最优地权结构选择模型，将农场视为企业，不同的土地产权结构是该企业的三种资源：土地所有权、土地控制权、劳动力在两个农户之间的不同分配。并认为每种地权结构的总盈余等于两个农户在土地上总的投资收益减去总成本（劳动成本、交易成本）。[4] 该模型没有深入分析生产函数与成本的构成。本章将在此模

---

[1] 侯建新：《富裕佃农：英国现代化的最早领头羊》，《史学集刊》2006年第4期。
[2] ［美］珀金斯：《中国农业的发展：1368—1968年》，宋海文等译，上海译文出版社1984年版；J. R. Shepherd, "Rethinking tenancy: explaining spatial and temporal variation in late Imperial and Republican China", *Comparative Studies in Society and History*, Vol. 30, No. 3, 1988, pp. 403–431. 李德英：《国家法令与民间习惯：民国时期成都平原租佃制度新探》，博士学位论文，四川大学，2005年。
[3] ［美］哈特：《企业，合同与财务结构》，费方域等译，上海三联书店2006年版。
[4] 赵亮：《土地租佃与经济效率》，《中国经济问题》2012年第2期。

型以及 Allen 和 Lueck 的契约选择模型的基础上①，建立一个更详尽的模型来探讨在生产收益、要素成本和机会成本的权衡下最优所有权结构的选择。同样假设每个农场是一个企业，最优的所有权结构是使总盈余最高的所有权结构。

一 收益与成本的构成

（一）生产收益

农业生产的要素包括土地、劳动和资本。Allen 和 Lueck 将土地视为两类属性的组合。一类是有直接定价的属性（priced attribute），主要指土地面积；一类是没有直接定价的属性（unpriced attribute），如土地的肥沃程度、土地附属物等。②

未定价资产属性增加了佃农的剩余索取权。龙登高认为佃农的剩余索取权大体表现为如下方面：第一是主要作物之外的种植与收成，如夏作之外的春作，或一季之外的二季，或其他辅助农作物，都由佃农决策与经营，剩余归佃农支配。大多数租佃契约下，地租通常按一季作物来征收。又如有的佃农在田埂上种植一些经济作物。第二是佃农超额的劳动与资本投入的收益，"农勤则倍收，产户不得过而问焉"。佃农追加投入所获约定租额以外的增量收成，即使成倍增加，也与"产户"即土地所有者无关。第三是通常面向市场的多种经营与副业经营，这些经营是佃农独立控制，其剩余亦由佃农支配。后述佃权的市场价格不菲，很大程度上来自土地经营的各种剩余索取权。③其中前两个方面都是由未定价资产直接带来。

在为可定价的属性定价的时候，未定价资产的成本有时会包含在其中，有时并不包含在其中。比如地主虽是按土地的面积规定地租，

---

① Douglas W. Allen and D Lueck, *The nature of the farm*: *Contracts, risk, and organization in agriculture*, p. 143.
② Allen 和 Lueck 认为可将任何资产看为有直接定价的属性和没有直接定价的属性的组合。如果资产是房屋，有定价的属性可以是房屋的面积、高度，没有定价的属性可能是房屋的耐久度。
③ 龙登高：《地权市场与资源配置》，福建人民出版社 2012 年版，第 138—139 页。

但地租中可能包含了佃农可能会对土地过度使用或不当使用所带来的损失。但地主若是自己耕种可能并不会经营两季，或是利用田埂，所以这些属于佃农的额外收益却不是地主的机会成本。因而额外收益往往不会被计入，如田埂上的经济作物不被计算地租。

可设生产函数：$q = h(l, a, u, k) + \theta$。其中 q 是土地产量（假定价格为1），l 是农民每小时的标准劳动投入，a 是有定价的或在契约中被指明的资产属性，u 是未定价或未具体化的资产属性，k 为资本投入量。u/a 代表资产的质量。u/a 越大，资产质量越高。θ 是自然因素。θ 的概率密度函数和累计密度函数分别为 x(θ) 和 X(θ)。我们假定边际产量为正切递减，并假定所有变量之间不相关，且 E(θ) =0。

（二）要素成本

变量 l, a, u, k 存在机会成本。设劳动力的机会成本为 w，定价属性的机会成本为 t，未定价属性的机会成本为 v，资本的机会成本为 r。这些机会成本取决于资产所有者和使用者的关系。设在土地自耕情况下，劳动力、定价资产属性、未定价资产属性和资本的机会成本为 w^o, t^o, v^o, r^o；分成租佃情况下四者机会成本分别为 w^s, t^s, v^s, r^s；定额租佃情况下四者机会成本分别为 wf, tf, vf, rf。雇工的情况下四者的机会成本分别为 w^w, t^w, v^w, r^w。机会成本即边际成本，当达到了最大的专业化程度，劳动力、定价属性、未定价属性、资本的边际成本都达到了最低，表示为 w^*, t^*, v^*, r^*。

科斯定理表明，如果交易成本为零，无论在哪一种经营结构下，都可以实现劳动力和资产的最优配置。每一种 (l, a, u, k) 的组合都有相应的最低成本 (w^*, t^*, v^*, r^*)。当三种资源实现了使财富最大化的最佳的组合 (l^*, a^*, u^*, k^*) 的时候，也就是当边际成本等于边际收益的时候，该经营结构的价值为 $V^*(l^*, a^*, u^*, k^*)$。然而当契约是不完全的时候，这个最佳的结果是不能达到的。[1]

---

[1] Douglas W. Allen and D Lueck, *The nature of the farm: Contracts, risk, and organization in agriculture*, p.143.

（三）交易成本

交易成本（transaction cost）包括：寻找费用（search cost），又称讯息费用（infomation cost）；协商费用（negotiation cost）；监督费用（supervision cost）等等。交易费用不仅指金钱上的耗费，而且包括时间及精力的耗费。Allen 和 Lueck 用签约费用（The cost of contracting）表示协商费用和监督费用之和，指为使地主的意愿和佃农的行动统一所支出的资源费用。

下文将讨论在上述收益和成本的权衡下，最优地权结构的选择。

二 不同地权结构的总盈余

（一）土地自耕

根据 Allen 和 Lueck 的论述，耕作自有土地，而不是出租所额外花费的成本有：

其一，在出租土地的情况下，土地会被专业化经营，因而自耕农为了自耕需要放弃使土地被专业化经营带来的收益。

其二，资本费用。若是出租土地，土地所有者会得到租金收益，因而自耕的资本费用就是土地所有者原本可以收到的租金及租金在资本市场中可以获得的利息。[①]

当土地所有者同时也提供劳动作为土地的耕作者时，他就放弃了专业化经营可以带来的好处。因而有 $w^o > w^*$。因其在一个特定的农场上对某项资产的使用也是受限的，因而有 $t^o > t^*$。自耕农拥有自己的资产，也就承担资产的所有成本，包括未定价资产，并且不存在道德风险，所以 $v^o = v^*$。由于农场主可以以自己的土地作抵押来进行借贷，借贷资本的成本较低。无论其是否进行借贷，都可假设其资本的边际成本 $r^o = r^*$。

a. 自耕农有足够的资本，不需要进行借贷

此时农户的最优要素投入满足：

[①] Allen 和 Lueck 认为，土地自耕的情况下耕者拥有所有的资产，不存在签约成本和道德风险。但是虽然如此，自耕农却不是占主导地位的经营结构。原因有二：（1）自耕农往往做不到专业化。（2）资本的限制增加了使用资产的成本。

$$\max_{l,a,u,k} V^o = \int_{-\infty}^{\infty} [h(l,a,u,k) + \theta] x(\theta) d\theta - w^o l - t^o a - v^* u - r^* k$$

(4-1)

图 4-1 显示了在这种情况下的各种资产的投入水平。最优投入水平是边际产量曲线（h_j，$j=l$，a，u，k）和边际成本曲线（i^o，$i=w$，t，v，r）的交点。劳动力的投入和定价资产的投入较最优投入低，即 $l^o > l^*$ 以及 $a^o > a^*$，但资产质量会保持最优，即 $u^* = u^o$，$v^o = v^*$。资本投入为最佳规模，即 $k^o = k^*$，$r^o = r^*$。于是有该情况下的总盈余为 $V^o(l^o, a^o, u^*, k^*)$

b. 自耕农需要通过借贷来满足资本的需要

假设农户借贷数量为 B，并承诺在本期末偿还 $(1+r^*)B$。如果产出 Q 大于偿还额，则农户的最终的收入为 $Q-(1+r^*)B$，如果产出小于偿还额，则最终收入为零。农户的目标是使自己的净收入的预期最大化（前提是自然因素 $\theta > (1+r^*)B - h(l,a,u,k)$），即其需要选择一个最优的投入，使得：

$$\max_{l,a,u,k} V^{o'} = \int_{(1+r^*)B-h(l,a,u,k)}^{\infty} [h(l,a,u,k) + \theta - (1+r^*)B]$$
$$x(\theta) d\theta - w^o l - t^o a - v^* u - r^* k \quad (4-2)$$

上式的一阶条件是：

$$H_l[1 - X(\theta)] = w^o$$
$$H_a[1 - X(\theta)] = t^o$$
$$H_u[1 - X(\theta)] = v^* \quad (4-3)$$
$$H_k[1 - X(\theta)] = r^*$$

上式的含义是，每一种投入的边际产量等于边际成本。

$$\{h_j[1 - X(\theta)], j = l, a, u, k\}$$

是考虑了自然环境的不确定性以后的边际产量曲线。这里的边际产量要比实际的边际产量小，因为 $1-X(\theta)$ 代表农户偿还贷款之前的收入为正的可能性。

由以上的一阶条件可以看出，在农户需要通过借贷来获得资产的情况下边际产量减少，于是其付出的自身的劳动、资产和资本也会减

◈ 第四章 地权结构的多样化选择 ◈

少。从图 4-1 也可以看出，在借贷的情况下，农户的投入要小于没有借贷的情况下，即 $l^{o'} < l^o < l^*$，$a^{o'} < a^o < a^*$，$u^{o'} < u^o <= u^*$，$k^{o'} < k^o <= k^*$。该情况下的总盈余为 $V^{o'}(l^{o'}, a^{o'}, u^{o'}, k^{o'})$

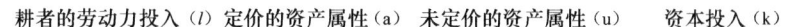

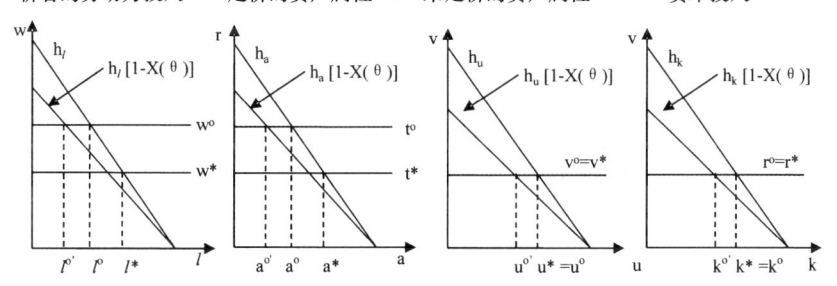

图 4-1 无借贷的自耕与有借贷的自耕下各要素的投入

（二）雇工

若田主通过雇佣工人来获取劳动力，则需要付出寻找工人和监督劳动的交易成本 T^w。由于雇工是专业的劳动力提供者，可假设 $w^w = w^*$，其他要素的成本与投入与自耕农一样，此时田主的最优要素投入满足：

$$\max_{l,a,u,k} = \int_{-\infty}^{\infty} [h(l,a,u,k) + \theta] x(\theta) d\theta - w^* l - t^w a - v^* u - r^* k - T^w$$

(4-4)

由于 $l^w = l^*$，$a^w = a^o > a^*$，$u^w = u^o = u^*$，$k^w = k^o = k^*$。该情况下的总盈余为 $V^w(l^*, a^w, u^*, k^*, T^w)$

（三）土地租佃

土地租佃的情况下，农户获得了更高的专业化，以及更少的资本约束，却面临着道德风险以及交易成本。也有学者认为土地租佃的成本还包括由于租佃期选取的时间段可能跟实际最佳的耕作周期不符所带来的损失[①]，本章的模型中假设该项损失为零。

---

① A. G. Nelson and W. G. Murray, *Agricultural finance*, Wiley, 1967, p. 88. Douglas W. Allen and D Lueck, *The nature of the farm: Contracts, risk, and organization in agriculture*, pp. 140-141.

在租佃契约中，土地经营者可以选择最佳的资产规模，于是使用土地的边际成本 t^f 和 t^s 均要低于 t^o。并且由于土地必然有闲置的时候，因为至少在耕种周期之间土地是闲置的，因而租金率和最佳租金率 t^* 也不同。可假设 $t^* < t^f = t^s < t^o$。土地的经营者可能是专业化的耕种者，也可能不是，所以其劳动力的边际成本 w^f 与 w^s 可能等于 w^o，也可能大于 w^o。这里我们假设 $w^f = w^s = w^o$。因为耕者不拥有土地，他使用未定价资产的成本更低，于是就倾向于多用，假设 $v^f = v^s < v^*$。

设定额租佃和分成租佃的交易成本分别为 T^f 和 T^s。由于分成租佃下地主需要花费更多的精力监督生产，且根据 Allen 和 Lueck 的论述，分成租下地主需花费额外的成本来核算和分配总产量[①]，因此 $T^f < T^s$。租佃制下的监督成本比雇工制下要低，可假设 $T^f < T^s < T^w$。由于佃农不能以土地做抵押，其获取资本的成本较地主高。由于定额租佃下佃农的独立经营程度较分成租佃下高，因此可假设定额租佃下主要由佃农投入资本，分成租佃下主要由地主投入资本，于是有 $r^f > r^s = r^*$。

a. 定额租佃

定额租佃即盈余的事先分配。此时佃农面临的要素投入决策是：

$$\max_{l,a,u,k} \Pi^f = \int_{-\infty}^{\infty} \{h[l,a,u,k] + \theta\} x(\theta) d\theta - w^f l - t^f a - v^f u - r^f k$$

(4－5)

根据一阶条件有 $h_l = w^f$；$h_a = t^f$；$h_u = v^f$；$h_k = r^f$。

可见在定额租佃下，农户的劳动力投入与在自耕的情况下相同。该地权结构的总盈余为：

$$V^f(l^f, a^f, u^f, k^f, T^f) = \int_{-\infty}^{\infty} \{h[l^f, a^f, u^f, k^f] + \theta\} x(\theta) d\theta \\ - w^f l^f - t^f a^f - v^f u^f - r^f k^f - T^f \quad (4-6)$$

b. 分成租佃

分成租佃即盈余的事后分配。S 为佃农所获得的产出的比例。此时佃农面临的要素投入决策是：

---

① Douglas W. Allen and D Lueck, *The nature of the farm: Contracts, risk, and organization in agriculture*, p. 53.

第四章 地权结构的多样化选择

$$\max_{l,a,u} \Pi^{s1} = S\int_{-\infty}^{\infty}\{h[l,a,u,k]+\theta\}x(\theta)d\theta - w^s l - t^s a - v^s u$$

(4-7)

根据一阶条件有：$Shl=ws$；$Sha=ts$；$Shu=vs$；

地主面临的投资决策是：

$$\max_{k} \Pi^{s2} = (1-S)\int_{-\infty}^{\infty}\{h[l,a,u,k]+\theta\}x(\theta)d\theta - r^s k$$

(4-8)

根据一阶条件有：

$$(1-S)hk = rs$$

可见分成租佃下各种要素的投入量均比在定额租佃下少。这对总盈余带来两个相反方向的影响，一是减少了总产出；二是减少了对土地的过度使用，即比定额租佃少消耗了未定价资产。①

该地权结构的总盈余为：

$$V^s(l^s,a^s,u^s,k^s,T^s) = \int_{-\infty}^{\infty}\{h[l^s,a^s,u^s,k^s]+\theta\}x(\theta)d\theta -$$

$$w^s l^s - t^s a^s - v^s u^s - r^s k^s - T^s \quad (4-9)$$

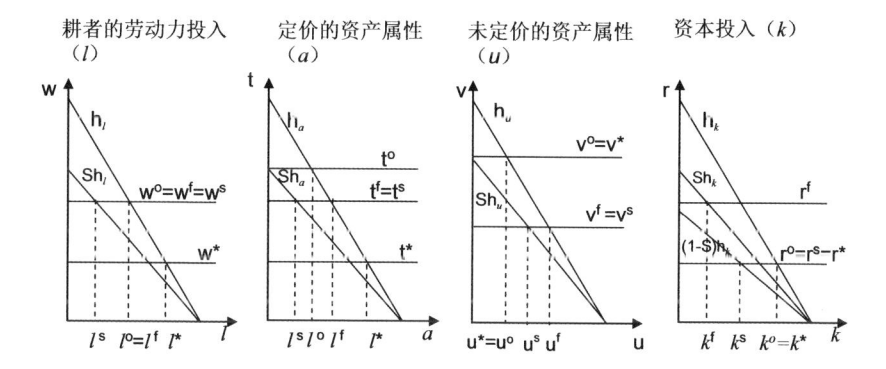

图 4-2 自耕、等额租佃和比例租佃下各要素的成本与投入

---

① Douglas W. Allen and D Lueck, *The nature of the farm: Contracts, risk, and organization in agriculture*, p.52.

表4-2　　　　　　各种地权结构下投入与成本的大小比较

要素投入与成本	各种地权结构下投入与成本的大小比较
劳动投入 l	分成租佃 < 自耕 = 定额租佃 < 雇工 = l^*
劳动机会成本 w	w^* = 雇工 < 自耕 = 定额租佃 < 分成租佃
定价资产投入 a	雇工 = 自耕 < 定额租佃 < a^*；分成租佃 < 定额租佃
定价资产成本 t	t^* < 定额租佃 = 分成租佃 < 自耕 = 雇工
未定价资产投入 u	u^* = 雇工 = 自耕 < 定额租佃 < 分成租佃
未定价资产成本 v	定额租佃 = 分成租佃 < 自耕 = 雇工 = v^*
资本投入 k	定额租佃 < 自耕 = 雇工 = k^*；分成租佃 < k^*
资本成本 r	r^* = 自耕 = 雇工 < 分成租佃 < 定额租佃
交易成本 T	自耕 < 定额租佃 < 分成租佃 < 雇工

根据以上的分析，我们可以看到，没有任何一种选择是绝对最优的。选择什么样的地权结构取决于哪一种方式的总盈余最大。在不同的条件下，最优的地权结构可能不同。下文从微观层面和宏观层面进行实证分析，探讨决定地权结构的因素。微观层面将验证决定单个农场为自耕农场或租佃农场的因素。宏观层面将探讨影响地区租佃率高低的宏观因素，主要分析农产品流通和交易的难易程度以及土地规模对地权结构选择的影响。

第三节　影响地权结构选择的因素分析

一　单个农场自耕与租佃的决定因素

下文的实证分析选取广州地区的125个农场和闽南地区的91个农场，利用二元选择模型分析决定其是自耕农场或是租佃农场的因素。在上文分析的基础上，我们认为决定一个农场是自耕农场还是自耕农场的因素有以下几类。

（一）未定价资产的多少

根据上文分析，未定价资产越多，对佃农选择租佃的吸引力越大。因其可以从未定价资产中获取额外收益。

第四章 地权结构的多样化选择

(二) 交易成本

交易成本越高，田主越有可能选择自耕。当地主远离自己的土地从而难以对生产进行监督，或活跃的土地交易市场的缺乏提高了交易双方的信息搜集成本时，交易成本会随之提高。雍正年间江苏奉贤县的金秀章将土地出租给陆尚玉成为地主。但后来陆尚玉"欠租米无偿"，此时金秀章的监督成本、讨债成本和风险都提高了，于是就将田取回自耕，成为自耕农。[1] 根据郭汉鸣和孟光宇对四川1939年至1940年租佃情况的调查，各地发生退佃的130户中，退佃原因为佃户砍伐地主树株或行为不正的有9户。[2] 即由于地主的监督成本提高而将田取回自耕。道德风险的提高也会带来交易成本的提高。

(三) 专业化收益

对田主来说，劳动力和资产专业化所带来的收益越高，越有可能选择租佃。乾隆年间台湾中庄村的巧自徵由于"乏力耕作"，将自有的荒地租佃给有能力耕作的人进行开垦。[3] 这一交易提高了耕种该土地的专业化水平，从而提高了交易双方的总盈余。光绪四年台湾南埔村原住民阿勝万四老由于"乏力垦耕，况弯社离远"将原自己耕种的土地租佃给汉人黄将利兄弟。该农场由自耕农场变为租佃的原因之一就是由于地主离自己的土地太远，自耕的劳动力成本过高[4]，将土地出租可降低劳动力的成本。有的田主发现改种其他作物更有利可图，但自己并不擅于经营其他作物，就把土地出租给对这另一种作物比较在行的人。1870年代之后，随着需求的增加，茶叶种植利润丰厚，许多种水田的农户纷纷改种茶园。有的出主自己没有耕种茶园的经验，便请佃人将水田改种茶园。如第六章将提到的范洪灶兄弟、曾

---

[1] 中国第一历史档案馆：《乾隆刑科题本租佃关系史料之一：清代地租剥削形态》，中华书局1982年版，第178号。

[2] 郭汉鸣、孟光宇：《四川租佃问题》，李文海主编《民国时期社会调查丛编·乡村经济卷》（下），福建教育出版社2009年版，第816—912页。

[3] 洪丽完：《台湾中部平埔族群古文书研究与导读：道卡斯族崩山八社与柏瀑拉族四社》，台中县立文化中心2002年版，第205页。

[4] 洪丽完：《台湾中部平埔族群古文书研究与导读：道卡斯族崩山八社与柏瀑拉族四社》，第207页。

新然等人，通过请茶农佃种茶园，将佃农的生产技术与地主判断市场的能力有效结合。

(四) 资本的限制

对目前没有土地但需要土地来耕种的农户来说，其拥有的资本越少，其租佃土地比买入土地越有利且可行。对已经有土地的农户来说，也由上文分析可知，其资本的限制越大，越有可能选择将土地出租而不是自耕。

以下实证分析选取的变量反应三个方面的因素：未定价资产、专业化收益、资本限制。本卷选取广州地区土地契约（1797—1892年）和闽南土地契约（1750—1881年）中的买卖契约所提供的信息。由于每份契约内容有限，且存在一定程度的个性化，本卷摘取了以下相对标准化的信息[①]：

交易的土地是自耕经营还是租佃经营。若是租佃经营的土地，契约中会注明地租，或者"听银主召佃耕种""任凭买主收租管业"等字样。

土地面积。土地面积反映的是控制农场经营的难易程度，即经营土地所需要的专业化程度大小。可以假设土地面积越大，所需要的专业化程度越高，就越有可能是租佃经营。广州的土地契约往往标明土地面积，但闽南土地契约则大多不说面积，而以"受种"，即需要播种的数量来反映土地的规模。因此闽南土地契约的这项指标用"受种"代替。

地主人力、地主居住地。地主人力和地主居住地反映专业化经营可以带来的收益。若地主是劳动能力较弱的妇女儿童或非农业人士，则农场的租佃经营会带给地主更多的相对收益。地主若是居住在外地，则也会更倾向于租佃土地，因为自耕土地的劳动成本太高。此外地主居住地也与交易成本有关。若地主居住在外地，则交易成本会较高。

---

① Allen 和 Lueck 建立的自耕与租佃选择模型中选取的变量有 20 多个，除了与本卷类似的变量外还包括灌溉、谷物品种、谷价、设备、田主年龄、田主受教育年数等等，本卷因为数据受限，只能选取有限的几个变量尝试进行简单的实证分析。

土地单价。土地单价反映的是资本约束的大小。土地价格越高,农民越有可能选择不去购买土地,而是租佃土地耕种。由于闽南契约中没有面积的数据,"受种"即代表土地面积,因此笔者用地价与受种之比来反映土地的单位价格。[①]

房屋。房屋反映对佃农资本的限制。若是地主不提供房屋,则佃农还需要额外的资本以自建房屋。

果树、鱼塘。果树、鱼塘反映的是未定价资产。若农场中附带有果树或鱼塘,则佃农获得额外收益的可能性比较大。

表4-3是对广州契约和闽南契约中各变量的描述性统计。

表4-3　　　　　　　　数据和变量的概况

	广州契约		闽南契约	
	土地租佃	土地自耕	土地租佃	土地自耕
田地个数	105	20	68	23
平均面积	67.2亩	35.0亩	受种3.12斗	受种1.84斗
平均单价	56.7两/亩	31.5两/亩	21.5两/斗	32.0两/斗
田主是寡妇、儿童或非农民百分比			13.2%	9.0%
田地附带鱼塘、果树百分比	30%	15%		
田中附带房屋百分比	7.70%	5%		
田主居住当地百分比	28.80%	80%		

描述统计显示,广东契约中租佃农场的平均面积、平均单价、田中附带房屋的百分比均大于自耕农场,基本符合笔者的推测。田中附带的鱼塘和果树百分比租佃农场大于自耕农场,也符合笔者的推测。闽南契约中平均面积与田主是寡妇、儿童或非农民的比例这两项为租佃农场大于自耕农场,然而单价则是自耕农场大于租佃农场。根据表4-4的变量拟合logit二元选择模型,可得表4-5的结果。

---

① 不同的地区对契约中使用什么来表示面积有不同的习惯,有些地方习惯用田亩数来表示面积,有些地方则用受种、载租等来代表土地的面积。例如江西乐安县"田亩面积以租额之斗石为标准"(《民事习惯》,第256页);江西新建县"田亩面积以种子数折算"(《民事习惯》,第239页)。

表4-4 变量名称和说明

	变量名称	变量说明及单位
因变量	土地租佃（RL）	=1 租佃 =0 自耕
自变量	面积（SQ）	契约土地亩数
	土地单价（LP）	两（银）/亩
	受种（SD）	斗
	地价/受种（P_SD）	两（银）/斗
	地主人力资本（LL）	=1 寡妇、儿童或非农民 =0 其他
	果树、鱼塘（TP）	=1 农场附带树木或鱼塘 =0 没有
	房屋（HS）	=1 农场上附带房屋 =0 没有
	地主居住地（LR）	=1 本地 =0 外地

表4-5 Logit 模型计量结果

变量	广州地区土地契约 系数（P值）	闽南土地契约 系数（P值）
面积（SQ）	0.0159（0.0302）	
土地单价（LP）	0.0505（0.0000）	
受种（SD）		0.2879（0.0029）
地价/受种（P_SD）		0.0019（0.7255）
地主人力资本（LL）		0.6896（0.4220）
果树、鱼塘（TP）	-0.0925（0.9191）	
房屋（HS）	-1.7442（0.2637）	
地主居住地（LR）	-1.7487（0.0027）	

在5%的显著性水平下，广州和闽南的计量结果都显示，土地的面积对自耕与租佃的选择有显著的影响，土地面积越大，租佃的可能性越高。此外，广州的计量结果还显示了土地的单价以及地主居住地也都有显著的影响，土地的单价越高，租佃的可能性越大，地主不住在本地也会使租佃的可能性提高。本卷选取的样本数量有限，且因契约中可能有缺失的信息使数据存在误差，此处的结论并不具有决定性的说服力，但也为我们提供了一些参考。

二 土地投资回报率对地权结构选择的影响

当人们购买土地仅仅为了投资时,往往不具备经营土地的能力,因而会选择出租土地以获得更高的专业化收益。虽然投资农业土地的投资回报率一般较投资城市其他行业要低,但是投资风险却要小得多。作为最稳固的固定资产,土地具有不忧水火、不忧盗,具有保障产权的特点。并且作为一种稀缺资源,土地的价格长期呈上升趋势,同时农产品的需求相对稳定,从而在土地私有产权之下,随着城市商业资本的积累,土地成为一种收益稳妥且有长期保障的投资品。

珀金斯认为决定近代中国不同地域的租佃率的因素主要是不在地主对土地的投资数量。[①] 不在地主即外村人拥有本村的土地。20世纪30年代,中国各省所有出租的土地中,由不在地主拥有的土地平均占大约3/4。根据南京政府土地委员会1937年对大约150万个农场的调查,61.5%的租佃土地属于不在地主。[②] 根据一个对浙江吴兴的调查,[③] 当地所有地主拥有的土地中,87%的土地属于不在地主,23%属于当地的地主。不在地主投资土地的钱财一般是从农业外获得。因此决定一个地区不在地主投资数量的因素主要有两个,一是该地区除农业以外其他行业的发展程度,二是土地投资的吸引力,即回报率。中国经济统计研究所认为,浙江吴兴县的不同地区的租佃率的差别的主要原因是各地方的土地投资回报不同。[④] 有利于土地投资的地方租佃制就较发达。吴兴县的袁家汇地区因为"地势低下,田地贫瘠,无人愿买该处田产"。所以该地方的自耕农比例在吴兴各地中是最大的。

影响土地投资回报率的因素主要有两个,一是商品市场的发展状况,交通越便利,粮食市场越发达的地方,农产品更容易商品化,并

[①] [美]珀金斯:《中国农业的发展:1368—1968年》,上海译文出版社1984年版。

[②] J. W. Esherick, "Number games: A note on land distribution in prerevolutionary China", *Modern China*, Vol. 7, No. 4, 1981, p. 393.

[③] 中国经济统计研究所:《吴兴农村经济》,《民国时期社会调查丛编·乡村经济卷》(上),福建教育出版社2009年版,第698—783页。

[④] 中国经济统计研究所:《吴兴农村经济》,第753页。

且发达的农产品交易市场也推动了生产的发展。如自明中叶开始，江南人均占有的耕地面积越来越少，粮食短缺，粮价上涨。然而到了民国时期，江南不少地方从缺粮区变成了余粮区。赵赟认为，正是由于粮食市场的发展推动了江南从"为生存而生产"到"为销售而生产"的急剧转变。[①] 赵冈的研究也提出，市场是产生土地租佃制度的前提。正是因为地主能够将出租土地所得在市场上交易以解决收入单一性与需求多样性的矛盾，租佃制才能发展起来。[②] 二是土地的产出水平。李德英对民国时期成都平原各县的租佃率的研究发现，佃农比例与地理位置、土地质量关系密切，土地肥沃、离城市较近的地区佃农比例高，而一些稍偏远的地区，则佃农比例相对较低。[③] 夏明方也认为租佃制度发达与否与该地区的生态环境关系密切。土地肥沃，物产丰富的地区，土地投资回报率就高，租佃制就较发达，而土地贫瘠的地方自耕农居多。[④]

图4-3所示17个县的租佃比率和农产品商品化程度的关系也反映了农产品市场越发达的地区，其土地对地主的投资越有吸引力。

由上述统计也可以看出，南方的农业经营的商品化程度比北方要更高。农产品销往外地的运输成本是影响商品化程度以及投资回报的一个重要的因素。通过对卜凯1929—1933年的《中国土地利用统计资料》中的运输成本以及土地租佃比率进行统计，将所有有效数据全部统计，可以看到，除江西和江苏以外[⑤]，水稻地区其余所有的省的各县的农产品运输成本与土地租佃的比率都成负相关。可见运输成本越低，土地的投资回报率相应的就越高，于是租佃比率会越高。

[①] 赵赟：《苏皖地区土地利用及其驱动力机制（1500—1937）》，博士学位论文，复旦大学，2005年。
[②] 赵冈：《从制度学派的角度看租佃制》，《中国农史》1997年第2期。
[③] 李德英：《国家法令与民间习惯：民国时期成都平原租佃制度新探》，博士学位论文，四川大学，2005年。
[④] 夏明方：《民国时期自然灾害与乡村社会》，中华书局2010年版。
[⑤] 江苏只有3个县有完整数据，没有形成明显趋势。江西的5个县在卜凯的统计中被划分到两个区域，也没有形成明显趋势。

租佃率与农产品商品化程度的关系

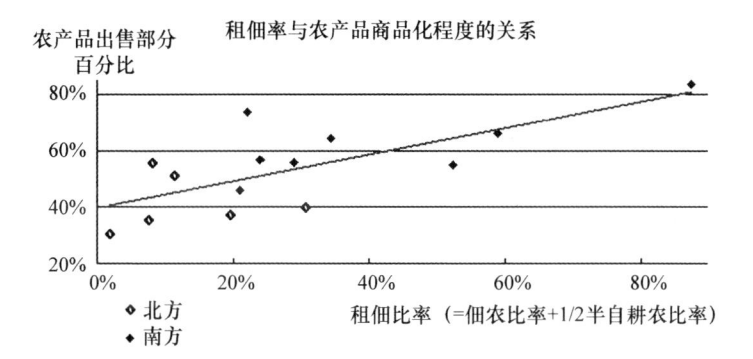

图 4-3 1921 至 1925 年中国 7 省 17 个县租佃率与农产品商品化程度的关系

注：根据卜凯《中国农家经济》的数据统计计算。

三 土地所有权规模和经营规模与租佃比率的关系

土地的经营规模与所有权规模有不同的变化机制，二者都是影响租佃比率的重要因素（将在第五部分探讨）。设某一地区地权分散程度（即平均每个地主拥有的土地产权的面积）为 Ar，农场的平均经营规模为 A，则若 Ar > A，出租的土地面积占总土地面积的比率为 (Ar - A)/Ar；若 Ar < A，则出租的土地面积占总土地面积的比率为 (A - Ar)/A。即土地租佃比率 Tr 可表示为：

$$Tr = \begin{cases} (Ar - A)/Ar & Ar > A \\ (A - Ar)/A & Ar < A \end{cases} \quad (4-10)$$

在其他条件不变的情况下，若地权比农场规模相对更分散，则租佃率与地权的分散程度负相关，与农场的经营规模正相关，因为租佃制发挥了使分散的地权集中经营的作用。若地权比农场规模更集中，则地权越集中，土地的租佃率越高，因为地权所有者将自己无力耕种的多余土地出租。

图 4-5、图 4-6 用不同来源的数据显示了 20 世纪 30 年代中国各省的租佃率与地权规模的关系。总体来说，租佃率与户均地权面积负相关。南方由于人多地少地权相对密集，租佃率与户均地权面积的

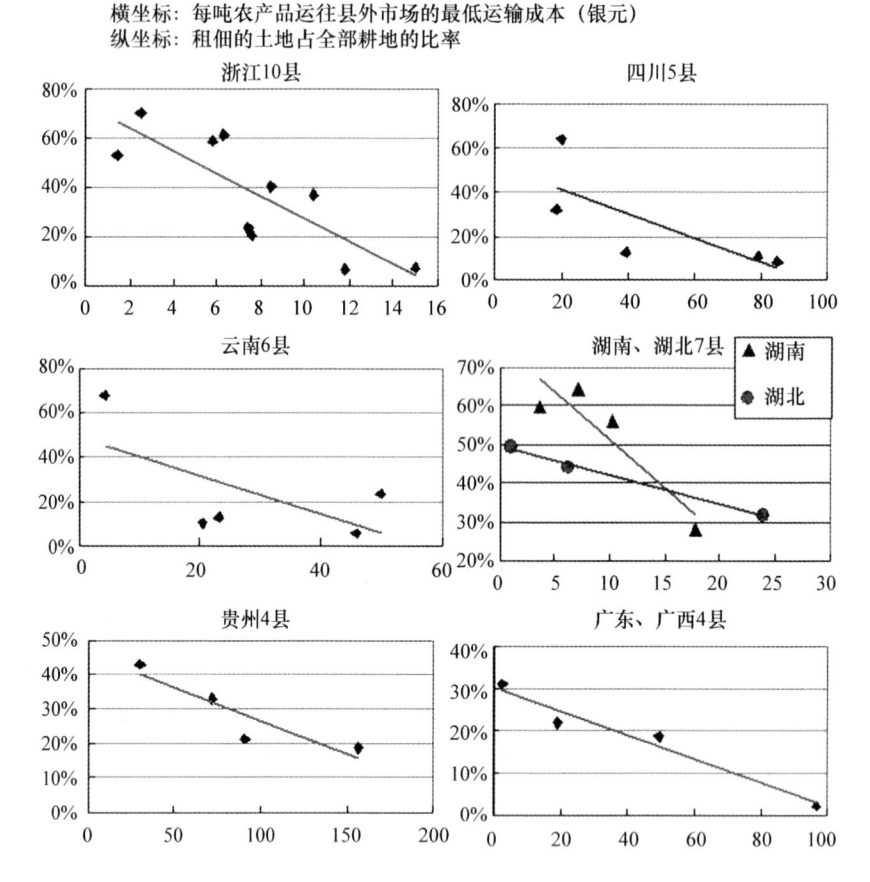

横坐标：每吨农产品运往县外市场的最低运输成本（银元）
纵坐标：租佃的土地占全部耕地的比率

图4-4 六区域农产品运输成本与租佃比率的关系（1930年）

注：根据卜凯《中国土地利用统计资料》的相关数据统计计算。

负相关程度更大。

从经营规模来看，图4-7的统计显示，小麦地区和水稻地区的租佃比例分别于单位劳动力的土地经营规模正相关。小麦地区的正相关程度更高。由此可见，近代中国地权分配比农场规模要更加分散。

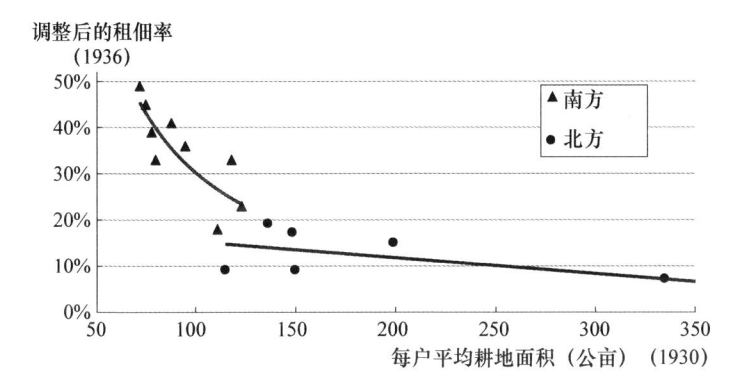

图 4-5 租佃率与地权分散程度的关系（民国统计提要数据）

数据来源："调整后的租佃率（1936）"取自赵冈《永佃制研究》，中国农业出版社 2005 年版，第 73 页（"调整后的租佃率"是指，若将永佃权也视为一种土地产权，则将原租佃率扣除永佃的比率后的租佃率）。"每户平均拥有的耕地面积（1930）"选取自国民政府主计处统计局《中华民国统计提要》，第 469—483 页。

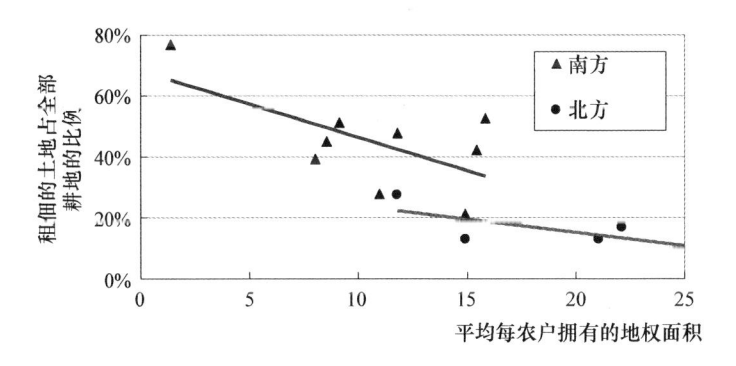

图 4-6 土地租佃比率与地权分散程度的关系（《土地调查报告纲要》数据）

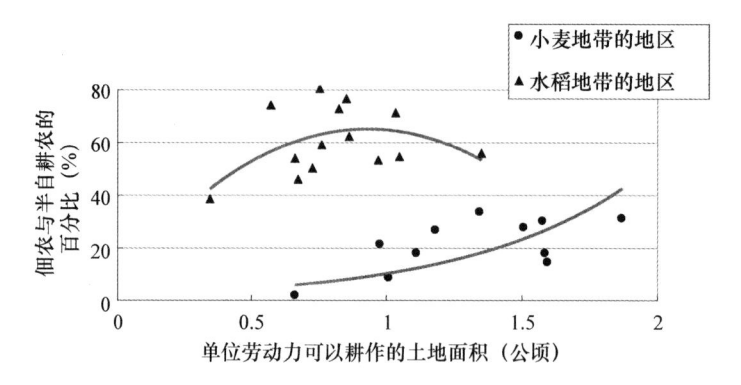

图4-7 单位劳动力可以耕作的土地面积与租佃率的关系（1930年前后）

资料来源：根据卜凯《中国土地利用统计资料》（南京金陵大学1937年版）第57—59页、298页的全国数据统计得来，其中小麦地带包括甘肃、宁夏、青海、陕西北部、绥远、山西、河北、山东、江苏北部、河南北部、安徽北部的市县。水稻地带包括安徽南部、河南南部、江苏南部、陕西南部、江西、浙江、湖南、四川、湖北、广西、云南、贵州、广东、福建的市县。

第四节 本章总结

在自由交易的情况下，预期制度总盈余最大的地权结构将被选择。本章建立模型将地权结构的预期总盈余分为三个部分：由定价资产、未定价资产、劳动力、资本以及自然因素为变量的生产函数；各生产要素的机会成本；以及交易成本。在此基础之上，最优地权结构的选择由专业化收益、道德风险、资本限制等这些决定要素投入与成本以及交易成本大小的因素决定。因为这些因素在不同的地方、不同的环境甚至个别农户都存在极大的差异，因而从理论上讲，地权结构应是多样化的，自耕农制、雇工制、分成租佃制和定额租佃制各有其适用的条件。

本章的实证分析包括两个部分，一是对决定单个农场是自耕农场或是租佃农场的微观因素进行二元选择分析。选取广州和闽南契约中的相关数据建立 logit 模型,发现土地面积和单价以及地主居住地对自耕或租佃选择的影响最大。

二是对决定地区租佃率高低的宏观因素进行探讨。这包括两类因素。一类是影响土地投资回报的因素。此类因素体现专业化收益以及交易成本。一般情况下,土地投资回报率越高,地主投资土地的意愿越强,因而租佃率也越高。通过检验农产品商品化程度以及运输成本与租佃率的关系,发现农产品越易运输,或商品化程度越高,则租佃率也越高。另一类是土地产权以及土地经营的面积。检验结果发现无论南方还是北方,平均地权面积与租佃率负相关,而单位劳动力有能力经营的土地面积与租佃率正相关。

第五章 租佃制的经营状况及合理性

第四章的论述说明了不同情况下最优的地权结构并不相同，自耕农并不一定是最优的制度。在中国，租佃制度有时呈现出优势。例如图 5-1 所示，经济发展相对落后的华北的租佃比率却是最低的。反而是南方的租佃率较高。

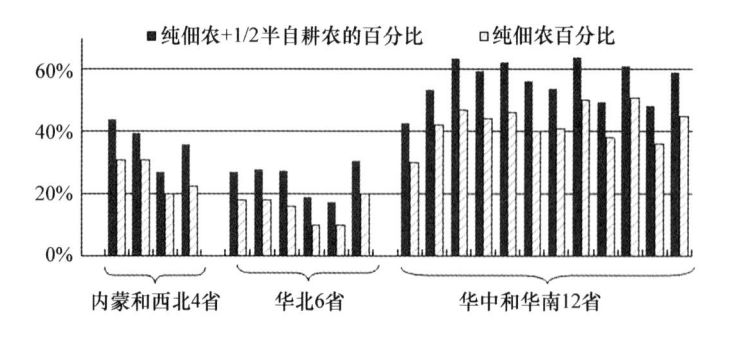

图 5-1 佃农户数占农业总户数百分比（1936年）

注：从左至右的省依次是：内蒙和西北4省（察哈尔、绥远、宁夏、青海），华北6省（甘肃、陕西、山西、河北、山东、河南），华中和华南12省（江苏、安徽、浙江、福建、广东、江西、湖北、湖南、广西、四川、云南、贵州）

数据来源：国民政府主计处《中国租佃制度之统计分析》，正中书局1937年版。

从单个地区来看，也有类似的趋势，经济较发达的地区往往租佃制也比较发达，如表 5-1 显示的浙江吴兴县的四个地区，袁家汇的农家经济在各地区中是最落后的，其自耕农的比例却最高。南浔是最发达的地区，租佃制也最为发达，只有8.72％的农民是自耕农。

表5-1　　吴兴县四地区自耕农、半自耕农、佃农百分比

吴兴县的地区	自耕农百分比（％）	半自耕农百分比（％）	佃农百分比（％）
南浔	8.72	82.56	5.81
菱湖	33.64	58.88	2.34
双休	55.56	40.43	0.31
袁家汇	58.38	35.53	1.52

资料来源：中国经济统计研究所《吴兴农村经济》，《民国时期社会调查丛编·乡村经济卷》（上），福建教育出版社2009年版，第751—752页。

又如江苏丹阳县的桂仙镇在丹阳11个农村地区里面是最富有的，其各种农产品的单位产量都是最高，生活水平在小康以上的农户的比例也是最大。其租佃比例也是全丹阳最高的，半自耕农和佃农的比例为65％。浙江嘉兴县的玉溪镇在该县的5个地区中是农业生产效率最高的，其租佃比例也最高，半自耕农和佃农的比例为94.82％。[①]

对各地区自耕农与佃农的经营规模、收入、利润、家庭情况等进行比较，也发现自耕农并不一定优于佃农。本章将对自耕农与佃农的经营效率进行比较，并探讨租佃制度在中国往往具有优势的原因。

第一节　历史上自耕农与租佃制的经营状况比较

一　劳动力与土地的经营规模

卜凯对1921至1925年中国7省17个县2866个农场的地租类别、农场面积、家庭大小、利润、地价、工作效率等指标进行了统计。[②] 根据卜凯的调查结果，将自耕农、半自耕农、佃农的平均家庭

[①]　冯紫岗：《嘉兴县农村调查》，《民国时期社会调查丛编·乡村经济卷》（上），福建教育出版社2009年版，第236页。

[②]　［美］卜凯：《中国农家经济》，商务印书馆1937年版。

劳动力数量、耕种土地的规模进行比较，将相关统计数据以每个县的被统计农场数量为权数进行加权平均，得到如表5-2所示结果。

表5-2　自耕农、半自耕农、佃农劳动力与土地的经营规模比较

		自耕农	半自耕农	佃农
全国15县平均	家庭大小（成年男子单位）	4.38	4.52	4.33
	农场面积（本地亩）	39.39	35.04	61.78
	每人平均耕作的作物亩	25.15	26.06	34.44
北部7县	家庭大小（成年男子单位）	4.44	4.56	5.74
	农场面积（本地亩）	44.82	41.86	134.84
	每人平均耕作的作物亩	30.07	29.47	64.24
中东部8县	家庭大小（成年男子单位）	4.33	4.47	3.98
	农场面积（本地亩）	33.28	27.86	29.23
	每人平均耕作的作物亩	19.62	22.47	21.16

注：据卜凯《中国农家经济》第47—67、443—447页的数据统计得出。

其中"农场面积"是指农场全部的土地面积，包括耕地和属于农场主的其他所有土地。"作物亩"，是指周年内各季所收获作物的种植总亩数。比如有一亩田地，一年内可收获两季作物，则计为两作物亩。"成年男子单位"用以表示家庭劳动力的情况。将不同年龄和性别的劳动力，根据爱特华特尔氏标准数（Atwater's Scale）折算成相当于多少个成年男性的劳动力。如一名年龄15—16岁的女性为0.8个成年男子单位。[①] 这样的统计方法的好处是将生产要素的数量标准化，更便于比较。

从全国来看，自耕农、半自耕农、佃农的家庭劳动力数量没有显著差别，北部地区佃农的家庭劳动力数量最大，南部地区则是半自耕农的家庭劳动力数量最大。单位劳动力耕种的作物亩来看，自耕农在南方和北方同样是最低的。

卜凯对全国各类农户的家庭的更详细的统计显示，半自耕农的家

---

① 具体参考卜凯《中国农家经济》，第19页。

庭在全国以及南方和北方都是最大的。

表 5-3　自耕农、半自耕农、佃农的平均家庭人口（1929—1933 年）

	自耕农	半自耕农	佃农
全国	5.38	5.68	4.76
中国北部	5.55	5.83	4.97
中国南部	5.12	5.61	4.74

资料来源：卜凯《中国土地利用统计资料》，转引自侯杨方《中国人口史：第六卷（1910—1953）》，复旦大学出版社 2001 年版，第 515 页。

表 5-4 列示了 1930 年代南方五个县的平均家庭人数和耕种面积的数据，从这几个具体的地区同样可以看到，半自耕农的家庭总是最大的。每户耕种面积嘉兴的佃农最大，其余三个地方均是半自耕农最大。

表 5-4　　　　　四个县平均家庭劳动力和土地规模

地区	每户家庭人数			每户耕种面积（亩）		
	自耕农	半自耕农	佃农	自耕农	半自耕农	佃农
云南昆阳（1932 年）	5.6	6	5	10.6	11.2	4.8
浙江吴兴（1938 年）	4.76	5.17	4.47	6.11	10.01	9.15
浙江嘉兴（1936 年）	3.37①	3.68	3.5	11.44	10.98	11.75
江苏丹阳（1930 年）				10.6	11.2	4.8
江苏江宁（1937 年）②				13.8	18	13.6

资料来源：苏汝江《昆阳农村经济之研究》，《民国时期社会调查丛编·乡村经济卷》（上），福建教育出版社 2009 年版，第 957—1022 页。中国经济统计研究所《吴兴农村经济》。冯紫岗《嘉兴县农村调查》。张汉林《丹阳农村经济调查》，《民国时期社会调查丛编·乡村经济卷》（上），福建教育出版社 2009 年版，第 784—835 页。秦翙《农村信用与地权异动关系的研究——江宁县第一区农村调查报告》。

---

① 嘉兴的"每户家庭人口"用的是成年男子单位。
② 江苏江宁的数据在原始数据中是分亩数区间进行的统计，本卷将每一个区间取了中位数来代表这个区间的平均亩数。

由浙江嘉兴佃农、半自耕农、自耕农的农场面积的分段统计中,可以看到各类农户拥有农场面积的分布。农场经营面积越高的区间,自耕农的比例越低,佃农和半自耕农的比例越高。50亩—100亩的中型农场中70.1%的经营者都是纯佃农。100亩以上大农场的经营者中48.7%为半自耕农,43.6%为纯佃农。自耕农当中有73.5%经营农场面积低于20亩,该比例高于佃农和半自耕农。自耕农只有0.4%经营农场面积大于100亩,该比例低于佃农和半自耕农。

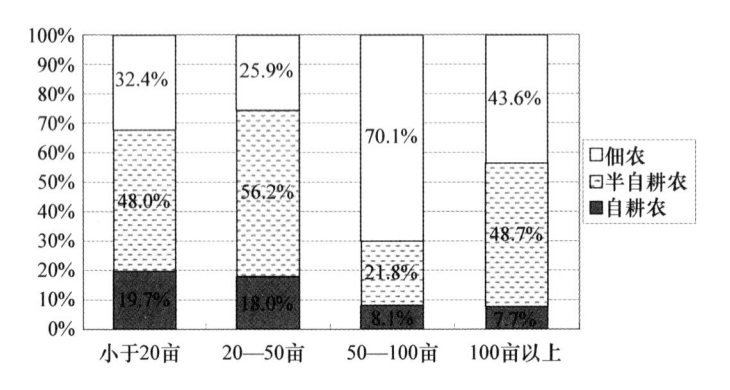

图5-2 嘉兴县农场规模与各类农户百分比(1935年)

注:根据冯紫岗《嘉兴县农村调查》第314页的数据计算绘制。

洪瑞坚根据民国土地委员会对江苏12县五分之一的农户进行抽查的结果,对各县自耕农与佃农的农场面积进行分段统计。[①] 笔者根据其统计数据,计算出各县自耕农与佃农的经营面积的上四分位数、下四分位数、平均面积和中位数,显示在以下两张表中。可见12个县中有5个县的佃农平均经营面积大于自耕农。就中位数而言,只有镇江一个县的佃农经营面积的中位数小于自耕农,其余均等于或大于自耕农。江都和松江两县的佃农在经营面积上的优势非常明显,其中灌云的佃农经营面积的每一项指标均在自耕农的两倍以上。

李德英对民国时期四川温江县的佃农经营的研究也得出结论:在

---

① 洪瑞坚:《自耕农与佃农之比较——江苏淮阴等十二县之调查研究》,《民国时期社会调查丛编·乡村经济卷》(下),福建教育出版社2009年版,第636—688页。

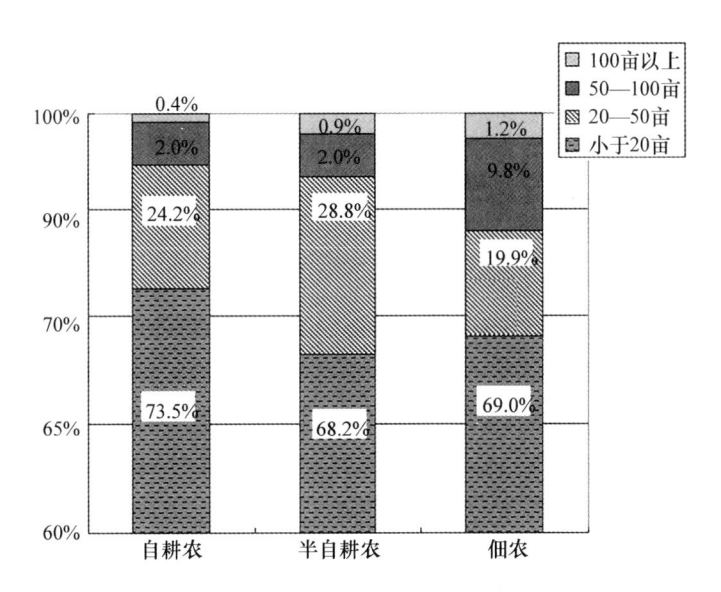

图 5-3　嘉兴县各类农户农场规模分布（1935 年）

注：此处为更方便地显示而调整了坐标轴刻度间距的比例。

资料来源：根据冯紫岗《嘉兴县农村调查》第 314 页的数据计算绘制。

该地区佃农平均耕种的农场面积和作物面积均明显大于自耕农和佃农。并且佃农拥有的土地质量要高于自耕农，"自耕农耕种每市亩平均土地价值为 434 元，佃农则为 502 元。这是因为地主拥有的田地多属良田沃土，佃农租入土地耕种，除缴纳地主租谷外，还须维持一家温饱，所以总是愿意多租上等田地耕种"[①]。

史建云对近代华北地区佃农经营的研究也从不同的统计资料来源中得出华北地区的经济规模有类似的趋势。[②] 如根据卜凯 1937 年的《中国土地利用统计资料》的数据可得出结论，华北地区佃农（包括半自耕农在内）土地经营面积高于自耕农，而在佃农中，半自耕农的经营面积高于纯佃农。又如 30 年代对平汉铁路沿线的调查显示，在

---

① 李德英：《民国时期成都平原佃农经营：以温江为例》，载《论中国土地制度改革》，中国财政经济出版社 2009 年版，第 529—549 页。

② 史建云：《近代华北平原佃农的土地经营及地租负担》，《近代史研究》1998 年第 6 期。

◇❖ 良田择良耕 ❖◇

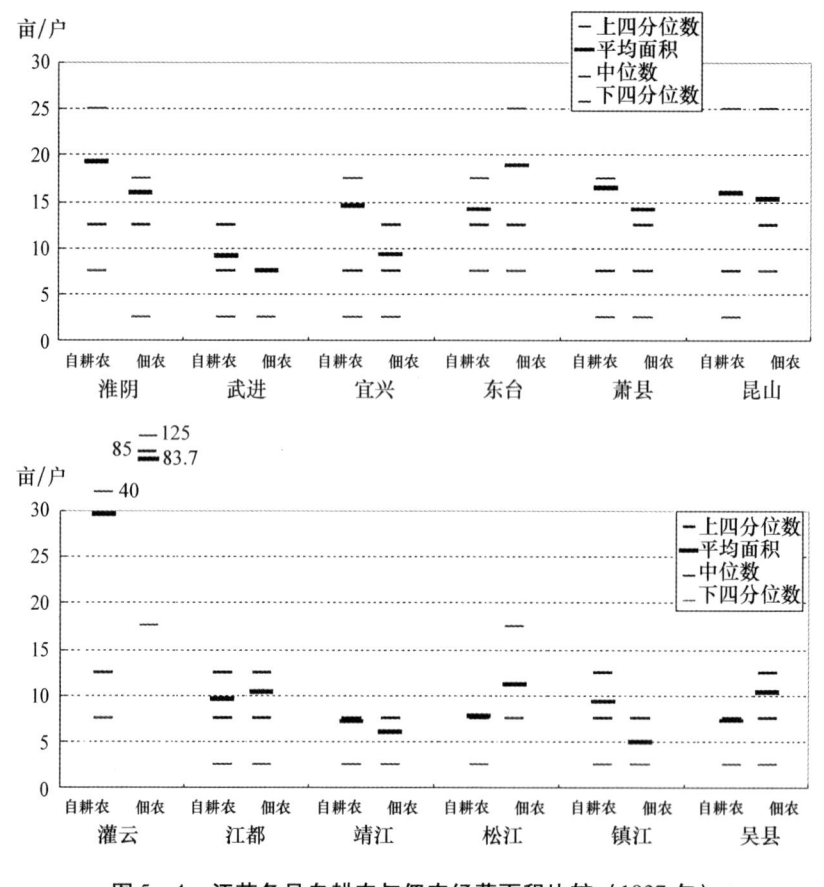

图 5-4　江苏各县自耕农与佃农经营面积比较（1937 年）

注：根据洪瑞坚《自耕农与佃农之比较——江苏淮阴等十二县之调查研究》，第 641—644 页的统计数据计算绘制。每一个县的样本数量均在 5000 户至 30000 户之间。

平汉铁路沿线河北河南两省 34 个调查点，如将经营 100 亩土地以上的大户剔除，则自耕农人均经营土地 2.92 亩，半自耕农和纯佃农 3.13 亩。①

---

① 该地区半自耕农租入土地占经营面积比重平均为 55.8%。

二 收入与利润

从各地区的统计资料都可以看出,平均而言,相对于自耕农和半自耕农,佃农家庭是比较贫困的,其能养活的家庭人口较少,且家庭财富和收入都较低。例如根据洪瑞坚的统计数据,计算出江苏各县自耕农与佃农的户均收入的上四分位数、下四分位数、平均面积和中位数,显示在以下两张表中。可见大部分地区的自耕农比佃农的收入水平要高。这也是主流观点认为租佃制效率低下且造成剥削的依据。

然而佃农相对贫穷并不代表租佃制是缺乏效率的。首先并不是在所有的地区佃农的收入都比自耕农低。在江苏的12个县中有3个县的佃农的户均收入大于自耕农。同样是灌云和松江的佃农有明显的优势。其次佃农有其多样性。租佃土地者分为三种情况,一是因为贫穷无力购买土地而租佃者,即使是这样,租佃到土地的农民也具有独立经营的能力。二是已经有自己的土地了但自有土地不能满足经营的需要者,即半自耕农。三是经营大规模农场的种田能手通过租佃土地不断扩大经营规模者,即大佃农。半自耕农以及大佃农的经营能力较强,效率也是较高的。再次佃农的利润中需要扣除地租,而自耕农无需交纳地租,因而在计算收入时佃农会偏低,如果将地租收算作自耕农的机会成本,或是以农场而不是以家庭为基准计算收入和利润,计算出的利润就不一定是佃农较低了。

根据卜凯的统计数据,将各地的自耕农、佃农、半自耕农的相关收入与利润的数据以被统计家庭数为权数进行加权平均,可以看出佃农的经营效率最高,其次是半自耕农,自耕农的经营效率是最低的。佃农的农场总利润和每作物亩纯利明显大于自耕农和半自耕农。山西五台县由于盛行帮工佃种法,其佃农的农场总利润甚至是自耕农的三倍多[①]。另外由农场经营者利润可以看出,佃农劳动力的工作效率也最高。

---

① 山西五台的平均每亩田场工作赚款,佃农为392.91元,自耕农为103.15元。

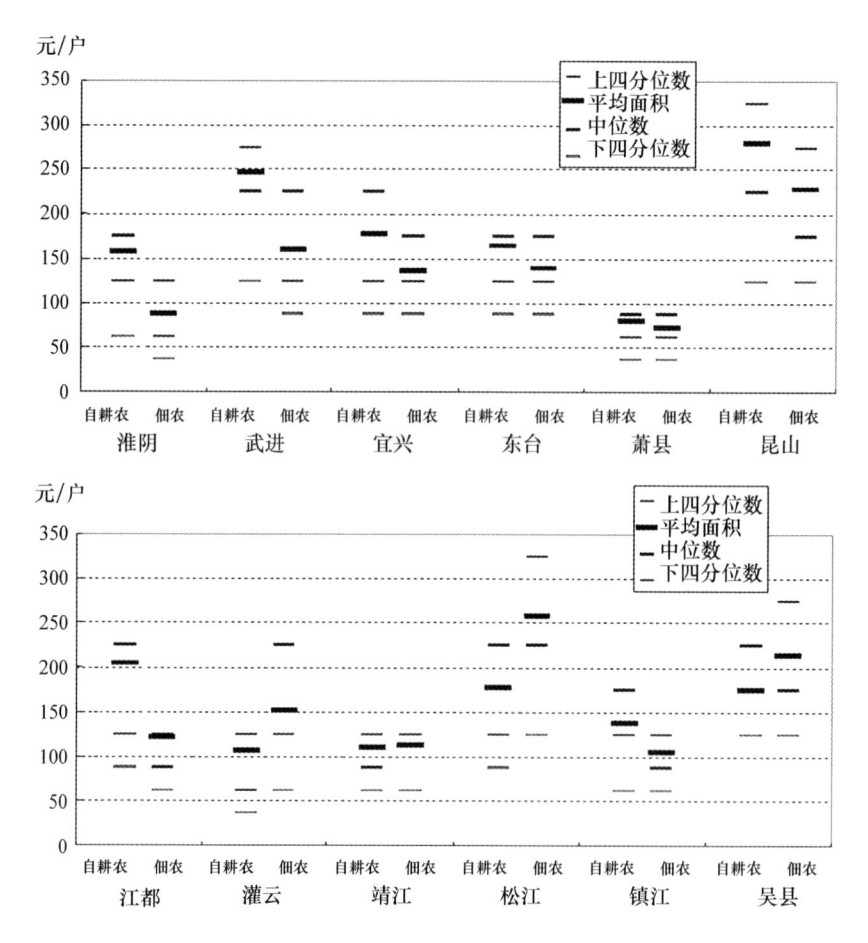

图 5-5 江苏各县自耕农与佃农户均收入比较（1937年）

注：根据洪瑞坚《自耕农与佃农之比较——江苏淮阴等十二县之调查研究》第645页的统计数据计算绘制。

若将自耕农和佃农都视为投资者，假设在同样条件下二者投入的劳动是相同的。佃农投资了地租和其他所需的生产资料从而获得收入；自耕农投资了土地和其他所需的生产资料从而获得收入。可以比较二者的投资回报率。自耕农投资的土地虽然是自有的，但按照机会成本的原理，应将地租视为自耕农每年支出的成本，即机会成本。表5-7显示了1930年22个省的佃农和自耕农的平均年利润率。可以看到,除了福建、贵州的自耕农比佃农的利润率稍高一些,其余省的佃农均比自耕农投资效率更高。

表5-5　自耕农、半自耕农、佃农收入与利润比较

		自耕农	半自耕农	佃农
全国15县平均	农场总利润①	104.68	111.93	181.42
	农场经营者利润②	103.85	114.86	140.44
	每一作物亩的纯利	1.50	1.57	3.03
北部7县	农场总利润	78.56	80.85	208.59
	农场经营者利润	78.55	83.14	95.50
	每一作物亩的纯利	0.13	0.43	0.98
中东部8县	农场总利润	141.16	144.67	169.32
	农场经营者利润	139.18	148.26	160.47
	每一作物亩的纯利	2.64	3.09	4.29

表5-6　嘉兴县5个乡镇自耕农、半自耕农、佃农的每亩净利润比较

地名	平均每亩净利润		
	自耕农	半自耕农	佃农
玉溪镇	3.19	4.52	4.35
泰安乡	2.6	2.78	2.47
保大乡	2.54	2.42	2.17
汉南乡	1.92	2.71	1.62
坛塘乡	4.16	3.82	4.01

资料来源:冯紫岗《嘉兴县农村调查》,第537—541页。

---

① "农场总利润"(Farm Labor Earning)指佃农的报酬与地主的报酬之和。其可以反映土地的经营效率。

② 这里的"经营者"(Operator)是指实际管理田场责任的农民,通常是实际耕作者。"农场经营者利润"(Operator's Labor Earning)是指场主一年内所得到的报酬,即总收入减去总支出再减去所投资本应得的利息。也即"农场总利润"减去地主的报酬。

表 5-7　　　　　　　佃农、自耕农投资利润率比较

南方省	佃农年利润率	自耕农年利润率（将地租视为机会成本）	北方省	佃农年利润率	自耕农年利润率（将地租视为机会成本）
江苏	67.2%	47.4%	山西	76.5%	63.5%
安徽	59.8%	54.3%	河南	66.3%	55.0%
浙江	62.7%	60.1%	山东	47.8%	27.7%
福建	47.5%	53.1%	河北	62.6%	43.1%
广东	79.7%	62.7%	辽宁	73.9%	28.8%
云南	79.6%	66.4%	吉林	98.7%	89.2%
贵州	38.6%	41.3%	黑龙江	102.8%	101.0%
湖南	52.0%	42.5%	热河	47.7%	41.9%
江西	80.9%	45.8%			
湖北	93.6%	69.8%			
四川	46.1%	31.4%			

注：根据国民政府主计处统计局《中华民国统计提要》，商务印书馆1936年版，第494—495页的相关数据计算得出。[①]

冯紫岗统计了嘉兴县各种经营规模下的各类农户的平均盈亏。嘉兴当年整体年景不太好，仅纯地主中就有48.15%有负债，地主兼自耕农中有66.87%负债。[②] 各类大小的农场平均而言都是亏损的，但也有一部分盈余。其中自耕农中盈余的户数为5.8%，半自耕农中盈余的户数为7.6%，佃农盈余的比例最高，为10.5%。对经营各种大小的自耕农、半自耕农、佃农农场的平均亏损金额进行统计，可看到100亩以下的各类农场的平均亏损相差不大。而100亩以上的大农场则是佃农和半自耕农占明显优势，亏损金额明显小于自耕农农场。耕种100亩以上的佃农明显就是种田能手。这也可以体现佃农经营的专业化优势。

根据李德英对民国时期成都平原佃农和自耕农的农场的收入和利

[①] 使用的是乙等户的数据。
[②] 冯紫岗：《嘉兴县农村调查》，第370页。

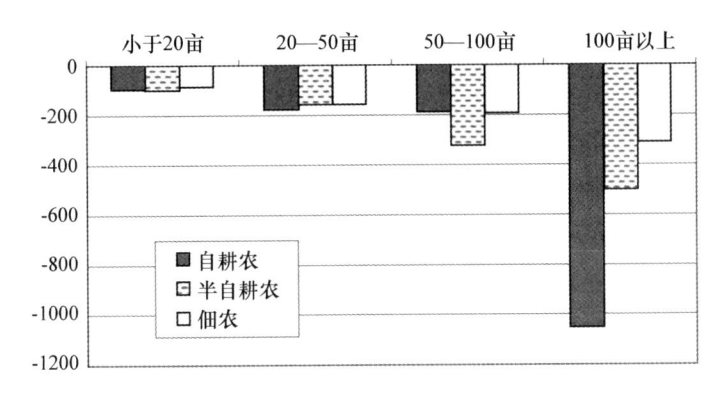

图 5-6　嘉兴县 1935 年各类农户各种经营规模平均亏损

注：根据冯紫岗《嘉兴县农村调查》第 364 页的统计数据计算绘制。

润的比较，若将自耕农使用自有土地的机会成本也记在成本中，即将农场投资利息列为支出，那么佃农的利润比自耕农丰厚得多。成都平原十县平均佃农的农场经营者利润为 927 元，自耕农 639 元。[①] 每市亩纯益，十县平均佃农为 20.28 元，自耕农为 12.61 元。也就是说，对于一个尚无土地的耕者来说，即使其拥有较多的资本，租地也往往比买地在经济上更有利。这一点也可以在家庭富裕程度和租佃土地比重的关系上得到印证，如下文所述。

三　家庭富裕程度

以往的观点认为越富裕的农民越倾向于购买土地，贫穷买不起土地的农民才会去租佃土地耕种。然而历史资料显示，农民利用有限的收入租佃更多的土地而不是购买土地有时是更好的选择。以东北为例，以下是东北两个县 1946 年不同贫富程度的农户拥有土地和已经租佃土地的状况。

租佃土地中的大部分是富农和中农，且二者的户均租佃土地面积最高。如果用自有土地衡量家庭富裕程度，那么随着富裕程度的增加，土地租佃数量并不是一直减少，甚至增加。拜泉县中农的租佃土

---

① 李德英：《民国时期成都平原佃农经营：以温江为例》，第 529—543 页。

地占自有土地的百分比要大于贫农,榆树县富农的租佃土地占自有土地的百分比要大于中农。说明随着家庭富裕程度的增加,并不是买地一定最好,而有可能租佃更大面积的土地更有利。

表5-8 　　　　拜泉县不同种类农户自有和租佃土地(亩)

	户数	自有土地	租佃土地	户均自有土地	户均租佃土地	租佃土地/自有土地
富农	126	3633.12	1250.31	28.83	9.92	0.34
中农	337	2337.71	3520.41	6.94	10.45	1.51
贫农	876	2300.14	1835.39	2.63	2.10	0.80

资料来源:《东北农村调查》,1946年,第19—44页。本卷中的"富农"包括原资料中的"富农"和"富佃农","中农"包括"富裕中农"和"中农"。下表同。

表5-9 　　　榆树县4屯不同种类农户自有和租佃土地(亩)

	户数	自有土地	租佃土地	户均自有土地	户均租佃土地	租佃土地/自有土地
富农	114	833.4	1586.8	7.31	13.92	1.90
中农	132	427.58	279.03	3.24	2.11	0.65
贫农	68	33.7	121.35	0.50	1.78	3.60

又以河南省为例,据1933年调查,辉县4村的富农中,有48.6%要租入土地,这个比例中农只有15.9%,贫农35.6%。许昌5村的富农有30.4%租入土地,中农和贫农租入土地的比重分别是15.4%和26.7%。在镇平6村中,租入土地的富农、中农和贫农各占本阶级农户总数的58.3%、55.8%和30.9%。[①]

第二节　租佃制合理性的原因探讨

以往一些学者从不同的角度论述租佃制度的合理性和优势。贾生

[①] 农村复兴委员会:《河南省农村调查》,商务印书馆1934年版,第59—61页,表69—72。

第五章 租佃制的经营状况及合理性

华和田传浩认为虽然土地租赁市场可能不能导致土地资源的最佳配置,但是与土地买卖市场相比,它具有以下优点:首先,信贷市场失灵对土地租赁市场的影响要远远小于土地买卖市场;其次,土地租赁市场中的交易费用要低于土地买卖市场;第三,土地租赁而不是土地买卖更有利于佃农获取农业技术和知识。[①] Carte和Yao对中国农地租赁市场的研究表明,土地租赁具有边际拉平效应和交易收益效应。边际拉平效应指土地边际产出较小的农户将土地租让给土地边际产出较高的农户,在边际报酬递减规律的支配下,两者的边际产出趋于相等。但是这种效应在存在其他市场缺陷、特别是劳动力市场缺陷时起作用。[②] 笔者将从租佃制度对土地资产功能与生产要素功能的分离,使经营面积趋于最优以及对耕者的择优,这三个方面探讨租佃制度在中国具有效率和合理性的原因。

一 租佃制使土地的资产功能与生产要素功能分离,实现土地投资者和使用者的分工,增强专业化经营的优势

龙登高认为,传统地权交易体系成为中国传统佃农经营具有优势的制度基础。首先,近世的中国佃农具有农业企业的性质。通过各种不同的渠道与方式,将土地、劳动力、资本、技术等要素在家庭农场中组合起来,以其独立经营创造财富。若是进行大农场经营,则需要雇工。相对于雇工,佃农的优势在于,第一,佃农劳动主动性极强,不存在监督与考核费用。第二,雇工通常是单一劳动的提供者,佃农则承担多项职责,其劳动的边际回报高于雇工。第三,为了获得最大的总收益,佃农即使在边际收益递减的情况下仍能不断追加劳动,而雇工只按照合约获得固定的报酬,若增加雇工的劳动,则田主所付出的边际成本递增而边际收益递减。因而佃户家庭独立经营小规模的土地比大规模的雇工经营更有优势。其次,租佃制、押租制、永佃制等

[①] 贾生华、田传浩:《农地租赁市场与农业规模经营——基于江、浙、鲁地区农业经营大户的调查》,第28页。

[②] M. R. Carter and Y. Yao, *Specialization without regret: Transfer rights, agricultural productivity, and investment in an industrializing economy*, World Bank Publications, 1999.

◈ 良田择良耕 ◈

多层次的地权制度使没有或很少土地所有权的农民可以通过多样化的土地流转建立自己的独立经营。且其可以通过地权市场的交易满足其融通性需求，通过自身的跨期调剂来度过危机，延续再生产。①

土地租佃的形式灵活多样，使具有独立经营能力的佃农不受制于资本的限制，能以低成本获得生产要素，建立专业化的经营。清代四川巴县的土地契约中，曹正隆1814年二月由于缺钱，将土地当给堂兄曹正廷，获得102两当价银，与此同时曹正隆从曹正廷那里将这块土地租佃回来自己耕种，每年需付5钱银的地租。这样，土地的资产功能就与其生产要素的功能分离了。相当于曹正隆通过抵押土地，获得了年利息大约0.5%的抵押贷款，而自己又通过租佃获得土地耕种。有了土地作抵押的贷款利息比无抵押高利贷借款利息要低很多。这两则契约如下：

  曹正隆当约
  立出当田地山土房屋文约人曹正隆。请因账重难撑，无银用度，今将自己祖父遗留田地、山土、竹木、桐茶、桃李、基址、园圃、瓦屋二间半、门窗、碓磨、楼板、石工悉行在内。地名曹家坊。其界以……，出当与堂兄曹正廷上庄耕种。彼即三家面议九六色银一百零二两整，其银现交正隆叔侄亲领收足，一无货准折，二无少欠系厘。自当之后，任意正廷耕种，正隆不得别生枝节。其有界内条粮，有正隆自纳，不得问给正廷。其界内树木果品悉归正廷，正隆不得砍摘。其田不得年限，银到田回，永无异言。此系二家心甘意悦，其中并无屈从。今恐人心不一，特立当约一纸给与正廷父子日后存照为据。
  实计当价：九六色银一百零二两整。
  凭众人……
  嘉庆十九年又二月二十六日　立当地房屋人曹正隆同侄曹栋

---

① 龙登高：《地权市场与资源配置》，第135—150页。

第五章 租佃制的经营状况及合理性

曹正隆佃约

立出佃田土房屋文约人曹正隆

今凭众佃到曹正廷得当己名下田地山土房屋，佃转耕种。彼即三家面议，年田土认干租银五钱，以明对年给楚。其佃面限一年为定，揭约交与正廷耕种。两无异言。恐口无凭则，故立佃为据。

凭众人……

嘉庆十九年三月初一　立佃约人曹正隆

尽管在二月二十六日所立的契约中说该田地出当后任由承当方曹正廷耕种，但三天后双方又立契约，由曹正隆将土地佃回耕种。巴县契约中将土地出当同时又佃回的案例还有：

表5-10　　　　巴县契约中将土地出当同时又佃回的案例

日期	出当人、承租人	承当人、出租人	土地当价	佃回土地的年地租	大约当于贷款年利率
1800.8	朱永洪	杨光和	100两	20石谷	10%[1]
1807.12	何月清	李新华	90两	12石谷	7%
1830.2	况钊	何永刚	48两，扣押租2两	2两银	4%
1838.3	袁泽	谢斯森	4000文	800文	20%

注：以上契约信息从四川大学历史系、四川省档案馆编《清代乾嘉道巴县档案选编》中提取。

如果用第三章的物权分析框架，参照图3-3的表示方式，出当土地同时又佃回的交易对物权的分割与转移的方式显示在图5-7中。即土地出当方保留土地的所有权和使用权，但将土地的地租收益和担保物权转让给承当方。

---

[1] 根据每石谷0.5两的价格估算（0.5两价格的估计来自《刑科题本》案例181、204中所显示的谷子单价）。

佃农是生产要素的组织者，其从市场中获取土地等生产要素来独立经营农场。对佃农来说，土地的生产要素功能比资产功能更重要。若是土地不能租佃，则农民获得土地的唯一方式就是购买土地，这就提高了农民获得土地耕种的门槛。当自耕农需要资金应对一时之需时，租佃制也为其提供了一个保留土地使用权的渠道。

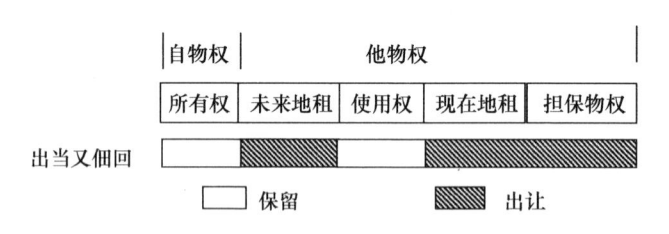

图 5-7 出当又佃回交易的物权分割

地主和佃农有不同的要素禀赋。佃农更有劳动和组织生产的能力，却相对来说缺乏资金购买土地和其他工具，地主有更充裕的资本，但种田能力往往不如佃农。自耕农必须同时管理资本和农场的劳动，而佃农和地主则可以形成各种形式的合作以使各自的禀赋得到充分发挥。因此，租佃制使佃农更容易获得土地并且减少了经营农场的投资，也增强了地主投资土地的意愿。

二 租佃制使土地经营面积适应生产效率的变化

根据第二章的论述，技术进步带来的生产效率的提高有两种情况，一是不改变要素投入结构的技术进步，二是改变要素投入结构的技术进步。本节将分别探讨在这两种技术进步的假设下租佃制对经营面积的调节机制。

在第一种假设下，生产效率提高使地主等比例的减少土地和劳动力的投入却可获得与原先等量的收益，地主在满足了自己农产品的需求之外还可以有闲暇从事其他活动，于是就将多余的土地出租。Arrigo 以中国北方的土地分配和租佃制度为例建立了生产效率提高对租佃

第五章 租佃制的经营状况及合理性

比率影响的模型。[①] 根据卜凯的统计数据，计算出了中国北方地区的土地分配情况。图5-8的横坐标为人口的百分比，纵坐标为土地所有权的相对面积（以平均每户拥有的土地所有权面积为1）。假设：（1）土地所有权分配不变；（2）农业人口密度不变；（3）地租率不变，始终为50%；（4）当总收益的谷物大于480千克时，农户愿意有闲暇时间。这个模型隐含的假设是，要素禀赋不变，且不存在规模经济。

在A图中，农场面积为1时，总产量为275千克，农场面积为1.745时，总产量为480千克。当农户拥有的土地大于3.49时，即土地可以生产960千克以上的谷物时，会将土地出租。由于有5%的人拥有大于3.49的土地，13%的人拥有的土地在1.745到3.49之间，会有5%的人成为纯粹的地主，13%的人出租其一部分的土地。

当农业生产效率提高到图B的水平，即当农场面积为1时，总产量为480千克，这时拥有土地面积大于2的农户都会成为地主，而拥有土地面积在1和2之间的农户会出租一部分土地。于是地主的比例增长到15%，另有15%的农户出租一部分土地。

在第二种技术进步的假设下，生产技术的提高使得规模经营成为可能。单位劳动力耕种土地的最佳规模不断提高，租佃制也就具有了调剂土地所有权分配和劳动力最佳经营规模的差异的功能。

秦晖和彭波提出，地主和佃农都可以视为企业家，佃农并不单纯是劳动力的提供者，而相当于农场企业的管理者，他能够对市场机制进行灵活的反应，并按照自己的决策相应调整自己的资源配置、生产规模和生产方式。[②] 于是，类似于企业家，对于土地经营规模的选择，农场企业家也需要根据技术水平、生产成本、交易成本等来选择最优的经营规模。根据第二章的论述，从技术上讲，农场的最优规模是使得边际收益等于边际成本的规模。土地市场的效率体现在减弱交易成本、资本的限制等因素（除技术因素以外的其他因素）对经营规模

[①] L. G. Arrigo, "Landownership Concentration in China: The Buck Survey Revisited", *Modern China*, Vol.12, No.3, 1986, pp.259-360.

[②] 秦晖、彭波：《中国近世佃农的独立性研究》，《文史哲》2011年第2期。

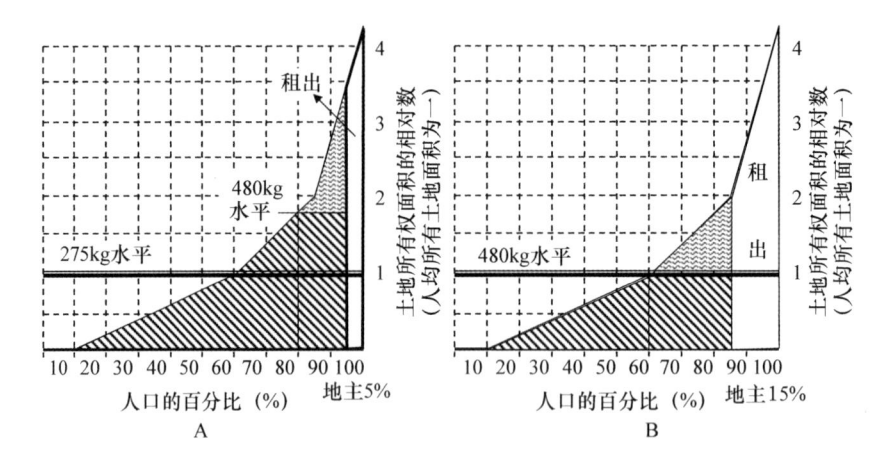

图 5-8　租佃比例随着生产效率的提高而提高

资料来源：L. G. Arrigo, "Landownership Concentration in China: The Buck Survey Revisited", *Modem China*, Vol. 12.

的影响，从而使得土地经营规模趋于最优，在土地的资产功能与要素功能分离的情况下，土地的经营规模更容易灵活的调整。

赵冈提出租佃制的好处之一是增加生产制度的灵活性，它可以使经营单位选择最有利的生产规模。在古代，尤其是在中世纪的欧洲，农地产权单位规模都很大，但是在古代的农耕技术之下，大规模农场不如小农场有效率。所以农地的所有人希望在租佃制度下把大的田产化为由众多佃户经营的小规模家庭农场。[1] 然而农地的规模不断发生着两个变化，一是土地所有权的规模：不在地主的出现、人口压力和土地的稀缺性以及中国传统的诸子均分财产的制度导致了土地所有权越来越分散。[2] 二是土地经营权的规模。中国历史上长期的小农经营就是二者权衡下的结果。而随着现代化的农业投入之使用，农业生产成本日益降低，并且由于信息技术降低了信息获取和监督成本，理想的农场经营规模日渐扩大。当最优的土地经营规模超过了土地所有权

---

[1] 赵冈：《从制度学派的角度看租佃制》，第 53 页。
[2] 叶春辉、许庆、徐志刚：《农地细碎化的缘由与效应——历史视角下的经济学解释》，《农业经济问题》2008 年第 9 期。

第五章 租佃制的经营状况及合理性

的规模，租佃制便发挥了反方向的灵活性，小地主可以将田产租给大佃户，形成大规模的农场，充分有效地利用最先进的农业技术。可见土地产权的规模和土地经营规模的影响机制大不相同，租佃制度能够使土地经营规模实现最优，而不受土地产权规模变化的限制。速水佑次郎等人通过对日本农业研究指出，农民对土地强烈依恋和对农村土地将不断升值的预期，使得转移农村土地所有权来扩大农业经营规模是不可能的，剩下唯一办法是通过发展土地租赁市场来扩大经营规模。① 换句话说，如果没有租佃，土地的经营规模将受到土地产权规模的局限，从而造成生产效率的损失。

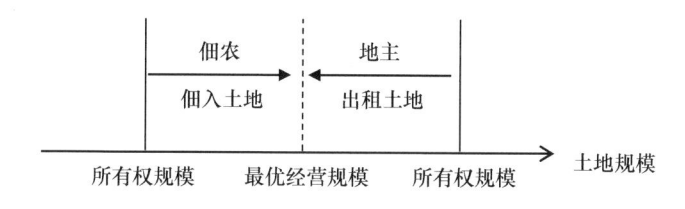

图 5-9 租佃对土地规模的调节作用

郭汉鸣、洪瑞坚对安徽 17 个地区 10 万余家农户进行了调查。② 表 5-11 显示了其调查数据中土地所有权分配的面积分布和户数分布，和土地经营面积的面积分布和户数分布。由该表可知，至少有 45% 的拥有土地所有权面积在 5 亩以下的农户通过租佃扩大了经营面积。尽管土地所有权面积的分布较悬殊，32% 的土地属于拥有土地 100 亩以上的地主，然而 90% 的土地经营面积集中在 5 亩—100 亩之间。过小或过大的土地所有权面积可以通过租佃来调节。且无论从总面积还是户数来看，10 到 20 亩是经营面积中比例最高的区间。这也体现了小农经济的优势。

将户数分布用概率密度分布图的方式表示出来，即每个区间中分

---

① ［日］速水佑次郎、［美］拉坦：《农业发展的国际分析》，郭熙保等译，中国社会科学出版社 2000 年版。
② 郭汉鸣、洪瑞坚：《安徽省之土地分配与租佃制度》，《民国时期社会调查丛编·乡村经济卷》（下），福建教育出版社 2009 年版，第 689—777 页。

布曲线之下所覆盖的面积为该区间下的土地总面积。图 5 - 10 显示了土地租佃对土地经营面积的调节。当所有权面积小于 10 亩时，许多农户通过租佃来补充自己的经营规模。而当所有权面积大于 100 亩时，农户将超出自己经营能力的土地出租。图中阴影部分的面积即为租佃土地面积的最低值。

表 5 - 11 1930 年代安徽 10 万农户所有权面积与经营面积分布——面积百分比与户数百分比

面积（亩）	面积百分比（%）		户数百分比（%）	
	所有权面积	经营面积	所有权户数	经营户数
<5	5.12	4.17	42	23.29
5—10	7.71	10.58	19.36	23.73
10—20	13.84	22.79	17.51	26.18
20—30	10.51	17.69	7.76	11.99
30—50	14.35	20.76	6.74	9.61
50—100	16.19	18.01	4.29	4.47
100—150	7.45	4.16	1.11	0.58
150—200	4.5	0.98	0.47	0.1
200—300	5.24	0.51	0.39	0.04
300—500	4.46	0.19	0.21	0.09
500—1000	4.07	0.06	0.11	0.001
>1000	6.56	0.05		

资料来源：郭汉鸣、洪瑞坚《安徽省之土地分配与租佃制度》，第 734—739 页。

三 良田择良佃：租佃制实现对耕者的择优

佃农比自耕农有更高经营效率的一个重要的原因是：租佃制本身是对土地经营者的选择。经营能力较强的农民，随着其财富的逐渐积累，将选择扩大土地经营规模，或者购买土地成为地主（因其劳动力数量有限），或者租佃土地成为佃农（或半自耕农）。这在中国经济统计研究所对浙江吴兴县的实地调查中得到证实。"往往自耕农之有

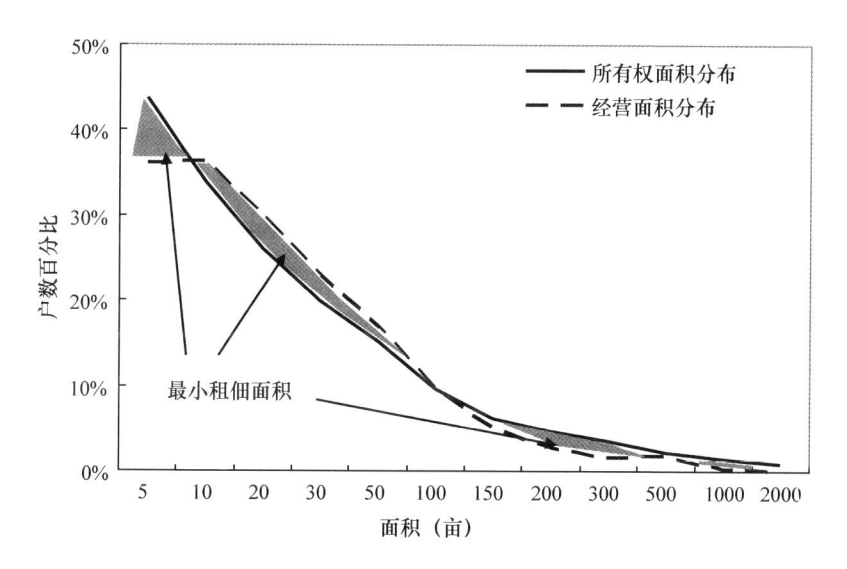

第五章 租佃制的经营状况及合理性

图 5-10　安徽 10 万农户所有权面积与经营面积分布图

注：为显示更直观，这里将横坐标的刻度间距做了调整。

进取心者，财力不足以添置资产，则租进他人之田，而变为半自耕农。"[1] 这样，自耕农中擅长土地经营的农民都将逐渐脱离自耕农这个群体，不擅长土地经营的农民则只能保持自耕农身份，甚至失去土地成为雇工从而被淘汰。由此可见，半自耕农与佃农往往比自耕农有更强的土地经营能力。

试看一个案例，台湾岛原住民猫老慰在 1762—1798 年这 36 年间所进行的土地买卖和租佃交易。1792 年及 1783 年猫老慰多次买入荒地自耕，但由于其耕作能力有限，并没有通过自耕而发家致富，反而频频陷入缺银缺粮的危机，猫老慰在 1782—1798 年之间进行了两次出卖田面权、3 次出佃土地、7 次典当田地的交易和 6 次借银、借粮的交易。于是也就逐渐的不再自耕，而是要么出卖田面权，要么佃出土地，交给更强耕作能力的佃农去耕种。由此可见，在租佃制度下，有更强土地经营能力的农民被逐渐选择出来从事土地经营，所谓"良

---

[1] 中国经济统计研究所：《吴兴农村经济》，第 751 页。

田择良佃"是也。而土地经营能力较弱的农民将逐渐脱离耕者这一群体，于是生产要素的配置就更加趋于合理。

表5-12　台湾原住民猫老慰1762—1798年所进行的土地交易

立约年	合约主要内容	发生原因	约定年限	权利转移费用
1762	买荒地	卖地人需要耕牛	永业	赤母牛、牛仔各一头
1762	买荒地	卖地人缺钱	永业	花边银9员5毫
1783	买荒地	卖地人需要耕牛	永业	赤母牛、牛仔各一头
1783	当水田	缺钱	1年	银母200员，每员贴利粟3斗
1786	典田地	缺粮、缺钱	3年	银100员，贴利粟40石
1790	卖埔园田面权	缺钱	永业	银39员
1791	卖水田田面权	缺钱	永业	银36员
1791	佃出荒地	不能耕种	10年	三年开荒，第四年大租粟25石，第五年大租30石，第六年以后每年大租36石
1792	佃出田地	佃户托中前来	8年	磺地银10员，地基税年铜钱1千文
1793	典埔田（交力林）	缺钱	至乙巳年	银120员，无利息
1795	典荒地	缺钱	8年	佛银10员，另借银4员，月利3分。典主年纳店租铜钱1千文
1795	再加典田地（交力林）	缺钱	未限	银15员
1798	佃出田地	田园狭隘无可耕作	7年	磺地银1员，年租粟8斗
1798	加典再找（交力林）	缺钱	未限	佛面银45员

注：表中信息从《台湾中部平埔族群古文书研究与导读》收录的相关契约中提取。[1]

从以往学者对近世一些地区社会流动性的考察中，也可看到在租佃制为无地的农民提供了以较低的门槛进入成为土地经营者，并逐渐积累经验和财富改变其身份的途径。在这个过程当中擅于经营者逐渐

---

[1]　洪丽完：《台湾中部平埔族群古文书研究与导读：道卡斯族崩山八社与柏瀑拉族四社》，台中县立文化中心2002年版。

被选筛选出来。乔启明1931年在昆山、南通、宿县这三地的调查显示,在租佃制下,无地的雇工农民有机会通过租佃土地逐渐成为田主。"佃种实为青年儿童学得经验并得田产之捷径。"[1]

表5-13 (江苏)昆山、南通、(安徽)宿县雇工身份变化的平均年龄

类别\年龄\地点	昆山	南通	宿县
雇工→佃农	26.8岁	24.3岁	32岁
雇工→半自耕农	36.8岁	36.7岁	45.1岁
雇工→田主(自耕农、地主)	49.5岁	48.3岁	55.5岁

资料来源:乔启明《江苏昆山南通安徽宿县农佃制度之比较以及改良农佃问题之建议》,第617页。

又根据金陵大学农业经济系1936年对河南、湖北、安徽、江西四省45个市县的租佃制度的调查,平均有5%—9%左右的雇工农民会成为佃农,雇工成为佃农后有相当多的比例会成为半自耕农以及自耕农。

表5-14　　　　雇工身份变化的平均比例和年龄

身份变化		河南	湖北	安徽	江西
雇工→佃农	百分比	6.5%	6.1%	9.3%	4.7%
	平均年龄	32.8	32.2	29.8	28.8
雇工→半自耕农	百分比	2%	1.3%	1.9%	1%
	平均年龄	40.9	42.4	40.4	40.9
雇工→自耕农	百分比	0.9%	0.3%	0.8%	0.7%
	平均年龄	46.7	48.4	50	48.1

资料来源:金陵大学农学院农业经济系《豫鄂皖赣四省之租佃制度》,第1012—1013页。

---

[1] 乔启明:《江苏昆山南通安徽宿县农佃制度之比较以及改良农佃问题之建议》(1931年),《民国时期社会调查丛编[二编]·乡村经济卷》(下),福建教育出版社2014年版,第617页。

村松祐次从清末江南租栈的租簿中也发现,江南的农村社会是存在一定程度的社会流动的。农户的身份会在小佃农和大佃农、佃农和地主之间转换。例如在江苏吴兴,许多从江北移民到该地的"江北客民"刚到该地的时候从佃种比较贫瘠的土地开始,之后慢慢发家。恭寿堂账簿中记录了地主费家在吴江县二十四都六图南富圩的8处田产。其中的4处的土地是较贫瘠的,产量较低。这4处贫瘠土地中的3处都由江北客民佃种。然而这些客民佃户很多都能通过努力的经营很快就提高了自己的经济状况。佃户凌武义就是其中一位,他逐渐租种了越来越多的土地,成为大佃户,并将其许多土地再次出租。[①]

第三节 租佃契约的博弈论研究

前文的研究论证了自耕农制度并不一定是最优的制度,租佃制在特定的情况下具有优势,并在中国许多地方租佃制都表现出其更高的经营效率。然而对于租佃制度能否成为一种公平、稳定、高效率的制度,仍有两个问题需要探讨:一是总盈余的分配问题。第四章的分析中将地主和佃农作为一个整体来讨论各种地权结构的总盈余。按照传统的理解,地主和佃农在不对等的地位上,地主可以规定很高的地租而佃农只能被动接受。二是道德风险的问题。第四章提到,道德风险提高了租佃的成本,道德风险越高租佃的可能性越小。本章将试图同博弈论的角度分析租佃制成为一种公平而稳定的土地制度的机制。在协商博弈中,地主和佃农达成公平的盈余分配方式。而土地市场通过提供重复博弈的平台,使得契约效力得以强化,道德风险在一定程度上得以规避。

一 简单的一次博弈——一次博弈下地主占尽所有的超额利润

Horowitz等人建立的土地租佃博弈模型中假设地主可以提供两种

---

① [日]村松祐次:《近代江南の租栈——中国地主制度の研究》,东京大学出版会1978年版,第21页。原件题名《费恭寿堂租籍便查》。

第五章 租佃制的经营状况及合理性

租佃契约。[①] 契约 A：地主获得 2/3 的产量的分成地租。契约 B：地主获得 1/3 的产量的分成地租和数额为 K 的固定地租。佃农可以有三种行动：签约并进行高投入（投入水平 x_H）；签约并进行低投入（投入水平 x_L）；不签约。如果佃农签约，作物产量相应的为 f_H 和 f_L。如果不签约，产量为 0。令产出作物的价格为 1，w 为佃农的投入（如劳动、种子、肥料）的价格。令 $K = {}^2/_3 f_H - wx_H$，即地主会以佃农的最高产量来计算固定地租，并取得佃农全部的超额收益。四种情况下地租、佃农成本、佃农超额收益之间的关系如图 5-11 所示。假设 ${}^2/_3 f_H - wx_H > {}^2/_3 f_L - wx_L$，${}^1/_3 f_L - wx_L > {}^1/_3 f_H - wx_H$，$f_H - wx_H > {}^2/_3 f_L$。[②]
图 5-11 显示了如果签约成功，四种不同的行动组合下总产量、佃农成本、佃农超额收益、地租的关系。

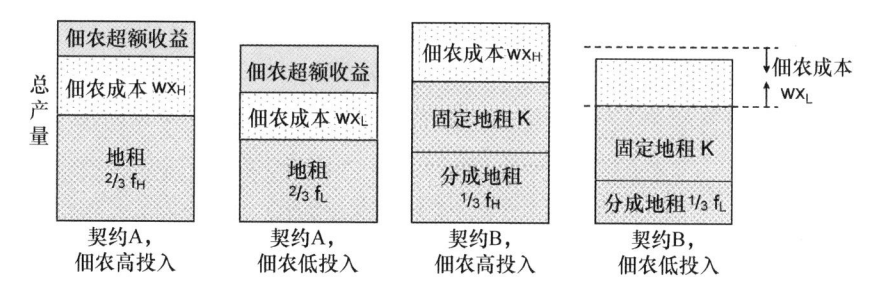

图 5-11 四种行动组合下佃农成本与收益的分配方式

图 5-12 是该博弈的展开形式。该博弈有四个均衡：

1. $\{x_L$ if A，x_H if B；契约 B$\}$
2. $\{x_L$ if A，x_L if B；契约 A$\}$
3. $\{x_L$ if A，不签约 if B；契约 A$\}$

[①] J. K. Horowitz, R. E. Just and S. Netanyahu, "Potential benefits and limitations of game theory in agricultural economics", *American journal of agricultural economics*, Vol. 78, No. 3, 1996, pp. 753-760.

[②] 该假设的含义是：(1) 在契约 B 的情况下，佃农高投入下总产量减去成本减去分成地租，大于佃农低投入下总产量减去成本减去分成地租。(2) 契约 A 的情况下，佃农低投入所带来的佃农超额收益大于佃农高投入所带来的超额收益。(3) 在契约 B 的情况下，佃农高投入下的地租总和大于佃农低投入下总产量的 2/3。

4. {不签约 if A，x_H if B；契约 B}

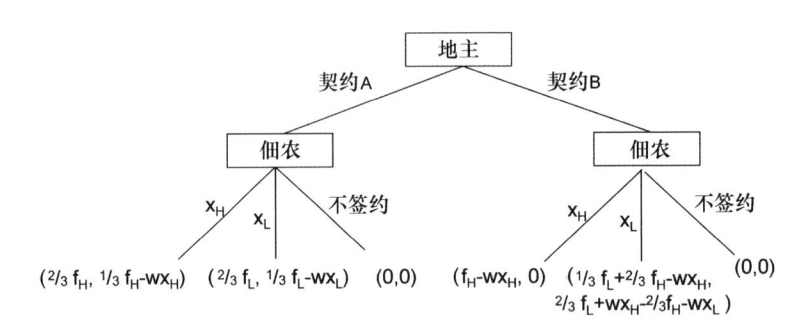

图 5-12 地主佃农简单一次博弈树状图

每个均衡的第一部分是佃农的策略，第二部分是地主的策略，每个均衡都是博弈双方的策略选择的组合。例如，在均衡 1 中，佃农的策略是选择投入水平 x_L，如果地主提供契约 A，选择投入水平 x_H，如果地主提供契约 B。在这四个均衡中，完美均衡只有 1 和 3。均衡 2 是不完美的，因为佃农威胁地主如果选择契约 B 的话，佃农会选择低投入，但如果地主和佃农真的签了契约 B，则佃农的最佳行动是选择高投入。同样均衡 4 也是不完美的。均衡 3 的含义是，佃农对于契约 B 可能选择高投入也可能选择不签约，如果选择高投入则为均衡 3，如果选择不签约，则地主会转而选择契约 A。可见在这个博弈中两种契约都有可能被选择。

将这个模型推广为给与地主一个连续的策略空间。即地主选择地租率为 $(1-\alpha)$ 的分成地租，加上数额为 β 的固定地租。β 可能为正也可能为负。设地主的最终收益为 u，佃农的最终收益为 v。如果签约成功，则：

$$u = (1-\alpha)f(x) + \beta$$
$$v = \alpha f(x) - wx - \beta \qquad (5-1)$$

均衡的两个条件是：(1) 佃农的收益最大化决策满足一阶条件 $u_x' = 0$，即 $f'(x) = w/\alpha$。(2) 佃农不会选择使其收益为负的决策，即 $u \geq 0$。

当 $f(x) = \ln(x)$ 且 $w = 0.1$ 时，根据上述条件，均衡是如下形式：$\{x = 10\alpha'$, if $0 \leq \beta' \leq \alpha'(k + \ln\alpha')$，否则不签约；$\alpha'$, $\beta'\}$ 其中 α' 在 0 到 1 之间，且 $k = \ln 10 - 1$。如果地主选择 $\{\alpha \neq 1$, $\beta < \alpha(k + \ln\alpha)\}$，则佃农最好选择投入 $x = 10\alpha$ 的劳动，而不是不签约。因而佃农威胁不签约是不可置信的。只有一个完美均衡存在于这个博弈中：$\{x = 10\alpha$, if $0 \leq \alpha(k + \ln\alpha) - \beta$，否则不签约；$\alpha = 1$, $\beta = k\}$。在这个完美均衡下，佃农的最终收益为 0，地主得到 $\ln 10 - 1$ 的固定地租。也就是说，如果地主先提出契约，佃农只能被动地做出或者接受或者拒绝的回应，则结果虽然可以达到最大的总盈余，但却是一个不公平的分配。也就是人们常说的，佃农被地主剥削。

然而，现实中租佃双方往往并不是简单的有先后行动的博弈，而是经过一个谈判的过程后达成一致的协议。例如在 1832 年一份四川巴县的土地租佃契约中，李应禹将土地出租给李应宁，并规定了 5 成的分成地租，但由于地主临时需要钱，不久双方又调整了契约，佃农愿意多支付 2 千文的押租并将地租改为 2 石谷的固定地租。[1] 又如在 1840 年的一份巴县契约中，地主邓发先和佃农胥福泰最初商定了 6 成的分成地租，但由于胥福泰付不起押租，双方又调整契约，决定减少押租，增加每年 4.5 石谷的固定地租。[2] 台湾关西的一则 1876 年的卖田契的草稿中可以看到买卖双方对权利的划分、田地价格等的讨价还价的过程。该草稿显示，最初土地的出价为 410 元，但最后的定价结果为 480 元。最初没有给卖者留有日后找价的余地，但最后去掉了"尽根"二字，即保留了卖者日后找价的权利。[3] 可见在双方协调的情况下，博弈的结果将发生改变。

二 契约双方协商的博弈——协商中双方共享超额利润

在简单的一次博弈中，博弈的一方先做出行动，博弈的另一方再根据对方的行动决定自己的行动。但如果双方在达成交易之前先进行

---

[1] 四川大学历史系、四川省档案馆编：《清代乾嘉道巴县档案选编》，第 76 页。
[2] 四川大学历史系、四川省档案馆编：《清代乾嘉道巴县档案选编》，第 80 页。
[3] 刘泽民编：《关西坪林范家古文书集》，"国史馆"台湾文献馆 2003 年版，第 164—165 页。

谈判，则需要进一步的分析。博弈论中有两个模型考虑到双方谈判的问题，一个是 Rubinstein – Stahl 模型，另一个是纳什均衡。在 Rubinstein – Stahl 轮流出价模型（Alternating – offers model）中，博弈双方轮流向对方出价。例如地主先给佃农提供一个契约，佃农既可以接受也可以拒绝。如果佃农接受，则交易达成，如果拒绝，他可以提出他想要的契约，这个契约地主也可以接受或拒绝。如果地主拒绝，则地主又可以继续提出一个新的契约，以此类推。如果博弈双方没有达成交易，他们可以得到外界的建议，在上个例子中我们假设外界的建议为零。设 δ 为每个阶段的贴现系数（$0 < \delta < 1$）。

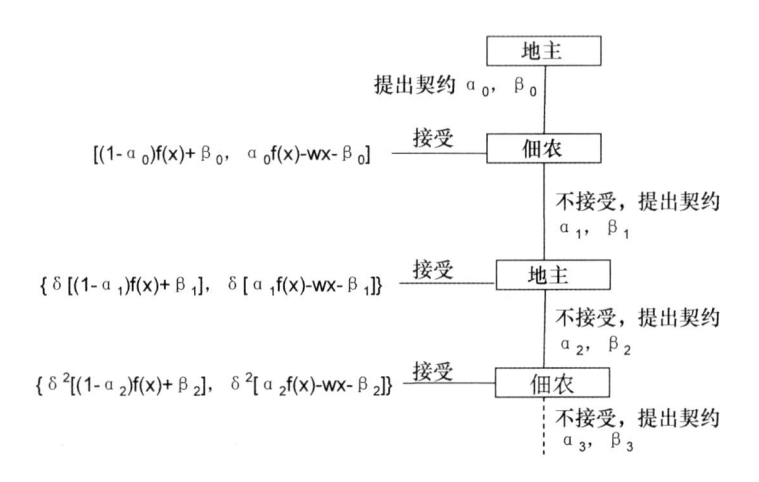

图 5 – 13 地主佃农协商博弈树状图

根据 Rubinstein 关于有时间贴现的谈判模型的证明，这个博弈有唯一的子博弈完美均衡，这个均衡取决于贴现率以及谁首先提出契约。[①] 如果地主首先提出契约，则均衡为 $\{x = 10\alpha$, if $\beta \leq k/(1+\delta)$; $\alpha = 1$, $\beta = k/(1+\delta)\}$。如果佃农首先提出契约，则均衡的契约有 $\alpha = 1$, $\beta = \delta k/(1+\delta)$。当贴现率为 1 的时候，均衡就和谁首先提出契约无关了。在这种情况下，最终的契约是一个固定租金契约，

[①] A. Rubinstein, "Perfect equilibrium in a bargaining model", *Econometrica*: *Journal of the Econometric Society*, Vol. 50, No. 1, 1982, pp. 97 – 109.

租金相当于农场利润的一半。

纳什均衡可以看成是合作博弈,也可以看成是谈判过程的缩减。参与人只考虑可能的最终收益,而不考虑谈判的过程。在上述模型中,纳什谈判的解(Nash Bargaining Solution)是一个固定的地租 $\beta = k/2$。该结论与轮流出价模型中贴现率为 1 时的结论是一致的。在协商的情况下,当存在贴现率,双方都可以获得收益,佃农也可以获得超额收益。赵冈和陈钟毅指出,每一个业主把土地租给几十家或百余家佃户。而每家佃户又分别从数家或十余家地主租得土地,这种双方的多头关系造成了租佃市场的高度民主竞争性,地主在与佃户讲价时并没有显著的优势地位。①

然而上述两类博弈的结果都是只存在固定地租。而现实中却存在大量的分成地租,一是由于自然的不确定性,使生产函数往往不能在签订契约的时候确定的。如果佃农是风险规避形的,生产函数的不确定性越大,佃农越不愿意接受固定地租。② 二是对佃农能力的信息不对称也造成了地主不能事先确定生产函数。③ 三是在分成地租下地主和佃农是一种合作关系,农场的经营就不完全取决于佃农的劳动,地主也会进行投入。④

三 重复博弈——重复博弈降低违约风险

如第四章所述,道德风险的存在增加了租佃的成本。若道德风险较高,则自耕往往是优于租佃的选择。租佃关系存在道德风险,体现在三种形式,一是对资产的过度使用,如第四章中所讨论的。二是在分成地租下佃农很容易疏忽懈怠,比如会在控制播种、收获的时间上疏忽大意。上述博弈模型将这一种道德风险纳入了考虑范围。三是佃

---

① 赵冈、陈钟毅:《中国农业经济史》,幼狮文化事业公司 1989 年版,第 344 页。
② 张五常:《佃农理论》,商务印书馆 2000 年版。
③ W. Hallagan, "Self-selection by contractual choice and the theory of sharecropping", *The Bell Journal of Economics*, Vol. 9, No. 2, 1978, pp. 344–354.
④ M. Eswaran and A. Kotwal, "A theory of contractual structure in agriculture", *The American Economic Review*, Vol. 75, No. 3, 1985, pp. 352–367.

农不履行契约义务,比如拖欠地租的可能性。高王凌认为清朝地租率下降的原因是佃农抗租运动的频繁发生。[1]

如果交易只进行一次,只能通过强化契约的约束力来降低道德风险。Allen 和 Lueck 认为通过增加契约的复杂性可以降低道德风险,就是将土地经营过程进行更加细致的规定,比如可以规定投入多少种子,用什么技术,并考虑在各种可能的自然环境的情况下如何改变耕作策略等。[2] 但增加契约的复杂性就意味着需要投入更多的监督费用来保证契约的执行。这就又提高的交易成本,降低了租佃制的效率。并且通过单个契约约束力的强化无法降低佃农拖欠地租或不履行契约义务的道德风险。

在实际发生的土地契约中,我们发现无论是中国传统市场的土地契约还是西方的土地契约,都比较简单,最多不过是一页纸而已,所规定的条款也简单而标准化。抗租与欠租行为也并不是普遍存在。郭汉鸣、孟光宇对四川 1939 年至 1940 年的八千多个租佃农场的调查显示,佃农拖欠地租的比例为 8.47%,且在欠租的情况中只有 10% 左右的地主因为佃农长期拖欠地租而撤佃,也就是只有不到 1% 的租佃契约因为欠租而终止。[3] Williamson、Klein 和 Leffler、Shapiro、Kreps、Allen 和 Lueck 均认为市场具有强化契约的作用。[4] 因为交易双方往往一生中会在土地市场中进行频繁的交易,因而在重复博弈中交易双方有激励维持良好的关系和口碑。Radner 论证了重复博弈的效果:博弈

---

[1] 高王凌:《租佃关系新论》,《中国经济史研究》2005 年第 3 期。

[2] Douglas W. Allen and D Lueck, *The nature of the farm: Contracts, risk, and organization in agriculture*, p. 35.

[3] 郭汉鸣,孟光宇:《四川租佃问题》,第 883 页。

[4] O. E. Williamson, "Transaction - cost economics: the governance of contractual relations", *Journal of law and economics*, Vol. 22, No. 2, 1979, pp. 233 - 261. B. Klein and K. B. Leffler, "The role of market forces in assuring contractual performance", *The Journal of Political Economy*, Vol. 89, No. 4, 1981, pp. 615 - 641. C. Shapiro, "Premiums for high quality products as returns to reputations", *The quarterly journal of economics*, Vol. 98, No. 4, 1983, pp. 659 - 679. D. M. Kreps, *Corporate culture and economic theory: Perspectives on positive political economy*, Cambridge: Cambridge University Press, 1990, pp. 109 - 110. Douglas W. Allen and D Lueck, *The nature of the farm: Contracts, risk, and organization in agriculture*.

第五章 租佃制的经营状况及合理性

重复的次数越多,博弈的结果越接近于完全信息下的博弈结果。①

地主对于佃农的抗租往往是无能为力的,就如如下的一次博弈。假设若佃农将土地耕种到底,最终的总收益为2,按照契约地主和佃农各得一半收益。佃农可能会拖欠地主数额为1的地租。

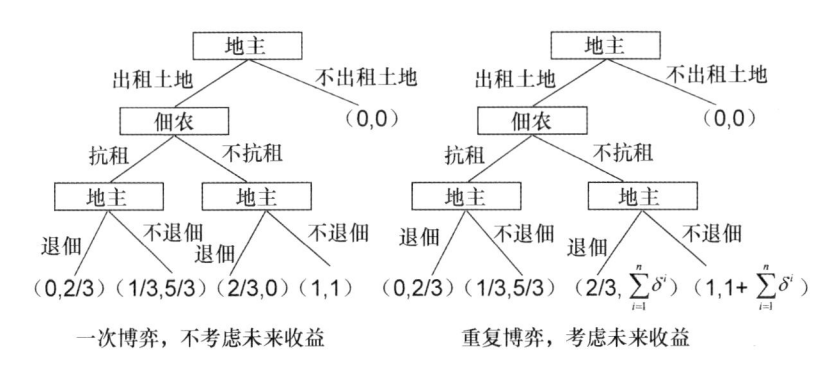

```
         地主                              地主
    出租土地   不出租土地              出租土地   不出租土地
     佃农      (0,0)                   佃农       (0,0)
   抗租  不抗租                       抗租  不抗租
   地主    地主                        地主    地主
  退佃 不退佃 退佃 不退佃          退佃 不退佃 退佃 不退佃
 (0,2/3)(1/3,5/3)(2/3,0)(1,1)  (0,2/3)(1/3,5/3)(2/3,$\sum_{i=1}^{n}\delta^{i}$)(1,1+$\sum_{i=1}^{n}\delta^{i}$)
   一次博弈,不考虑未来收益          重复博弈,考虑未来收益
```

图 5-14 地主与佃农一次博弈与重复博弈比较

在这个博弈中,地主虽然会威胁佃农,如果佃农抗租,地主将退佃,但这个威胁是不可置信的,因为如果佃农真的抗租,地主的最优选择还是不退佃。这个博弈的子博弈完美纳什均衡是(出租土地,不退佃;抗租)。如果是一次博弈,佃农的抗租成本为0,地主永远处于不利地位。但在一个交易频繁的租佃市场中,地主和佃农是在进行重复博弈。佃农的抗租成本不再是0,而是其声誉受到影响所带来的未来损失的贴现。设贴现因子为δ。假设如果佃农抗租,则以后在当地不会有地主愿意将土地租佃给他。并假设佃农不抗租的时候每期得到的收益都是一样的。则其本期抗租所带来的以后各期总收益为0;其不抗租所带来的以后各期的总收益为 $\sum_{i=1}^{n}\delta^{2}$。假设 n→∞,则若 $\sum_{i=1}^{\infty}(1+\delta^{i})<5/3$,即 δ<2/5,佃农会选择抗租。也就是说当贴现因

---

① R. Radner, "Monitoring cooperative agreements in a repeated principal - agent relationship", *Econometrica: Journal of the Econometric Society*, Vol. 49, No. 5, 1981, pp. 1127 - 1148.

子足够大（即市场利率足够小）的时候，佃农由于会更多地考虑未来的收益，就不会抗租。

可见在重复博弈当中，当市场对契约的强化作用足够强，地主和佃农能形成一种合作的关系，共同维护契约的执行。这种合作也体现在契约执行的弹性。即面对较大的产量变动的时候，佃农和地主倾向于在契约执行的过程中重新谈判来确定一个公允的地租。例如在荒年，地主往往会进行减租，因为佃农抗租是出于无耐还是出于恶意，其所带来的声誉的损失是不一样的，若是出于无耐，其声誉的损失较低，抗租的成本也就较低。为使租佃关系能够持续下去，地主会选择减租。如表5-15所示，湖北、安徽、江西这三省荒年时固定地租制的地主大多会进行减租。减租往往不是单个地主的行为。根据郭汉鸣和孟光宇对四川地主荒年减租行为的调查，有三种减租的办法，一是全乡地主共同商议决定减租成数，二是地主单独进行调查确定减租额，三是政府对减租进行规定。其中第一种情况较为普遍，第二种情况比较少，第三种情况"原则上政府减免田赋几成，佃农之租亦应减免几成，但其制甚少通行"①。

表5-15　　　　　　　四省荒年减租户数百分比

省别	荒歉年实行减租者所占之百分比		
	钱租	谷租	分成租
河南		17%	0%
湖北	45%	84%	0%
安徽	100%	100%	0%
江西	66%	100%	0%

资料来源：金陵大学农学院农业经济系《豫鄂皖赣四省之租佃制度》，第1035—1036页。

从对四川荒年减租的统计中也可说明，佃农的欠租行为大多不是恶意的，当遇荒年地主进行减租时，佃农的欠租就会减少。有15个

---

① 郭汉鸣、孟光宇：《四川租佃问题》，第881页。

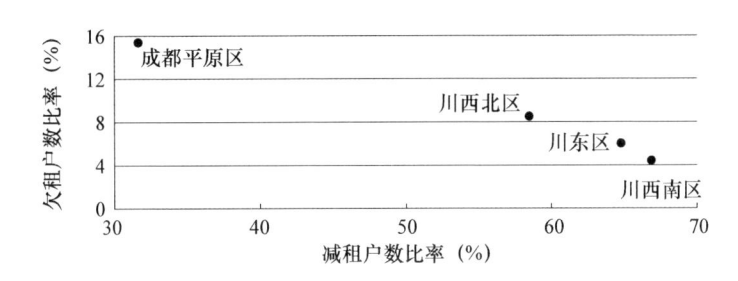

图 5-15　四川各地区减租户数比例与欠租户数比例的关系

县所有地主都选择减租，于是其欠租户数只有 2.74%。有 10 个县所有地主都不减租，于是欠租户数达到 13.1%。同样从四个地区的减租与欠租比例也可看到，减租户数比例越高的地区，欠租户数比例越低。荒年减租体现了地主和佃农在不断的博弈当中达成均衡。

表 5-16　四川各县荒年减租户数比例与平均欠租户数比例的分段统计

减租户数比例	0% （10 县）	16%—53% （15 县）	60%—93% （8 县）	100% （15 县）
平均欠租户数比例	13.10%	9.20%	10.86%	2.74%

注：根据郭汉鸣、孟光宇《四川租佃问题》的相关统计计算。下图同。

四　由法律、惯例、道德约束的重复博弈——法律的约束增加违约成本

租佃制在传统中国农村是一种长期稳定的土地制度，并且在大多数情况下租佃契约都是顺利执行，这跟除了重复博弈提高了违约成本有关之外，也跟法律、惯例的约束以及道德的约束有关。方行指出：清代各级地方政府为了协调处理租佃关系，颁布了许多受国家强制力保证执行的具有法律效力的规章、条例等等。其原因一个方面是严禁佃农欠租抗租，另一方面是防止地主对佃农的苛繁索取。总之，是尽量站在比较公允的立场上，既不包庇佃户，也不偏袒地主。[①]

[①] 秦晖、彭波：《中国近世佃农的独立性研究》，《文史哲》2011 年第 2 期。

虽然这些约束不可能起决定性的作用,但一定程度的约束提高了违约的成本,能够保护正常的市场秩序。在下面这个博弈模型中,我们加入了"法律"这个第三个行动者。当佃农选择抗租,地主可以通过法律来维护自己的利益。假设法律有效保护了地主的利益,并帮助地主追回欠租的概率为 P,法律不能成功保护地主利益的概率为 1-p。如果法律有效,抗租的佃农需要额外付出发生法律纠纷的成本 c>0。如果法律无效,地主需要负担打官司的成本 a。如果佃农有道德的约束,则佃农的抗租行为会使其额外承担心理上的损失,我们把它量化为 γ。同样,假设贴现因子为 δ,并且佃农的收益是现在的收益和未来收益的贴现。如果佃农抗租,以后在当地不会有地主愿意将土地租佃给他。

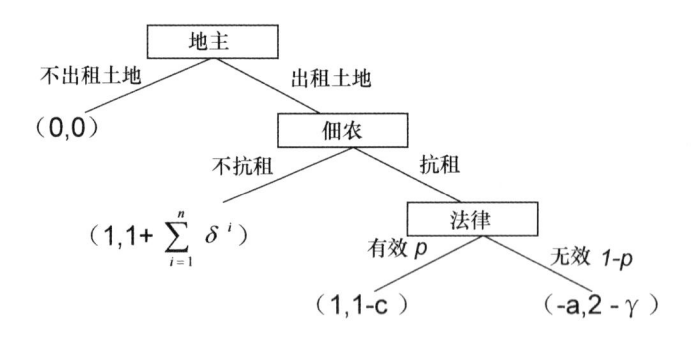

图 5-16 有法律约束下地主和佃农的重复博弈

佃农在 $p(1-c) + (1-p)(2-\gamma) > 1 + \sum_{i=1}^{n} \delta^i$ 的情况下会选择抗租。假设 $\gamma = 0$,则有:

$$p < \frac{(1 - \sum_{i=1}^{n} \delta^i)}{1 + c} \quad (5-1)$$

而在 (5-1) 满足的情况下,地主虽然能够预测佃农一定会抗租,但在 $p - a(1-p) > 0$ 的时候,仍然会选择出租土地,即 $p > a/(1+a)$。所以在满足 (5-2) 式的情况下有子博弈完美均衡(出租土地,抗租):

第五章 租佃制的经营状况及合理性

$$\frac{a}{1+a} < p < \frac{(1-\sum_{i=1}^{n}\delta^i)}{1+c} \qquad (5-2)$$

在满足（3）式的情况下，均衡为（出租土地，不抗租）：

$$p > \frac{(1-\sum_{i=1}^{n}\delta^i)}{1+c} \qquad (5-3)$$

在满足（4）式的情况下，租佃契约不会发生：

$$P < \frac{a}{1+a} \qquad (5-4)$$

近世租佃契约的执行中，法律对契约的维护作用虽然有限，但也起到了提高违约成本的作用。清乾隆元年，广东新兴县的地主欧效禹将土地出租给佃农温明宗耕种，契约规定地租33石2斗。乾隆二年的时候，温明宗欠了欧效禹地租3石6斗，且屡讨不给。于是欧至县衙控诉，想通过法律讨回欠租。但法律虽然"断令清交"，但执行无效。[①] 嘉庆年间，赖世洪佃种彭儒魁的土地，但其私自又去佃种其他人的土地，导致了对彭儒魁的土地经营的疏忽，从而交不上地租。彭儒魁到县衙上告此事，经过县衙的成功协调，赖和彭签订合约，彭同意赖租佃其他人的土地，同时赖也约定了还地租的日期。[②]

在人口流动性极低的情况下，博弈的重复次数 n 比较大。当 n 足够大时，土地契约交易以人格化交易为主，契约双方的声誉是维持契约关系正常进行的主要保障。从(3)式可以看出，因为 $\frac{(1-\sum_{i=1}^{n}\delta^i)}{1+c}$ 是 n 的递减函数，n 越高，对法律的要求就越低。而随着现代工业的发展，传统农村的人口的稳定性被打破，人口的流动性逐渐增加，契约交易双方稳定在一个地方的时间变短，博弈重复的次数 n 也变小，土地契约交易从人格化交易逐渐转变为非人格化交易，维护契约正常进行不再靠交易者

[①] 中国第一历史档案馆：《乾隆刑科题本租佃关系史料之一：清代地租剥削形态》，第13号。
[②] 四川大学历史系、四川省档案馆编：《清代乾嘉道巴县档案选编》，第72页。

彼此的了解和信任，而更多的要靠法律制度的约束。同样从(3)式看到，n 越低，对法律的要求越高。

第四节　本章总结

对历史上租佃制经营与自耕农的经济效率进行了比较，发现租佃制往往比自耕农要更有优势。从几个典型的地区以及不同来源的统计资料对自耕农以及租佃制的家庭劳动力的规模、土地经营规模以及经营农场的利润进行比较，发现许多数情况下，佃农和半自耕农有更大的家庭、更大的农场以及利润。另外富农中，有相当的比例都是租入一部分土地的半自耕农。

以上论述表明租佃制具有其适应性和优势，其原因主要有三个方面。一是租佃制使土地的投资功能和生产要素的功能分离，降低了农民获得土地耕种的门槛以及地主投资土地的门槛，促进了不同要素禀赋者之间合作与配置。二是租佃制调节土地产权面积和经营面积之间的矛盾。土地产权的面积和最优的经营面积有不同的决定机制，租佃制使经营面积不受地权面积的制约。三是租佃制实现对耕者的择优，擅于土地经营的自耕农通过租佃与地权交易不断扩大经营规模，不擅于土地经营者则逐渐被淘汰。

用博弈论的方法可以解释租佃契约如何能够形成地主和佃农之间公平、稳定的合作。租佃契约双方是一种博弈的关系，在契约缔结时双方进行协商，从而达成一个相对公平的收益分配方式。在契约执行时，市场所形成的重复博弈的平台降低了违约风险，使得租佃制这种委托代理关系能够在近世中国成为一种长期稳定的契约关系。

第六章　地权交易、资源配置与社会流动
——19世纪台湾关西范家土地交易的案例分析

在前文论述的基础上,本章选取了一个典型的案例来为本卷的研究提供更直观、鲜活的论据。本章通过深入分析清代台湾关西地区范氏家族100多年的土地交易,还原当时地权市场形态,为探讨传统地权市场的功能、租佃制度的灵活性、近世的社会流动性等提供可做借鉴的素材。灵活的租佃制和多样化的交易形式实现了对生产要素的结合方式的调节。100多年的土地交易中出现过各种不同形式的交易:活卖、绝卖、胎借、租佃等。这些交易形式均是对土地物权的不同层次的拆分。人们可以根据自己的禀赋和需求选择多样化的交易形式和产权结构。

第一节　台湾土地开发与范汝舟家族概况

18世纪以前,台湾的土地归原住民所有。分属不同族群的原住民散居在台湾各地,形成许多独立的部落,如生活在台湾西北部的道卡斯族,有竹堑社群、崩山社群等社群;生活在台中地区的巴宰海族有岸里社群等。这些部落18世纪以前主要以狩猎为生。17世纪末开始,中国大陆农业人口大量移居台湾,开始对台湾的土地进行开荒,大片的荒地被开垦为水田、蔗园、茶园等。到19世纪中叶,台湾已经成为一个重要的粮食和农作物生产地,供应福建、浙江沿海地区的

◈ 良田择良耕 ◈

粮食需求,并出口粮食到日本。① 汉族移民活动不仅将种植业技术和劳动力带入台湾,也将内地的地权制度、交易方式、交易习惯等带入台湾。使得台湾所形成的土地市场与内地的土地市场极其类似。这些相似之处例如土地交易的立约方式,契约的要素和条款;各种土地交易方式和以土地为基础的金融方式;租佃制度及永佃制等。

由于台湾土地产权结构特殊的形成历史,台湾的地权市场也有其独特的地方。台湾土地的开发普遍采用三层结构的租佃制。土地开垦时,拥有土地的原住民、官府和少量早期入台的汉民将土地租佃给汉垦户(即垦佃)进行开垦(大多是永佃),原土地所有者保留从垦佃收取大租的权利,即"田底权"。垦佃可再将土地租佃给耕佃进行实际经营,收取小租。垦佃所拥有独立的产权,包括用益物权、担保物权,相当于通常所说的"永佃权"或"田面权"②。19世纪初的关西地区,原住民拥有该地区一部分土地(竹堑社保留区)的产权,官府拥有另一部分土地(咸菜瓮隘垦区、合兴庄隘垦区)的产权。官府和原住民在19时期前期陆续对这些地区进行开垦。保留区和隘垦区的开垦经营结构略有不同。竹堑社保留区的土地由番社(原著民集体)招汉人垦佃开垦经营。隘垦区的土地由官府批给业户,业户向官府缴纳正供(相当于税),业户再招徕垦佃。业户与番社拥有类似性质的土地产权(田底权),均为大租户。③ 光绪时期至日据时期,大租权逐渐被废除。④

---

① 陈秋坤辑:《万丹李家古文书》,第2—3页。

② 永佃权通常指业主在垦佃允诺定时纳租的条件下,准予永久承耕。唯在转让佃耕权利前后,需要事先通知业主。田面权是一种独立于业主,可资自由买卖的耕作权利。在传统土地市场中,永佃权经常可过渡到田面权。由于永佃权与田面权均是独立的产权,在范家文书中难以界定,本卷不做区分。

③ 刘泽民编:《大甲东西社古文书》,"国史馆"台湾文献馆2003年版,第19—24页。

④ 大租权制度在光绪十二年(1886)台湾首任巡抚刘铭传任内开始废除工作。首先是清丈田亩,制成鱼鳞图册,实施登记土地制度。其次废除大租户纳税旧制,改由小租户(本书所谓"垦佃")阶层承担租税,不过,原来需要缴纳给大租户的大租可减少四成,此即所谓"减四留六"清赋改革办法。日本侵台之后,于1898年仿照刘巡抚旧制,实施土地清丈,并登记土地纳税人,亦即实际所有人。至此废除三层租税的大租户制度。参见罗明哲:《日据以来土地所有权结构之变迁》,《台湾历史上的土地问题》,"中央"研究院台湾史田野研究室1992年版,第255—284页。

第六章 地权交易、资源配置与社会流动

从台中地区、关西地区等多处的土地交易契约中都看到，田底权和田面权都可以作为完整的产权在市场上进行各种交易。然而对于田面权进行的交易更加频繁，针对田底权的交易则较少。

在台湾土地开发过程中，产生许多实力雄厚的大垦佃。例如在岸里社员宝庄的48个垦佃中，经营的土地面积最低为2.5甲（28.25亩）。经营土地面积达5甲（约56.5亩）以上的垦佃达23％。[1] 李伯重、吴量恺对清代水稻地区每农户所有能力耕种的土地面积的估计分别为10亩和5—8亩。[2] 台湾的垦佃经营土地的面积远超过其耕种能力。图6-1显示了一个典型的土地产权结构。

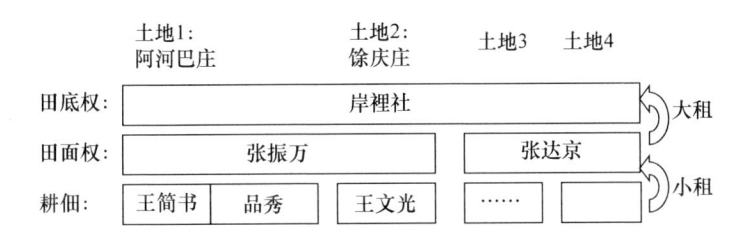

图6-1　1767年台中岸里社某多处土地产权结构示意图

注：根据松田吉郎收集的契约数据整理而得。

资料来源：松田吉郎《台湾の水利事業と一田两主制——埔價銀・磧地銀の意義》，《台湾历史上的土地问题》，"中央"研究院台湾史田野研究室1992年版，第132页。

研究大陆土地市场的同时，参照台湾的土地市场，可以帮助我们认识租佃制在各种产权分配制度、人口和其他外生条件下的灵活性；发现在自由的土地市场和私有产权制度下人们划分权利边界、进行各种土地交易等的共性；以及在土地开发的过程当中，多样化的土地交易对加速土地开发、配置资源、整合资本的作用。

现有的近世土地交易资料虽然极其丰富，尤其是台湾地区，许多

---

[1] 陈秋坤辑：《万丹李家古文书》，第64—66页。
[2] 李伯重：《明清江南种稻农户生产能力初探——明清江南农业经济发展特点探讨之四》，《中国农史》1986年第3期；吴量恺：《清代经济史研究》，华中师范大学出版社1991年版。

◈◈ 良田择良耕 ◈◈

的社群如竹堑社、大甲西社、崩山社等都保留下了大量的交易契约，但却罕见像《关西坪林范家古文书集》这样对一个家族较长时间里土地交易和资产变迁的完整详尽记载。范家古文书收录了生活在台湾关西竹堑社的汉人范汝舟及其子孙在1804至1910年之间进行土地交易的原始契约，以及一些虽不是在该家族进行，但与其相关的土地交易。编者刘泽民根据《范氏大族谱》对契约中出现的相关人物进行了考据，并提供了关于这个家族的许多背景信息。

范家的祖先18世纪中叶从大陆移民到台湾竹堑社，以佃种土地为生。到19世纪中期在范汝舟的经营下，家族开始兴盛。范汝舟从一个佃农开始慢慢积累财富购买土地①发家。其子孙中有的离开农业改行经商，并将继承的土地变现为资本投资商业。又有些善于经营土地者，继续扩充了家族土地产业。截至20世纪初，也就是收集到的土地契约的最晚订立时间，范家正处在第二个财富兴盛的时期。范家的产业主要集中在关西的咸菜瓮街、坪林庄、下横坑庄、上横坑庄四个地区。卫阿贵、吴圆、曾天赐为前三个地方的主要开垦者。范汝舟与1828年从陈长顺处承垦上横坑庄的土地，成为垦佃。该土地成为契约记载中其第一份产业。1840年因经营能力有余，范汝舟租佃了由吴金吉为垦佃的上下横坑崁脚的水田。②此时范汝舟既是自耕农（作为田面权所有者），又是佃农（耕佃）。1840年到1850年间，范汝舟及其儿子陆续购买了卫家、吴家多处土地。1852年范汝舟去世，其后20年范家的产业没有太大变化，之后有一段衰落的时期。到了范汝舟的第四代，由于范洪灶、洪汉的经营，范家进入第二个产业兴盛的时期。

关西范家的土地经营与家族兴衰是台湾当时土地开发过程以及社会变迁的一个缩影。范家是一个典型的大佃户，从开垦土地、佃种土地起家，后经历家族萧条的时期以及重新兴盛的时期。根据范家古文书，笔者追溯了许多同一块土地上的连续交易，看到土地易主的频

---

① 本卷中所有提到的土地买卖都是指买卖土地田面权。
② 刘泽民编：《关西坪林范家古文书集》，第0011号。

率、土地如何被开发利用、土地性质改变的过程，并从土地产权的变迁拓展到对当时社会流动性的观察。范家古文书中有很多当时土地交易的案例，笔者在此基础之上，结合部分其他的案例，探讨台湾近世土地开发与农业经营中产权制度与地权市场所发挥的作用。在对产权清晰界定的条件下，地权市场起到了激励生产和提高社会流动性的作用。从咸菜瓮街、坪林庄、下横坑庄这三个地方19世纪的土地交易（见第七节附图1至附图3）可以看到，土地市场非常发达，每一块土地上的交易都很频繁。如南门坎下的2甲土地平均20年易主一次。灵活的租佃制和多样化的交易形式实现了对生产要素的结合方式的调节。100多年的土地交易中出现过各种不同形式的交易：活卖、绝卖、胎当、租佃等。这些交易形式均是对土地物权的不同层次的拆分。人们可以根据自己的禀赋和需求选择多样化的交易形式和产权结构。

第二节　产权通过契约清晰界定，减少交易成本、维护公共利益

传统地权市场形成的基础是对土地产权清晰的界定。契约则是界定权利的载体。明清时期私人之间订立的契约不仅是人们普遍用来证实和体现自己权利的凭证，也被法律所认可和保护。民间契约关系所涉及的内容非常广泛，土地房屋的买卖、典当、租佃，雇工，合伙，婚娶，借贷无一不以契约作为凭证。[1] 范家古文书中，除了土地交易的契约，还有许多其他的契约形式。即使是亲兄弟之间，权利的界定也用契约的方式详细规定。例如每一次兄弟分遗产、遗债之前，都立分财产、债务方式和规则的契约。确定了各部分遗产归属之后，再立财产、债务划分的契约。1882年范锦光出于对弟弟范丙芳的爱护，愿意承担父亲留下来的全部债务，也以和弟弟立契约的形式表示承担全部债务。[2] 1916年范能梯三兄弟关于赡养老人也订立了契约。[3] 这

---

[1] 张晋藩：《清代民法综论》，中国政法大学出版社1998年版，第130—136页。
[2] 刘泽民编：《关西坪林范家古文书集》，第0050号。
[3] 刘泽民编：《关西坪林范家古文书集》，第0092号。

◈◈ 良田择良耕 ◈◈

个看似没有人情味的举动却体现了当时人们对自己的责任和权利的边界非常清晰,这也避免了很多日后可能出现的纠纷。

水利灌溉也通过契约来划分权利界限。大多数的灌溉设施通过订立有偿契约或以合作的方式来建设。范家古文书中还出现了一些自愿修建公共水圳的契约。即使是这种无偿的付出也用订立契约的方式清楚地说明责任和权限。如1855年卫魁昌请求田邻范嘉鸿出资帮忙修建水圳,并答应范嘉鸿水圳修建后其可以使用,于是二人订立修水圳的契约。又如吴金吉、万善龙、陈阿秀共同使用一个水圳,吴金吉愿意自己出资再开一个水圳,三人订立合约共同使用新的水圳,不得任意拦截水圳。① 如果水圳的使用权限不清楚,就会产生纠纷。一个反面的例子是范成金破坏了公共使用的坡塘,而之前没有订立关于该坡塘使用与维护的契约,范成金拒绝维修,范锦光只能寻求官府的协调。②

为保证契约的执行,人们也想出各种方式提高违约的成本,比如在土地买卖交易达成的时候交纳定金。在范家古文书中,1904年以后的土地买卖开始频繁出现在土地和价款实际交割之前,买方向卖方交纳定金的情况,定金在土地价格的2%到20%不等。例如1904年何添禄将土地卖给范洪灶之前收取范洪灶相当于地价20%的定金,并在收定金的契约中规定如果买主反悔,则卖主将没收全部定金,如果卖主反悔,则该定金契约具有杜卖契的法律效力,该土地自动归买主所有。③ 家族内部的土地交易也收取定金。如1909年范洪禄将土地卖给堂兄弟范洪汉之前也收取了范洪汉土地价格20%的定金。④ 收定金情况的出现,也说明了非人格化交易的进一步确立。

用中人做担保也是保证契约执行的途径。中人在订立契约时起到介绍引见、说合交易、议定价款的作用。对于存在道德风险的契约,

---

① 刘泽民编:《关西坪林范家古文书集》,第0007号。
② 刘泽民编:《关西坪林范家古文书集》,第0044号。
③ 刘泽民编:《关西坪林范家古文书集》,第0080号。
④ 刘泽民编:《关西坪林范家古文书集》,第0088号。

中人也往往起到担保的作用。① 例如1856年卫璧奎以土地房屋做抵押获得钟秀义的借款,范锦光作为卫璧奎的担保人。②

租佃契约中,因为担心佃农会中间退耕,打乱正常的耕作周期,地主会向佃农收取押租(碛地银),并在契约中对为到期退耕规定有一定的罚款。例如1910年范洪灶将土地租给江壬龙9年,在租佃契约中规定,江壬龙需交350元的押租,并且如果江壬龙在9年之内退耕,需在退耕前一年8月告知范洪灶,并交纳定头银12元。③

第三节 多样化的土地契约对土地物权的分割

根据第三章的论述,传统地权交易形式包括土地买卖、租佃以及典、当、抵、押等以土地为基础的借贷交易。在龙登高的分析框架下,不同类型的土地交易是对土地物权的不同层次的分割和交易。④

一 胎借、胎当交易

范家古文书中范洪德兄弟1896年时曾以土地3年的地租胎借了1000元,每年地租60石为借款利息。设该土地的价值为L,市场上资本三年的总利率为r。若将这个交易简化成一个两期的收益安排,即借款时为当期,三年后为第二期,假设投资土地的回报率(地租与地价的比率)等于资本的市场利率r,即地租为Lr。范洪德兄弟和廖天送的收益可能性曲线在图6-2中分别为E和E′。范洪德兄弟可以选择当期将土地出卖,获得收益L,或三年后将土地出卖,获得收益L+Lr。若其可以将土地资产进行自由随意的拆分,并且拆分后的每一部分都可以进行买卖和投资,且任何无风险投资的回报率都相等,

---

① 张晋藩:《清代民法综论》,第134页。
② 刘泽民编:《关西坪林范家古文书集》,第0020号。
③ 刘泽民编:《关西坪林范家古文书集》,第0091号。
④ 龙登高:《地权市场与资源配置》。虽然中国古代的民事法律不能同现代民法进行简单的类比,但物权的观念无论在民间地权交易中还是在清代的法律中都有所体现。参见张晋藩《清代民法综论》,第82—84页。

范洪德兄弟的收益可能性曲线（即消费的可能性曲线）如第 3 章中所述为：$R_1 + R_2/(1+r) = L$。设廖天送现在的财富为 W，若其可以自由选择将其财富的一部分或全部进行投资，三年后获得投资收益。其收益可能性曲线为 $R_1 + R_2/(1+r) = W$。

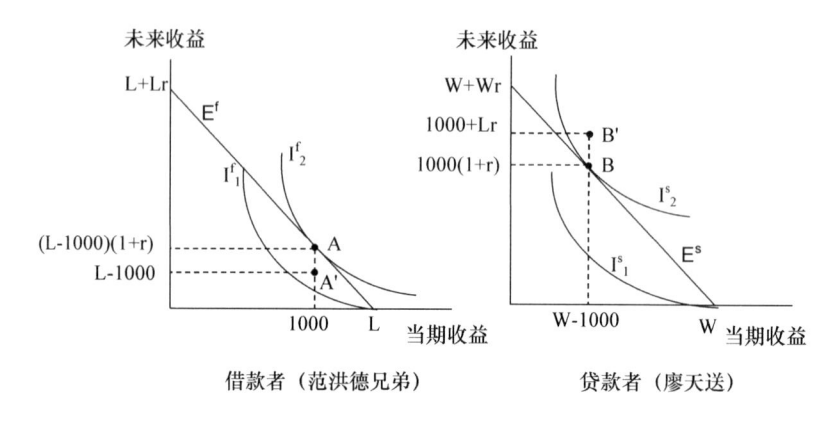

图 6-2　借贷双方对跨期消费的选择

交易双方对消费的时间偏好不同。如本章之前所述，范洪德、洪汉、洪灶兄弟起初时比较艰难，因他们父亲给他们留下的遗产不多，还留下债务。该土地当前的收益给他们带来的效用比较大，因他们年轻勤奋，擅长经营土地，他们预期自己未来可以开拓产业、积累更多的财富，该土地未来的收益给他们带来的效用相对小。廖天送现在不太需要现金，但考虑到自己年事已高，3 年后劳动能力会下降，对他来说未来的消费将带给自己更大的效用。I^f、I^s 分别为范、廖双方的无差异曲线。假设范当期正好急需 1000 元钱，廖当期正好多余 1000 元钱，两者最优的选择分别为 A 点和 B 点。现实中胎借交易的利息率均比地租—地价比率要高，胎借双方最终的交易选择在了点 A'和点 B'，均比未交易之前的效用有所提高。该模型假设三年之后范洪德兄弟会把土地卖掉，然而现实中范洪德兄弟可能并不卖掉土地，因而未来的收益可能比该模型中显示的更高。

该模型说明了地权市场如何实现对交易双方不同的收益时间偏好的匹配，资源得到跨时间的配置，双方的福利都会有所提高。范洪德

第六章 地权交易、资源配置与社会流动

兄弟几年之后靠努力经营,资金开始逐渐充裕,并在多处购置资产、出租土地,十年之后就成为大地主。当年胎借的1000大员对其度过难关,并经营好转起到了关键的作用。

除了范洪德和廖天送之间的胎借契约,范家的古文书出现过多个类似的胎借、胎当契约。有的交易甚至是有三方的介入。卫璧奎进城考试需要资金,钟秀义有现金可借也不需要卫璧奎的土地,但担心其到期不能还款。范锦光在当地有很高的声望,他目前没有现金,但将来或有,若卫璧奎到期不能还款也愿意收得其土地,于是卫璧奎以其土地向范锦光担保,范锦光再向钟秀义担保,使卫璧奎借得了够其进城考试的资金。该契约如下:

> 立胎当田屋字卫璧奎,先年承父遗下咸菜瓮暗潭庄田业壹处,并带瓦屋壹座。其四至界址分明。今因在府城考试入学乏银应用,托中向钟秀义先生借过七钱而重佛面银叁拾壹大元,又保认过□□□佛面银肆拾大元,计共佛面银柒拾壹大元。情愿将父遗下田屋胎当。限本年五月内到家清还。如有过限不清,系中保人代还其田屋,照界址归中保人起耕管业不敢违约。此系仁义交关,合立胎当字壹纸。付执为照。
>
> 即日批明其田屋系自己充垦户开辟建造之业,并无向别人给垦字约批照。
>
> 又批明实领到足重银柒拾壹大元批□
>
> 在场见人 罗铃衡
>
> 保认人 范傅芳(范锦光的别名)
>
> 咸丰六年四月□日 立胎当田屋字人卫璧奎

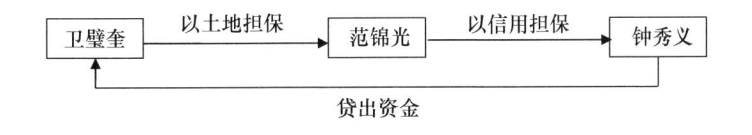

图6-3 卫璧奎的胎当交易结构

表 6-1　　　　　　　范家古文书中的胎借、胎当交易

年份	借款人	贷款人	借款方式	金额（元①）	借款原因	期限	年利息	借款利率（大约相当）②	担保人	若到期不还钱，土地归属
1847	吴金吉	范汝舟	胎借	4700	缺钱	3年	196石谷	4.2%		范汝舟
1856	卫璧奎	钟秀义	胎当	71	到府城考试	1月			范锦光	范锦光
1909	范洪禄	陈联芳	胎借	700	"乏银别用"	1年	17.29石谷	2.5%		陈联芳
1896	范洪德兄弟	廖天送	胎借	1000	缺钱	3年	60石谷	6%		廖天送

二 活卖

如第三章所述，活卖是土地卖方出卖土地物权的同时却保留了获取土地优先回赎权或增值收益的权利。当卖方只需要土地价值一部分的资金，希望为将来保留一部分收益时，可以选择当期进行活卖，未来再出卖增值权（即找价）。

增值收益权甚至可以由后代继承。例如林云福将土地卖给范嘉鸿的例子。从林云福卖土地给范嘉鸿，到林云福的后代最后一次找洗经历了将近30年，这期间该地区的地价整体有所增长。例如范家契约中显示，南门坎下的二甲水田的价格由1840年的3200元涨到了1879年的5440元；下横坑沙坑仔的半甲田在1855年到1861年期间由76元涨到80元。

从范嘉坤与蓝梁氏的土地契约草稿的修改过程中可以看出买卖双方的讨价还价过程，以及卖者对日后找价的权利的争取。契约草稿最初没有给卖者留有日后找价的余地，但最后去掉了"尽根"二字，即保留了卖者日后找价的权利。③ 刘泽民的批注中说明，"时价卖尽

---

① "元""大员"均指当时台湾通行的西班牙银元（佛银）。每元约相当于0.72库平两（见《关西坪林范家古文书集》第0020号的注释）。
② 刘泽民在范家古文书的批注中估计1866年当地的谷价大约为每石一元。参见刘泽民编《关西坪林范家古文书集》，第0029号的批注。
③ 刘泽民编：《关西坪林范家古文书集》，第0043号。

第六章 地权交易、资源配置与社会流动

根佛银"表示完全卖到土地的最高价格,"时值价银"表示当时的价格。用后者代替前者很有可能是保留了日后找洗的空间。

表6-2　　　　　　　　林家对卖出土地的三次找价

年份	交易	原因
1843	林云福将土地卖给范嘉鸿	
1854	林云福向范嘉鸿找洗30石(相当于30元)	年岁不顺
1866	林阿禄兄弟向范嘉鸿找洗佛银12大员	贫如洗
1871	林阿禄兄弟向范嘉鸿找洗佛银7大元	老母归终

原草稿为:立杜卖尽根水田契字人范△△,缘先年承父阄分应得水田壹处,土名平林庄罗古石潭水头。东至……为界,西至……为界,南至……为界,北至……为界。四至界址面踏分明。原带大陂圳水通流灌溉充足。每年经纳社番大租粟△石□年给单供纳清楚。兹因乏银凑用,情愿将此阄分水田出卖。先问至亲人等不受,外托中引蓝△出首承买。即日同中三面议定,照依时价卖尽根佛银肆佰△拾大元正。银即当中交△亲收足□□。同中沿界踏明水田四址界内尽行交付蓝△前去掌管收租纳课永为己业。△及子孙不敢异言保田业实系△阄分应得之业与□□……如有此情△出首一力抵挡不干承业人之事。一卖永休,寸土不留,不得找赎。此乃……

批明即日当中□实收过契内尽根价银△佰△拾大元完足批照

执笔人　△

为中人　△

在场人　△

知见人　△

光绪贰年丙子岁拾壹月△日　立杜卖尽根水田契字人范△

修改后为:立杜卖尽根水田契字人范△△父子,同男△△△、△△△、△△△,缘先年承祖父阄分应得水田壹处,土

良田择良耕

名平林庄罗古石潭水头。田东至……为界，西至……为界，南至……为界，北至……为界。四至界址面踏分明。原带大陂圳水通流灌溉充足。每年经纳社番大租粟△石□年给单供纳清楚。兹因乏银凑用，情愿将此阄分水田出卖。先问至亲人等不受，外托中引蓝梁氏出首承买。即日同中三面议定，照依时值价银肆佰捌拾大元正。银即当中交△父子亲收足□□。同中等沿界踏明水田□园竹木四址界内尽行交付蓝梁氏前去掌管收租纳课永为己业。△及子孙不敢异言保田业实系△父子阄分应得之业与□□……如有此情△出首一力抵挡不干承业人之事。一卖永休，寸土不留，日后不得找赎。……

批明即日当中□实收过契内佛银△佰△拾大元完足批照

执笔人 △

……

光绪贰年丙子岁拾壹月△日　立杜卖尽根水田契字人范△，同男△△△、△△△、△△△[①]

第四节　租佃制使得各种生产要素得到最佳结合

第五章探讨了租佃制的效率和合理性，认为租佃制是不同要素所有者之间的合作，并形成对耕者的选择机制，使得最有经营能力的农户获得更多的土地。此外龙登高和彭波认为佃农农场具有企业的性质，佃农具有将不同的生产要素组合起来的能力。[②]

台湾的租佃契约同样体现了租佃制在配置资源上的灵活性。"大租户——垦佃——耕佃"的这种特殊的租佃结构使得生产要素在当时情况下得到最佳的结合。比较典型的情况是，大租户拥有大片的荒地，但没有开垦经营土地的经验，也缺乏开垦的费用。垦佃

---

① "□"表示在原始史料中看不清的字，"△"表示契约中故意留空备填，"……"表示笔者省略掉的无关信息。

② 龙登高、彭波：《近世佃农的经营性质与收益比较》，《经济研究》2010年第1期。

第六章　地权交易、资源配置与社会流动

有管理农场和判断市场的经验，也有一些资本。耕佃专业化水平和耕种土地的能力较强。于是垦佃投资开垦大租户的土地，并招徕垦佃进行实际经营。大租户减免垦佃头六至十年的大租，垦佃往往给与耕佃开垦费用，并免去开荒期间头三四年的地租。例如范锦光承垦了土地之后，将土地租给邹阿华开垦、耕种，并补贴给邹阿华618元开垦费用。①

表 6 – 3　　　　　　　　大租户、垦佃、耕佃的要素禀赋

	要素禀赋
大租户	土地
垦佃	资本；开发决策、判断市场的能力
耕佃	实际经营、管理土地的能力

在水利系统的建设中，可以清晰地看到汉垦佃和大租户的合作。在早期台湾的农业开发中，垦佃往往以合股凑资或家族资本的方式投资水利系统。水利系统建成后，修建者向要求利用水利灌溉的农户按照水量收取"水租"。有的土著居民的土地缺乏灌溉，自己没有修建水利的技术和资本，就邀请汉人投资修建水利，并给予汉人永佃权和部分的水权。例如雍正十一年岸里社中的四社和6名汉人签订"割地换水"合约，由汉人投资修建水圳，并获得一片土地的永佃权和20%的水权。②

大租户和垦佃提供了土地、水利设施、资本之后，耕佃则是实际经营使用这些生产要素的人。耕佃往往都是自备全套的工本（工本包括耕种所用的牛、种子、耕者口粮、农具等），因为他们比垦佃更知道该使用什么样的生产工具、选择什么样的种子等。垦佃有时会提供给耕佃房屋、牛栏这些固定投入的设备。

---

① 刘泽民编：《关西坪林范家古文书集》，第0064号。
② 陈秋坤：《清代台湾土著地权——官僚、汉佃与岸里社人的土地变迁 1700—1895》，"中央研究院"近代史研究所2009年版，第37—41页。

表6-4　　　　　　开垦契约中修建水利设施的责任划分

	大租户	垦佃	大租户和垦户分成均摊	未知
水利提供者	11	15	3	29
水利维修者	10	16	3	29

注：根据松田吉郎收录的契约信息统计。①

表6-5　　　　　　竹堑社膜耕契约中工本和房屋的提供

	垦佃	耕佃	未知
水田的工本	0	13	10
水田的房屋	12	11	
茶园的工本	0	14	1
茶园的房屋	2	12	1

注：根据施添福收录的契约信息统计。②

有的时候，有人在多种生产要素上都比较充裕，比如卫福星既作为原住民有自己的土地是大租户，又懂得如何经营土地，但缺资本开发土地。吴圆等人有资本，愿意投资土地。于是吴圆等人投资卫福星的土地，给予开垦经费，并成为垦佃，同时由卫福星自己开垦自己的土地。这样卫福星既是大租户，又是耕佃。③

各人的要素禀赋不是永远不变的。有的耕佃起初没有资本，只有耕种的能力，而后来逐渐通过辛勤劳动积累了资本，并由于年龄增长，劳动能力不再如前，就购买永佃权，招徕其他佃户来经营，成为垦佃。范汝舟就是这样起家的。有的垦佃有资本，也有经营土地的能力，就做自耕农经营自己的土地，后来发现改种其他作物更有利可图，但自己并不擅于经营其他作物，就把土地出租给对另一种作物比较在行的人。如彭廷汉请佃人将水田改种茶园的契约：

---

① ［日］松田吉郎：《台灣の水利事業と一田両主制——埔價銀・磧地銀の意義》，第131—133页。
② 施添福：《清代台湾竹堑地区的聚落发展和形态》，《台湾历史上的土地问题》，"中央"研究员台湾史田野研究室1992年版，第97—99页。
③ 刘泽民编：《关西坪林范家古文书集》，第0002、0004号。

第六章 地权交易、资源配置与社会流动

立瞨耕水田上岗埔地字人增新然兄弟自己乏田耕作，今因向得彭廷汉母舅手内瞨来水田上岗埔地壹处，坐落土名下横坑庄。四至界址业佃面踏分明。原带木坑泉源通流灌溉□充足，又带房屋壹座间数不计……一应在内。即日三面言定，然备出无利碛地银三拾大元正交于汉舅兄弟手内亲收足讫。其田交于然兄弟前去耕作，每年应纳大小租谷五拾石正。早季收成之日在仓内付业主量清不得湿石抵塞，亦不得少欠升合。风荒之年不得言多敢少。馀若不清即将无利碛地银扣抵清白不期年限。此丙甲年冬瞨起至辛酉年东止计共贰拾伍年为限。此界内有山埔圹地壹处在内。然兄弟亦共承瞨自备工本茶秧前去栽种茶欉。每万茶欉每年供纳茶租佛银捌拾大元正。按作夏秋两季即付业主取清不得预前扯后，亦不得少欠分文。倘有少欠分文，即将茶欉所抵。系三年点欉四年纳租。三年透之内要栽种三万茶欉，付点足讫，其余陆续找种，陆续点欉。纳租其年限随田为期满之日，业佃二比另行转瞨。倘商不同即将水田茶欉交还业主，即将无利碛地佛银叁拾大元交还佃人……

代笔 兄 凤腾

耽耕 兄 茂源

丙甲年　月　日立瞨耕水田山埔种茶字人曾新然[①]

租佃制使得要素禀赋不同者形成多样化的合作方式，使劳动力、土地、资本、管理能力等生产要素在各种不同且不断变化的情况下都能得到最优的配置。

第五节　传统地权市场对生产的激励和对社会流动性的促进

如上文所述，多样化的交易形式满足了人们多样化的资金需求，租佃制使得生产要素得到更好的配置，均是提高了资源使用的效率。

---

① 刘泽民编：《关西坪林范家古文书集》，第0073号。

◈◈ 良田择良耕 ◈◈

同时田面权和田底权的分离也使得普通农户获得稳定的经营性地权的门槛降低。① 传统地权市场的这些机制使得资本、劳动力、土地这三种生产要素实现动态的结合,最需要资本的人获得资本,最擅于耕种者获得土地。② 生产要素的流动性会带来较强的社会流动性。从范家四代人的土地交易中,我们看到人们的社会阶层在市场中不断发生着变化。范家的基业先由范汝舟奠定。范汝舟出身于一个普通佃农家庭,少年丧父,30岁去广东、福建做买卖。买卖做的不得意,48岁重新开始务农,从开垦陈长顺土地开始。其虽不是经商能手,却是经营土地的能手。经过几年的"披荆斩棘,栉风沐雨"③,范汝舟积蓄资本,逐渐将吴家坪林庄地区的土地和部分咸菜瓮的土地买为己有(见第七节附图4)。至其去世的时候,范家家底已经非常殷实,"其立田园于坪林,白锭八千,以及各处,置产立业,数不尽矣,爰及晚岁,居室弥丰,莘禄弥增……"④ 范汝舟的产业的积累壮大,与其经营土地的能力和吃苦耐劳的精神有直接的关系。范汝舟的经营能力是有据可依的。1832年范汝舟52岁的时候曾遭遇天灾,"秋月大风雨、大水,坪林田园流失"。然而经过其一年的努力,"重垦坪林流失垦地,栉风沐雨,馌彼南亩,躬先子妇,日积月累,家境复转安康"⑤。范汝舟投入的劳动在市场中得到回馈,市场激励农户通过努力经营扩大产业,使得人们财富的积累和其经营能力密切相关。

范汝舟并不是一个特例。从台湾各地的近世土地交易记录中,我们可以看到人们的财富和身份在频繁的土地交易中不断改变。不仅自耕农、佃农、地主这些阶层之间并不存在难以跨越的界限,个人财富的规模、经营土地的面积也在不断变化。陈田是大甲西社的一个垦佃,经营松仔脚庄的土地。根据现存的契约的记载,陈田可能没有招

---

① 龙登高:《地权交易与生产要素组合:1650—1950》,《经济研究》2009年第2期。
② 龙登高:《地权交易与生产要素组合:1650—1950》,《经济研究》2009年第2期;赵亮:《劳动力与土地的动态结合——中国历史上农村要素的动态配置机制及其启示》,载《论中国土地制度改革》,第609—618页。
③ 范朝灯:《范氏大族谱》,创译出版社1972年版,第98页。
④ 范朝灯:《范氏大族谱》,第98页。
⑤ 陈运栋:《台湾的客家人》,台原艺术文化基金会1989年版,第194页。

第六章　地权交易、资源配置与社会流动

耕佃，土地均是自己经营。在1859—1882年这23年中，他在松仔脚庄进行了10次土地交易。由于反复的购置、租佃、出卖土地，以及对土地进行的胎借、转佃等交易，其土地的规模时增时减。其身份也有时是单纯的垦佃，对自己拥有田面权的土地进行自耕，有时既是垦佃又是耕佃。对于地理位置为A（松仔脚庄前甲二仔）的这块土地，陈田在1859年以租期为12年租佃这块土地，押租为180大员。12年满后，陈田虽然缺乏资本，但仍想继续拥有这块土地的耕种权，就再次签约租佃这块土地12年，并同时将这块土地胎当6年，以获得170大员的借款。6年后资本充裕了，又将土地赎回自己耕种。又过了两年，其又进入经营困境，就将土地A转佃，收回了押租，同时也出卖了另外一块土地。三年后又再次购置两处土地。表6-6、图6-4展示了陈田拥有的田面权和经营土地的增减。由于契约中没有关于土地面积的信息，这里用载大租额来代表土地的增减。

表6-6　　　台湾大甲西社陈田在松仔脚庄的土地交易、
　　　　　拥有地权与经营规模变化

年	交易	交易土地位置	期限（年）	价格（大员）	大租	经营土地增减	田面权增减	经营土地总规模（应交大租总数，斗）
1859	瞨耕	A	12	押租180	2斗	+		2
1864	瞨耕	B	永佃	40	120文（约为2斗谷价值）	+	+	4
1870	胎借	A	6	170	2斗	—		2
1870	瞨耕	C	永佃	55	4斗	+	+	6
1870	瞨耕（续佃）	A	12	押租183	2斗			6
1875	瞨耕	D	永佃	120	2斗	+	+	8
1878	转佃	A		押租183	2斗	—		6
1878	卖地	B		106	120文	—	—	4
1881	买地	E		4	1斗	+		5
1882	买地	F		95	2斗	+	+	7

◈◈ 良田择良耕 ◈◈

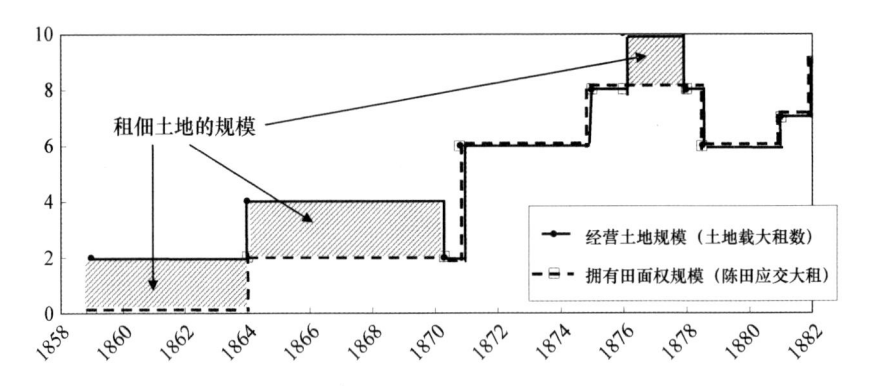

图6-4 大甲西社陈田经营土地与拥有田面权的规模的变化

注：表6-6、图6-4所显示的数据根据刘泽民《大甲西社古文书》，"国史馆"台湾文献馆2001年版，第310—382页中的契约整理和提取。

范汝舟三个儿子中，范嘉坤志不在务农，但有经商的才能，"始则行卖南洋，继则远商上海，俱饱载而归"①。因经商需要资本，范嘉坤将自己名下的土地逐渐出卖。范嘉鸿经营土地的能力一般，仅能稳住家业，其去世之后还给儿子留下了两千多元的债务。② 范嘉祯"运筹帷幄，悉心经营"，并在新的地方扩充了少量产业。范嘉祯继承的产业原来仅在上横坑庄③，且其佃种范嘉鸿的柑橘园④，后来范嘉祯在下横坑庄购买了少量山林（见第七节附图4）。总的来说范汝舟的三个儿子经营土地的能力不如范汝舟，家业在这一代人身上没有增加反而有所减少。第三代也没有太大起色，只有范嘉祯之子范春芳在下横坑庄购买了少量山林和水田。⑤

到1900年之后，范家进入第二次的兴盛，因为范嘉鸿的孙子范洪灶、范洪汉两兄弟是经营土地的能手。他们没有从父亲范锦光处继

---

① 刘泽民编：《关西坪林范家古文书集》，第13页。
② 刘泽民编：《关西坪林范家古文书集》，第0050号。
③ 此处根据刘泽民编《关西坪林范家古文书集》，第0031、0032号范嘉鸿、嘉坤、嘉祯的分家书推测。因为只收集到范嘉鸿、嘉坤继承的产业的文书，而这两份文书中没有提到上横坑的产业归谁，因此推测上横坑的产业分给了嘉祯。
④ 刘泽民编：《关西坪林范家古文书集》，第0024号。
⑤ 刘泽民编：《关西坪林范家古文书集》，第0068号。

承太多遗产，还继承了父亲的一些债务。[①] 初期他们由于资金周转不佳，曾在1896年用从父亲继承来的一块土地胎借了1000元。[②] 但几年后其经济开始好转，从家族内部收购了很多土地，并购买了新的土地（见第七节附图4），将多处土地租佃出去。范洪灶、洪汉之所以能发家并成为地主，跟其管理能力和对市场的把握能力分不开。当他们发现市场对茶叶的需求比较大，就果断地将买来的水田租给会种茶叶的佃农，要求其将水田开发成茶园，且不收押租，地租也定得较低[③]，可能是考虑到将水田垦成茶园要付出的额外成本。

短短的不到一百年里，范家几经沧桑，从一个势单力薄的普通家庭，到成为当地的大户，中间在农业经营上衰落，部分资本转向了商业，后又重新崛起。以地权为核心的传统市场提供了人们改变自己的社会地位的渠道，也使资源得到合理的分配，擅于经营土地的人得到更多土地，擅于经商的人获得更多资本。图6-5显示了范家不同的人如何在地权市场当中逐渐改变身份。

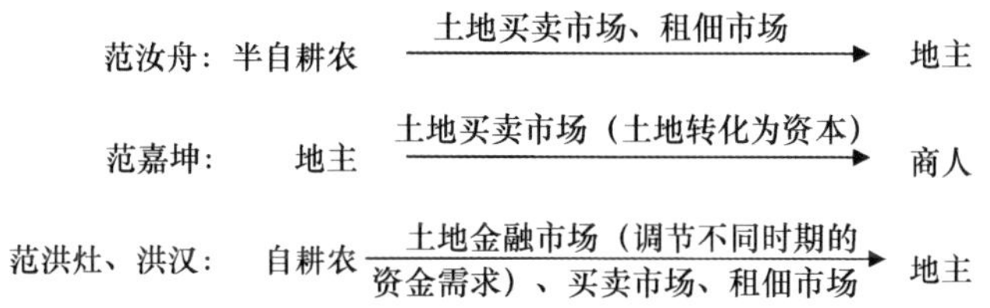

```
范汝舟： 半自耕农   ——土地买卖市场、租佃市场——→  地主

范嘉坤：  地主     ——土地买卖市场（土地转化为资本）——→ 商人

范洪灶、洪汉： 自耕农  ——土地金融市场（调节不同时期的
                        资金需求）、买卖市场、租佃市场——→ 地主
```

图6-5 范汝舟等人在市场中实现的社会流动

第六节 本章总结

传统地权市场在多样化的交易形式中体现了其效率和活力。本章以一个具体的案例为主，更深入地挖掘史料来验证这些观点。本章的

[①] 刘泽民编：《关西坪林范家古文书集》，第0049号。
[②] 刘泽民编：《关西坪林范家古文书集》，第0074号。
[③] 刘泽民编：《关西坪林范家古文书集》，第0086号。

◇❖◇ 良田择良耕 ◇❖◇

案例虽局限在一个地区和一个家庭，更全面的史料还有待发掘，然而这是一个有代表性的案例。在这个家族所进行的频繁的土地买卖、租佃等交易中，出现了各种交易形式和契约关系，使我们可以看到民间形成的多样化的交易形式在怎样为资源的有效配置服务，以及产权在经济生活、家庭生活以及社会秩序等各个领域的重要性。

　　这个家族的两次兴起也反映了范家所处时代是社会各阶层间的流动性之高。这样高的社会流动性之所以产生，是因为资本、劳动力、土地以更灵活的方式自由结合。土地的物权在交易中被分割成了多个层次，满足人们多样化的跨期资金需求。租佃制以及永佃制使得要素禀赋不同的人可以进行合作，降低了普通农户获得土地的门槛。在这样的机制下，善于经营土地的普通佃农可以通过积累财富成为大地主，地主不擅管理土地或另有志向也会退出地主这个阶层。

第七节 附图[①]

附图1 咸菜瓮街地区土地产权变更

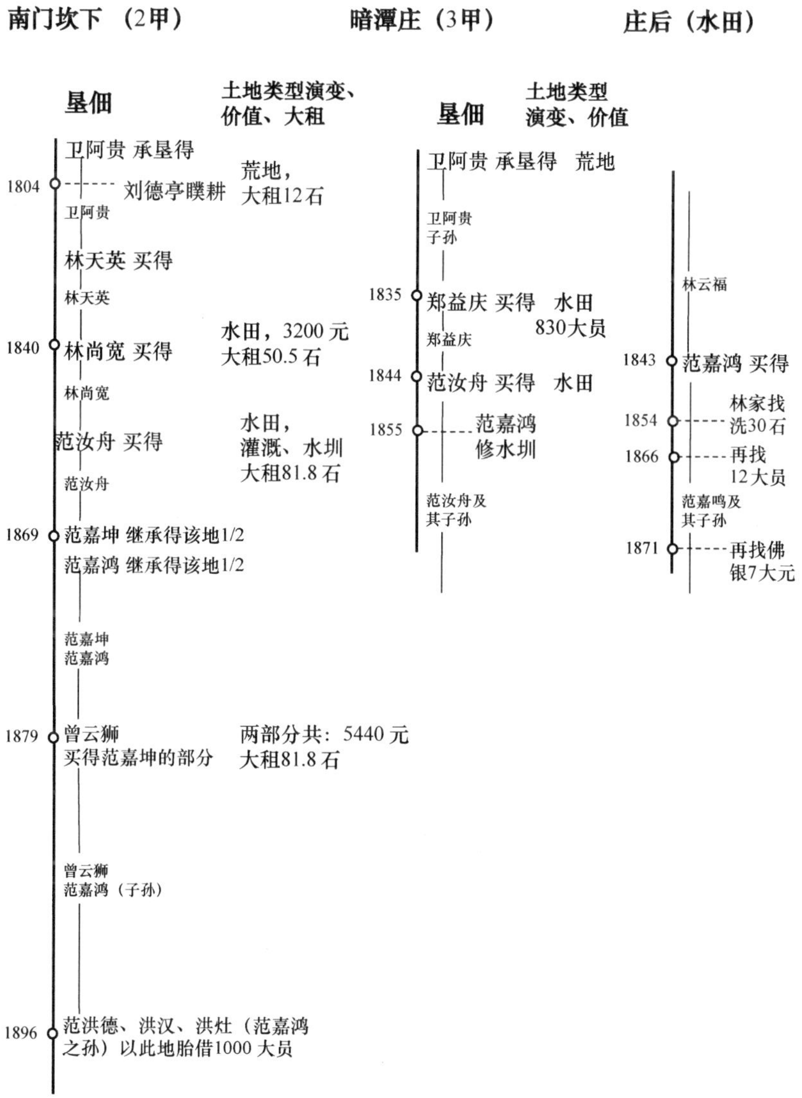

南门坎下（2甲）　　　　**暗潭庄（3甲）**　　　　**庄后（水田）**

| 垦佃 | 土地类型演变、价值、大租 | 垦佃 | 土地类型演变、价值 |

南门坎下（2甲）：
- 卫阿贵 承垦得
- 1804　刘德亭膜耕　荒地，大租12石
- 卫阿贵
- 林天英 买得
- 林天英
- 1840　林尚宽 买得　水田，3200元　大租50.5石
- 林尚宽
- 范汝舟 买得　水田，灌溉、水圳　大租81.8石
- 范汝舟
- 1869　范嘉坤 继承得该地1/2
- 　　　范嘉鸿 继承得该地1/2
- 范嘉坤
- 范嘉鸿
- 1879　曾云狮 买得范嘉坤的部分　两部分共：5440元　大租81.8石
- 曾云狮
- 范嘉鸿（子孙）
- 1896　范洪德、洪汉、洪灶（范嘉鸿之孙）以此地胎借1000大员

暗潭庄（3甲）：
- 卫阿贵 承垦得　荒地
- 卫阿贵子孙
- 1835　郑益庆 买得　水田　830大员
- 郑益庆
- 1844　范汝舟 买得　水田
- 1855　范嘉鸿 修水圳
- 范汝舟及其子孙

庄后（水田）：
- 林云福
- 1843　范嘉鸿 买得
- 1854　林家找　洗30石
- 1866　再找12大员
- 范嘉鸣及其子孙
- 1871　再找佛银7大元

---

① 根据范家古文书提取和整理出的信息绘制。

附图2　坪林庄地区土地产权变更

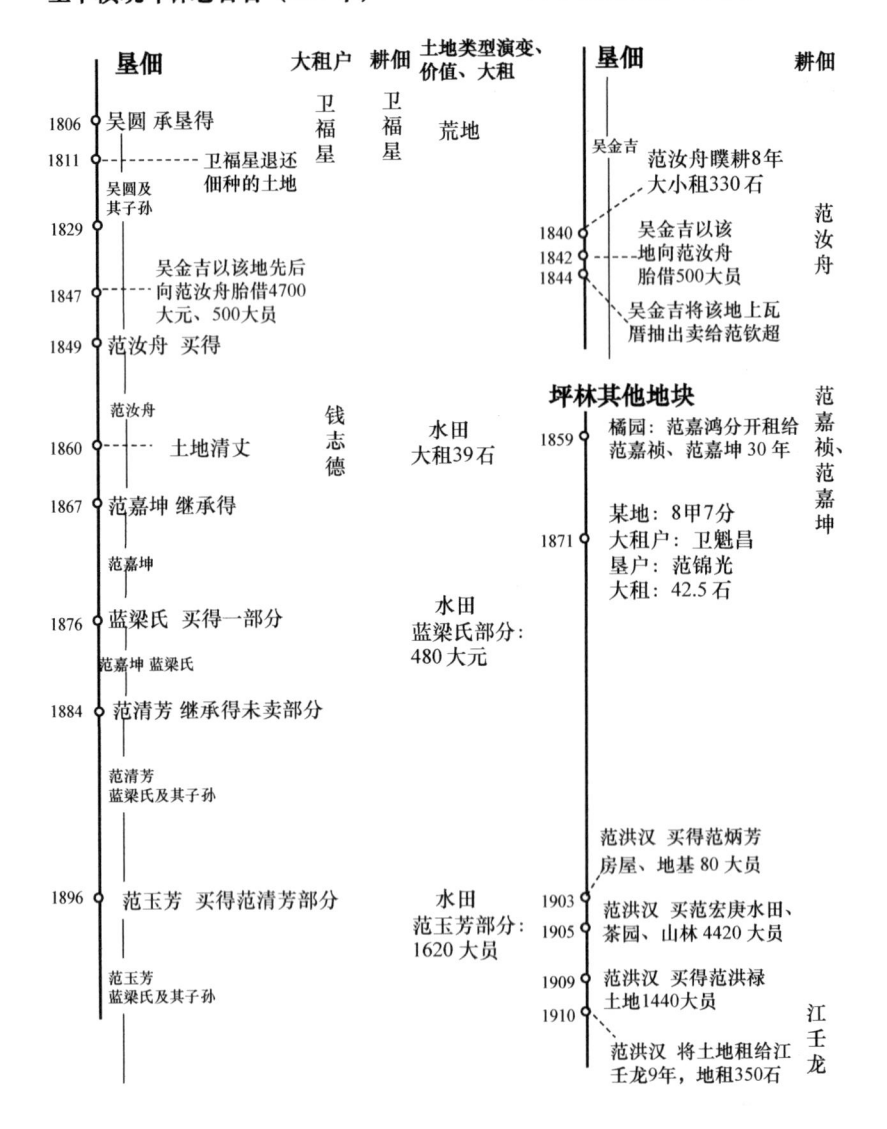

上下横坑坪林老古石（5.57甲）

年份	垦佃	大租户	耕佃	土地类型演变、价值、大租
1806	吴圆 承垦得	卫福星	卫福星	荒地
1811	卫福星退还佃种的土地			
	吴圆及其子孙			
1829				
1847	吴金吉以该地先后向范汝舟胎借4700元、500大员			
1849	范汝舟　买得			
	范汝舟	钱志德		
1860	土地清丈			水田 大租39石
1867	范嘉坤　继承得			
	范嘉坤			
1876	蓝梁氏　买得一部分			水田 蓝梁氏部分：480大元
	范嘉坤　蓝梁氏			
1884	范清芳　继承得未卖部分			
	范清芳 蓝梁氏及其子孙			
1896	范玉芳　买得范清芳部分			水田 范玉芳部分：1620大员
	范玉芳 蓝梁氏及其子孙			

上下横坑崁脚（水田）

年份	垦佃	耕佃
	吴金吉	范汝舟瞨耕8年 大小租330石
1840	吴金吉以该地向范汝舟胎借500大员	范汝舟
1842		
1844	吴金吉将该地上瓦厝抽出卖给范钦超	

坪林其他地块

年份		
1859	橘园：范嘉鸿分开租给范嘉祯、范嘉坤30年	范嘉祯、范嘉坤
1871	某地：8甲7分 大租户：卫魁昌 垦户：范锦光 大租：42.5石	
	范洪汉 买得范炳芳房屋、地基80大员	
1903	范洪汉 买范宏庚水田、茶园、山林4420大员	
1905		
1909	范洪汉 买得范洪禄土地1440大员	
1910	范洪汉 将土地租给江壬龙9年，地租350石	江壬龙

第六章　地权交易、资源配置与社会流动

附图3　下横坑地区土地产权变更

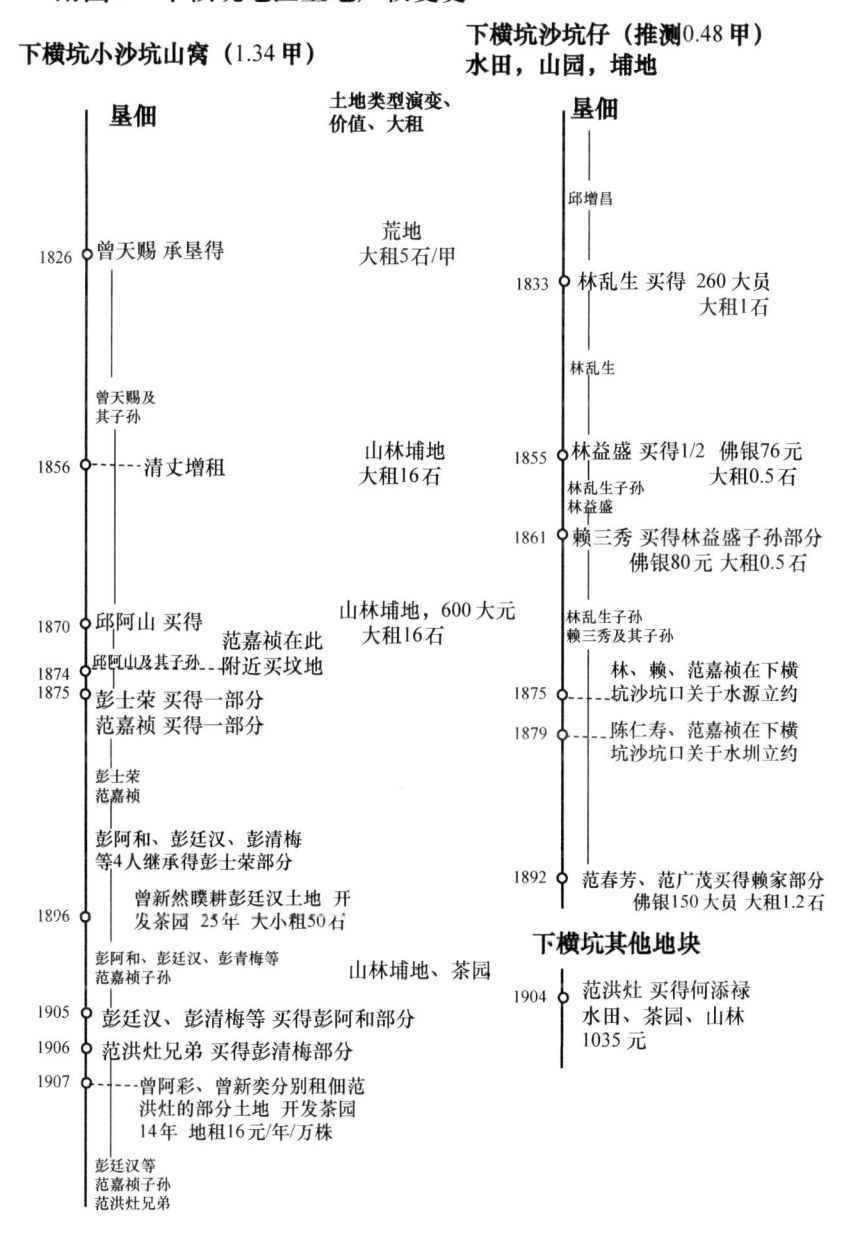

下横坑小沙坑山窝（1.34甲）

垦佃　｜　土地类型演变、价值、大租

- 1826　曾天赐 承垦得
  - 荒地　大租5石/甲
- 曾天赐及其子孙
- 1856　清丈增租
  - 山林埔地　大租16石
- 1870　邱阿山 买得
  - 山林埔地，600大元　大租16石
- 1874　邱阿山及其子孙
  - 范嘉祯在此附近买坟地
- 1875　彭士荣 买得一部分
  - 范嘉祯 买得一部分
- 彭士荣 范嘉祯
- 彭阿和、彭廷汉、彭清梅等4人继承得彭士荣部分
- 1896　曾新然瞵耕彭廷汉土地 开发茶园 25年 大小租50石
- 彭阿和、彭廷汉、彭青梅等 范嘉祯子孙
  - 山林埔地、茶园
- 1905　彭廷汉、彭清梅等 买得彭阿和部分
- 1906　范洪灶兄弟 买得彭清梅部分
- 1907　曾阿彩、曾新奕分别租佃范洪灶的部分土地 开发茶园 14年 地租16元/年/万株
- 彭廷汉等 范嘉祯子孙 范洪灶兄弟

下横坑沙坑仔（推测0.48甲）水田，山园，埔地

垦佃

- 邱增昌
- 1833　林乱生 买得 260大员　大租1石
- 林乱生
- 1855　林益盛 买得1/2 佛银76元　大租0.5石
- 林乱生子孙 林益盛
- 1861　赖三秀 买得林益盛子孙部分 佛银80元 大租0.5石
- 林乱生子孙 赖三秀及其子孙
- 1875　林、赖、范嘉祯在下横坑沙坑口关于水源立约
- 1879　陈仁寿、范嘉祯在下横坑沙坑口关于水圳立约
- 1892　范春芳、范广茂买得赖家部分 佛银150大员 大租1.2石

下横坑其他地块

- 1904　范洪灶 买得何添禄 水田、茶园、山林 1035元

附图4 范家财富分布变化示意图①

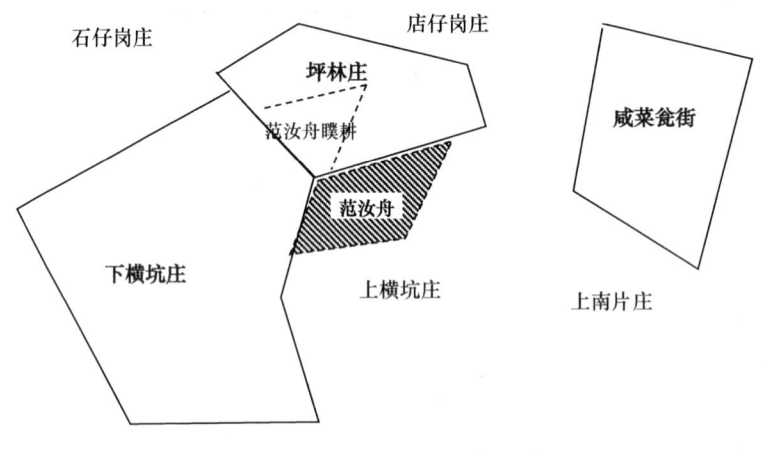

1840年 范汝舟60岁

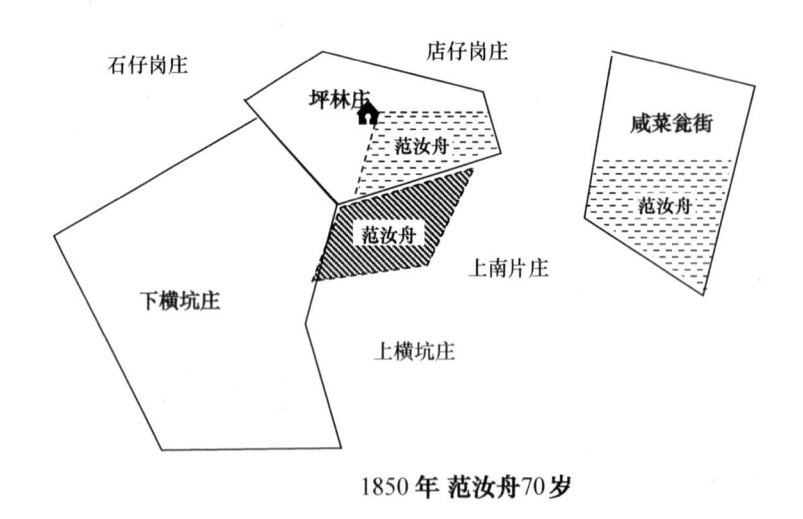

1850年 范汝舟70岁

---

① 该附图根据刘泽民《关西坪林范家古文书集》第17页中的关西地区地图绘制范家产业所在的各村庄的大致形状和位置。此外根据从范家古文书中提取和整理的信息绘制了范家产业变化的示意图。其上的各处农场的位置和形状仅为示意,并不代表真实的大小和形状。

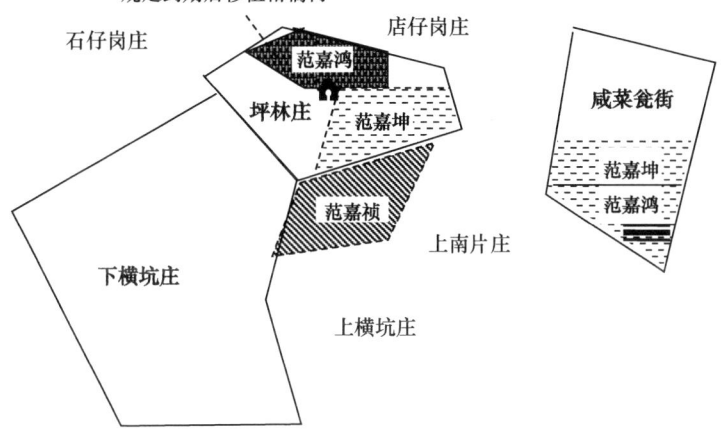

第六章 地权交易、资源配置与社会流动

1870 年 范汝舟已卒

范汝舟三子:范嘉鸿59岁,范嘉坤57岁,范嘉祯54岁

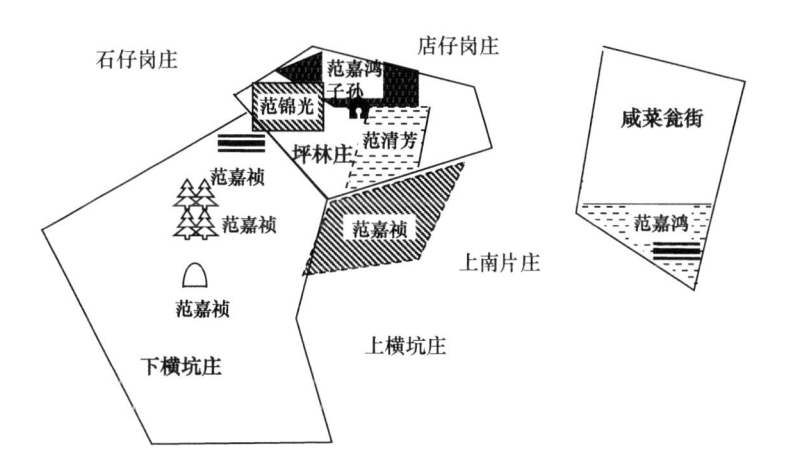

1880 年
范清芳:范嘉坤之子
范锦光(范傅芳):范嘉鸿之子

1880—1892 年 范家没有进行土地交易

◈◈ 良田择良耕 ◈◈

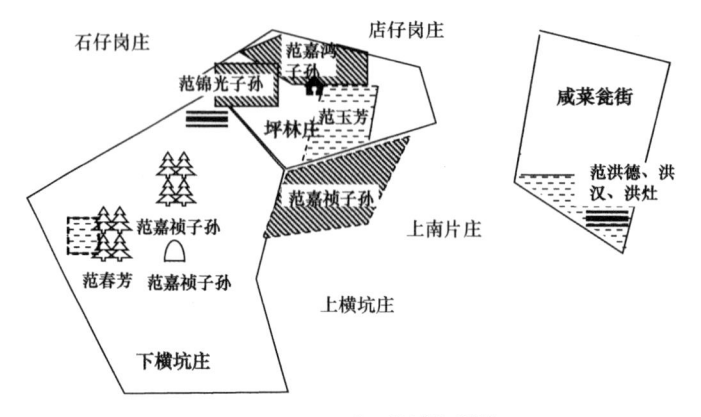

1900 年（日据时期）
范洪德： 范嘉鸿之孙，范锦光之子
范春芳： 范嘉祯之子
范玉芳： 范嘉坤之子 买得范清芳土地

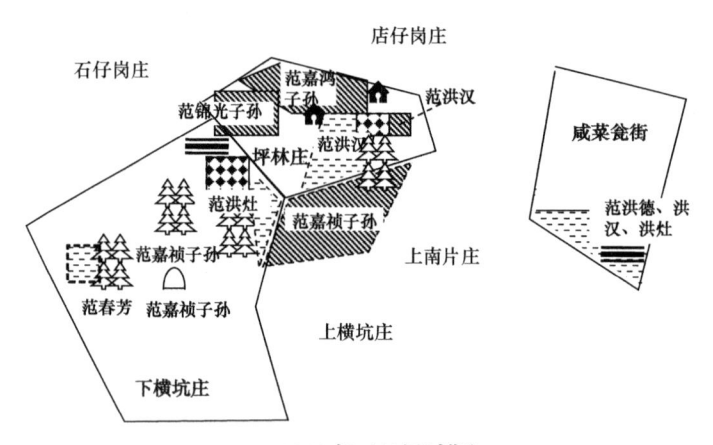

1910 年（日据时期）
范洪汉、范洪灶： 范锦光之子 买得范玉芳土地等

图例	含义	图例	含义
🌲	范家拥有田面权（即作为垦户）的山林	🏠	范家买得的房屋、地基
⋯⋯	范家拥有田面权的水田	⌒	范家买得的坟地
◆◆	范家拥有田面权的茶园	▨	范家拥有田面权的未知类型土地
■■	范家拥有田面权的橘园	≡	范家修的水圳

164

第七章　结论、借鉴意义与研究展望

第一节　本卷结论

　　本卷论述了近世地权市场中多样化的交易形式和地权结构的形成以及配置资源的机制。全文围绕三个问题展开讨论：一是多层次的地权交易如何促成要素的动态结合；二是农场在追求最高总盈余的过程中如何形成多样化的地权结构；三是在中国长期兴盛的地权结构——租佃制为何具有效率和合理性。

　　近世土地市场在资源配置上的特征体现在以下三个方面。一是市场所带来的要素的流动性。本卷选取了一些案例来反映土地要素的流动性，例如广州的某块土地在四十年内被易主多次，江宁县一半左右的土地都参与过买卖或典当的交易等。二是土地交易满足多样化的需求，从统计中看到人们进行土地买卖的原因各不相同。三是土地市场所形成的激励机制。广州地区土地开发的过程以及地价的增值说明了价格机制对资本投资与土地长期开发的激励。近世地权市场中形成的多样化的地权交易将土地的物权分割为许多层次。地权结构是不同层次的土地物权在不同人之间的分配。

　　历史上大量的土地交易并不是买卖，生产要素的最优配置往往是通过多样化交易形式以及多样化地权结构来实现的。在漫长的私有制的时期，中国农民将其智慧充分体现在了对土地交易形式的挖掘上。第三章提出多样化的交易形式实现了土地物权的整体与拆分、当前收益与未来收益的自由调剂。完整的土地产权在空间上具有丰富的内涵，在物权上也可分解为许多的层次。每一层次的物权都有其价值，并在交易契约中体现。绝卖、活卖、典、胎借、押租、一般的租佃等不同的交易形式是对土地物权不同层次的拆分。例如"胎借"这种交易形式是转让契约时限内的地租收益以及担保物权,而保留自物权、未来地租收益以及使用权的交易形式。本书统计了福建等地"典"和"绝卖","典"和"活卖"的交易价格的差别,从中反映了不同交易形式中转让的权利所体现的价值之不同。在多层次的交易形式的基础上,农户可以以较低的资本门槛建立独立的农场经营,也可以以其土地进行多样化的融资,在不失去土地的情况下也满足其个性化的资本需求。"活卖"是多样化交易取向的一个缩影。本卷第一次提出了活卖与找价交易的发生有四种不同的原因:即保留优先赎回权、保留土地增值权、买方分期付款以及买方出于人情给予卖方找价。

地权结构的多样化使得生产要素的组合和配置更加灵活。第四章质疑了"自耕农最优"的传统观点,并建立"最优地权结构选择模型"。该模型讨论自耕农、雇工、分成租佃、定额租佃等地权结构的制度总盈余,比较不同地权结构下各要素投入、要素成本和交易成本的大小,认为租佃制度虽然交易成本较高,但比自耕农制度具有更高的专业化收益,以及更小的资本限制。且在对制度总盈余的讨论中,引入"未定价资产"作为反映潜在剩余索取权的变量。对单个农场自耕与租佃选择的决定因素的实证分析中发现土地面积、土地单价、地主居住地对选择租佃的可能性具有显著的影响。对地区租佃比例的影响因素的讨论发现商品化程度、运输成本、土地的所有权面积以及经营面积都有可能是影响租佃率的因素。

第五章对自耕农与佃农的经营规模、收入与利润等的比较进一步证实了租佃制并非是缺乏效率的。通过对大量民国时期数据的统计与整理发现,佃农在许多情况下表现出比自耕农更强的经营能力,例如全国平均而言佃农的农场面积比自耕农更高,农场利润也较高。并且在有的地方大佃农表现出比大自耕农更强的经营能力。本卷提出,租佃制度的合理性在于三个方面:一是租佃制实现了土地投资者和使用者的分工,增强了土地投资者投资土地的意愿。二是能够调节土地经

第七章 结论、借鉴意义与研究展望

营规模受所有权大小的限制，三是租佃制是对耕者的一种选择机制，使最擅于经营土地者被逐渐选择出来。此外尝试用博弈论的方法解释了租佃制如何成为一种稳定有秩序，并且道德风险较低的制度。在协商博弈之下，地主和佃农通过谈判达成一个相对公平的收益分配机制。市场提供给交易双方一个重复博弈的环境，提高的任何一方违约的成本，与法律、道德和习惯法相配合减少了佃农欠租的道德风险。

第六章的案例分析，是对地权交易研究在方法上和资料使用上的全新尝试。对台湾范氏家族一百年的地权交易进行深入而完整的案例分析，通过对照家族契约资料与家谱，追溯了不同代人在几处土地上进行的连续的交易，以及在地权市场中所发生的身份的变化，以此为基础来为本卷的理论框架提供论据。这一部分的贡献在于：首先，本卷第一次使用这份资料进行学术研究，对家族契约交易的分析与整理之深入也是开创性的。通过对史料的解读和整理，将地权市场交易的活跃程度、交易方式的多样化、地权市场带来的社会流动性等信息清晰而生动地体现出来。其次，利用其中的交易案例来更深层次的为论文第三章的论述提供例证。如用跨期消费选择模型解释范洪德与廖天送之间的胎借交易，从中看出多样化地权交易在调剂当期收益和未来收益上的重要性。再次，以这份资料以及相关的资料为基础，论证租佃制，尤其是清代台湾的二层租佃制在配置要素、调节经营方式上的灵活性。以此支持第五章关于租佃制的合理性的相关观点。通过对史料的发掘，论述了以下观点：以地权为基础的融资交易是交易双方在当期收益与未来收益之间的交换（第二章的当期收益与未来收益模型中只有一个人，这里扩展到两个人）；大租户、垦佃、耕佃的具有不同的要素禀赋，其中大租户拥有土地，垦佃具有资本和判断市场的能力，耕佃擅于实际农场经营；传统地权市场促进了社会流动性，人们的身份在地权市场中不断发生变化等。

第二节 本卷研究对现实土地问题的借鉴意义

一 平均分配土地的困境

传统观点认为,劳动力和土地最佳的结合方式是土地使用权的平均分配。中国现今的"家庭联产承包责任制"也与这一理念相关。然而其弊端也越来越突显出来。比如有些学者提出,家庭联产承包责任制造成我国农业经济的土地规模狭小,并且在这样的制度之下的农地保障功能已成为农村经济发展的桎梏。[①] 也有学者认为,当前的"三农问题",如大量农业剩余劳动力涌向城市务工导致农村房屋空置、土地撂荒问题等一系列社会经济问题,农村青壮年劳动力空心化、农业生产要素配置低度化等农业生产问题,其症结都在于现行制度安排下,土地流转市场尚不成熟,土地经营在乡村之间、城乡之间流转不畅。[②]

在本卷的分析中,我们看到,表面上看平均分配土地使用权实现并保证了劳动力和土地的结合,但这只是一种静态的结合,事实上没有实现要素最优的配置。真正使得劳动力和土地实现优化配置的不是平均分配土地使用权的制度,而是地权交易的市场。

劳动力与土地是中国传统农村的主要生产要素。根据生产的一般均衡理论,生产要素的自由组合能够使资源得到最优化的配置,这种自由的组合不仅要在静态下满足全社会劳动力和土地的边际技术替代率相等,也要在动态的角度上,在劳动力或土地的供求和生产力不断发生改变的时候,劳动力和土地的结合能够较快地进行调整以使新的最优配置状态形成。这种改变包括两种,一种是微观层面上,引起农户劳动供给和土地需求的变化的因素,比如家庭人口的增加或年龄结构的改变。劳动力数量微观层面的改变是频繁的,通过政府的某种制

[①] 袁铖:《人地矛盾化解:农村土地制度创新的关键》,《贵州财经学院学报》2007年第2期。

[②] 田开春、郁峥嵘:《明晰土地产权对解决"三农问题"的重要意义》,《湖南行政学院学报》2008年第5期。

度，或是集体协商来安排土地，以适应不断变化的家庭劳动力数量成本巨大。一个相对自由的土地交易市场可以使得个体家庭因劳动力数量变动所需求的土地或资本尽可能被满足。

另一种是宏观层面上，引起要素禀赋系统性改变的因素，如耕作技术的提高、其他行业的兴起等。这类因素会带动劳动力与土地的规模发生整体的调整。这种调整包括两个方面，一是农户对最优耕种规模的自发选择，二是劳动力在农业和其他产业之间进行选择。对这一种改变，需要劳动力在行业间的流动更加自由，以实现土地的规模经营并使大量劳动力流向边际生产力更高的其他行业。平均分配土地使用权的制度可能对一个时期适用，却无法适应日益变化的要素禀赋。

二 当今与历史要素禀赋的差异带来对农业经营方式的新要求

根据本卷前面章节的论述，在中国近世的历史上，在有限的技术水平下，规模经济在农业生产上并不具备优势，且商业和城市没有给农业劳动力提供更高的机会成本，加之一些其他的文化和制度的原因，小农经济长期都是主流且具有竞争力的农业生产形态。同样是前现代时期，西欧却经历了土地逐渐集中的过程。尽管统治者长期以来都试图通过法律来阻止土地的集中，但随着技术的发展、城市的兴起以及资本市场的发育，土地大规模集中的趋势无法阻挡。[①] 土地产权的确立和交易方式的多样化加速了这一进程，最终带来农业革命以及随后的工业革命。

当今中国的要素禀赋已经发生了巨大的变化，体现在两个方面，一是当今的技术水平对土地规模经营的要求，二是城市以及其他行业的发展带来的劳动力机会成本的提高。然而受限制的土地市场制约了土地和劳动力向着效率更高的方向流动。

从宋到明清，农业生产的固定成本变化很小，由于轮耕制的发展，耕地数量相当于增多了，因此农户选择了减少经营规模。并且英

---

① Chris Briggs and Jaco Zuijderduijn, *Land and Credit: Mortgages in the Medieval and Early Modern European Countryside*, Springer, 2018, pp. 6 – 8.

明的君王都会抑制土地大规模兼并。而当代农业生产技术的提高表现在使用日益先进的农用机器设备，以及智能化、信息化的管理手段，这对土地的要求则是规模经营。因为技术的进步使得固定投入占总投入的比重越来越高，劳动力等可变投入的比重则降低。当代中国已经具备了实现机械化、农场式的规模经营的技术条件。如果每个农户平均拥有的土地过小或过分散会使得先进的机器设备和现代化的管理系统无法投入使用。因为有限的日后收益难以补偿使用先进农业技术、设备所需的较大的固定成本，并且细小的土地不利于大型农机发挥作用。例如有学者调研发现，山西全省6000万亩耕地中，平均每户经营的耕地面积为9.45亩，这9.45亩耕地也并不是联片。在一些平原地区，有的农户承包的耕地长度甚至有2华里，宽度仅4—5米，成片的土地被划分得支离破碎，属于农场化管理的耕地面积大约仅占总耕地面积的15%左右。[1] 土地不能集中严重影响了农业机械化的推广和应用，且造成土地资源的浪费，最极端的情况就是细碎化的土地由于得不到有效率的利用而被撂荒。华中师范大学中国农村研究院的调研数据显示，2008—2014年，在全国5000户样本农户中，撂荒农户的占比达到8%。[2] 华南农业大学国家农业制度与发展研究对全国9省区农户的抽样问卷调查数据显示，2015年我国撂荒农户比例高达18.79%，且细碎化是土地撂荒的最主要原因之一。[3] 谭淑豪和曲福田通过对中国东南部水稻生产的技术效率的实证分析，认为土地细碎化可能是目前进一步提高农业生产率和减轻农村贫困的主要瓶颈之一。[4] 当土地实现了动态结合和自由的分离，土地的规模经营将成为现代农业生产的一个自发的趋势。

---

[1]《土地规模经营是实现农机化的必备条件》，《中国农机化导报》2007年12月12日。

[2] 张清俐：《以适度规模经营治理土地抛荒—访华中师范大学中国农村研究院执行院长邓大才》，《中国社会科学报》2014年1月17日。

[3] 罗必良、万燕兰、洪炜杰、钟文晶：《土地细碎化，服务外包与农地撂荒——基于9省区2704份农户问卷的实证分析》，《经济纵横》2019年第7期。

[4] 谭淑豪、曲福田：《土地细碎化对中国东南部水稻小农户技术效率的影响》，《中国农业科学》2006年第12期。

第七章 结论、借鉴意义与研究展望

生产技术的发展不仅要求土地的规模经营，也会带来过剩的农业人口。同时在城市化的吸引下，如果劳动力能够在农业与其他产业之间做出自由选择，则会有大量劳动力与土地分离土地，这样不仅能提高生产效率，也能缩减全社会的贫富差距。

图 7-1 中是以劳动力为变量的农业生产曲线和边际收益曲线。假设农产品价格在一个时期内不变，则农户的边际收益曲线和边际产量曲线可视为等同。在生产函数 $F_1(L)$ 上，生产分为三个阶段，第一个阶段是劳动力的平均收益 AR_1 达到最大之前的阶段。这时总产量和平均产量都是随劳动力投入增加而不断扩大的，产量可以继续提高。第二个阶段是 AR_1 达到最高到边际收益 MR_1 下降为零这一阶段。这一阶段产量不断提高，但平均收益和边际收益都不断下降。第三个阶段是继续增加劳动力，产量不再上升甚至下降的阶段，这一阶段实际上不会出现，因为劳动力数量达到这一阶段以后会选择闲置，或者离开土地。劳动力投入土地的数量在第二个阶段是最合理的。

视劳动力从事其他工作的边际收益作为劳动力的边际成本 MC。如果全社会的劳动力可以自由选择从事的工作，那么同等的劳动力将在各个行业具有相同的边际收益。即在图中，会有 L_1 的劳动力投入农业生产。

随着生产技术的提高，并且如果这些技术和机器设备使用到了农业生产上，劳动力的生产曲线和边际收益曲线会左移到图中虚线的位置，变为 $F_2(L)$ 和 MR_2。如果劳动力可以自由选择从事的行业，那么根据 MC = MR 的原则，劳动力对土地的投入会自行下降为 L_2，多余的劳动力会转向其他行业寻求比在土地上更丰厚的回报。然而现实中劳动力向边际收益更高的行业流动时，是存在成本的，这个成本包括为突破制度约束所带来额外努力、面临的风险、获取信息的费用等，这些成本降低了从事其他工作的边际收益，也就使得劳动力并不能减少到 L_2 的位置。当这些成本非常高时，劳动力离开土地非常困难，就不仅浪费了技术进步所能提高的生产力，反而可能使生产进入第三阶段，也就是存在闲置的劳动力。因此，若是实现了劳动力和土

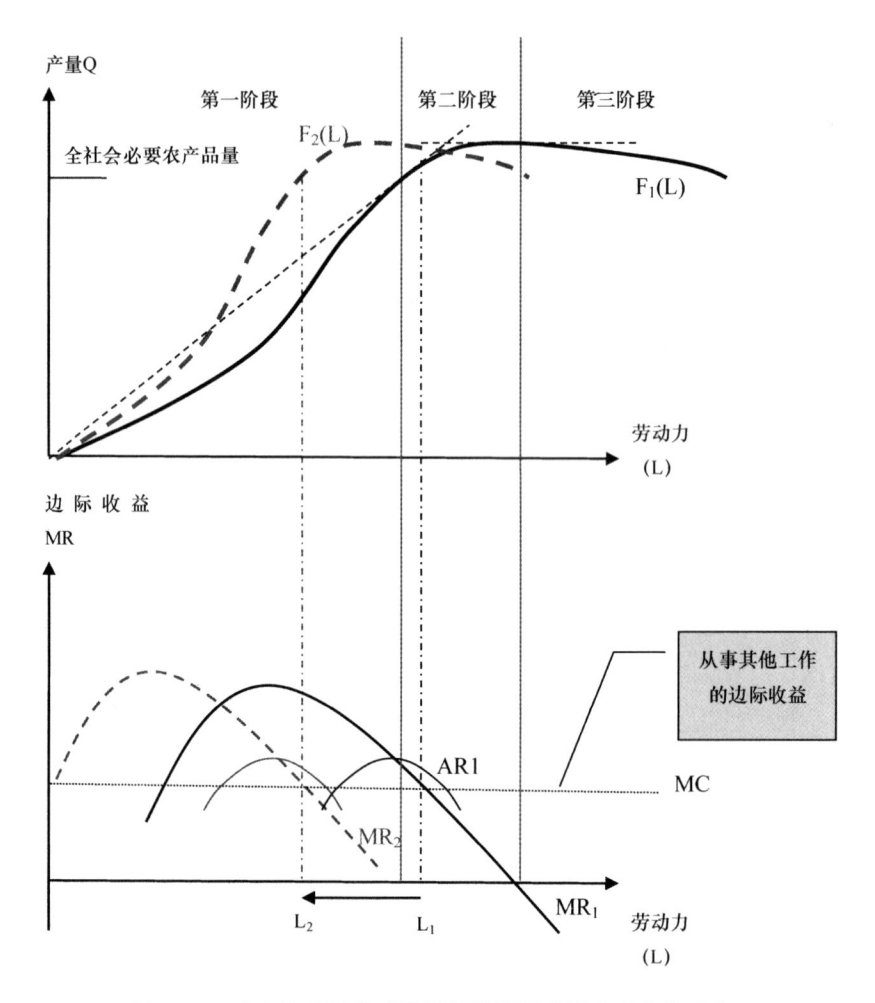

图 7-1 生产技术提高对规模经营所要求的劳动力的改变

地的动态结合，另一个自发的大趋势是，随着技术水平的提高，以及城市化的吸引，投入农业的劳动力会逐渐较少。当然，如果农业劳动力减少到了低于全社会必要的农产品量，则需要对农业进行补贴，使得从事农业的边际收益提高。

可见，如果农业应用了现代化的成果，现在的农业劳动力相对于土地来说是远远富裕的。因为在现代的生产力水平上，1个农民足可以生产供10个人生存的粮食。近十余年来，随着城镇化和农村土地

第七章　结论、借鉴意义与研究展望

制度改革的推进，农业生产效率已经有了显著的提高。在耕地面积变化不大的情况下，全国的粮食产量由 2007 年的 5.01 亿吨增长到 2019 年的 6.64 亿吨，而同时期农业劳动力则由 3 亿左右下降至 1.38 亿左右。[1] 然而，相比发达国家，目前中国劳动力在农业的平均产量仍然较低，仅为美国的 1/16[2] 左右。农业生产无疑处在第三阶段上。

从农业劳动力人均经营的土地面积上看，我国也是大幅低于发达国家以及世界平均水平。根据世界银行数据库的农业生产、劳动力结构等相关数据计算，我国农业就业人口人均农业用地的面积仅为 0.04 平方千米（60 亩）[3]，在世界银行统计的 184 个国家和地区中排第 131 位。如下图所示，不仅远低于发达国家的平均水平，也与发展中国家以及世界的平均水平有较大差距。

表 7-1　　部分地区及中国农业劳动力人均农业土地面积

	农业劳动力人均农业土地面积（平方公里）
北美	2.836
高收入国家	1.128
欧洲联盟	0.325
中高等收入国家	0.109
中等收入国家	0.063
东亚与太平洋地区	0.053
世界平均水平	0.080
中国	0.038

---

[1] 根据世界银行相关统计数据估算。农业就业人口是实际从事农业生产的劳动人口，而非农村总人口。

[2] 美国粮食产量 2007 年为 3.63 亿吨，2017 年为 4.4 亿吨。同时期美国农业就业人口基本稳定在 600 万左右。

[3] 这里的农业用地包括耕地、林地、园地、牧草地等各种农业生产用地。我国农业用地占陆上土地面积的 56%，约为 528 万平方千米，由于我国山地面积比重在世界的农业大国中相对较高，耕地面积占农业用地比重仅为 23% 左右（美国该比重为 49%），约为 120 万平方千米。若按耕地面积计算，我国农业劳动力人均耕种土地面积仅为 10 亩左右。因而若比较各国人均经营的耕地面积，我国的排名可能会更加靠后。

❖ 良田择良耕 ❖

东北的人均耕种规模在全国排在前列。陈艳红以 C—D 生产函数为基础,以生产要素的总收益最大化为目标,估算出东北地区的最优人均耕种的耕地数量为 23.67 亩/人,然而辽宁、吉林、黑龙江农业的实际人均耕种规模大约为 3 亩、6 亩、10 亩。[①] 刘恒中也提出,中国现在的农民数已远远超过了达到零边际产值的农民数,即使增加农业劳动力,农产品总产量也无法增长,只会减少劳动力的平均收入。[②]

另一个方面,农村劳动力如果投入城市的第二、三产业则会有较高的边际收益。中国目前的产业结构跟劳动力的结构是不匹配的。我们拥有大量的农民和大量主要从事第三产业和第二产业中的管理工作的大学生,而占中国经济绝大部分的第二产业是缺乏劳动力的。

历史漫长的农业社会里,绝大多数人口从事着农业生产。劳动力"边际收益"的实现主要靠土地。明清时期,中国社会是一个以私有财产为基础的市场经济制度,在农村有活跃的土地市场,农民得到土地与出卖土地都是比较容易的,然而大多数的农民不愿意离开土地,因为在重农抑商的政策下,除了仕途,人们到了城里只能从事地位较低的工商业,即使在城市有了产业的商人,赚了钱后仍希望回到农村购买土地耕种。[③]

到了今天,农民的梦想已经多样化,有的农民面对城市更好的挣钱机会,渴望离开土地,与城市人共享工业与服务业发展带来的福利,可是其土地难以转让,于是有大面积的耕地撂荒。并且由于不能将其土地作为进入城市的资本,到城市当中只能白手起家,进入城市的成本很高。有的农民是种田能手,希望得到更多的土地,然而拥有的土地远低于其有能力耕种的土地。生产效率低下,城乡贫富差距越来越大。因此,要实现真正的公平和效率,目前需要给予农民权利来自由处置其土地。

[①] 陈艳红:《对东北地区农村土地适度规模经营的思考》,硕士学位论文,东北师范大学,2007 年。

[②] 刘恒中:《论中国大发展:八亿农民变市民》,中国财政经济出版社 2008 年版,第 156—159 页。

[③] 赵冈:《中国传统农村的地权分配》,新星出版社 2006 年版,第 23 页。

三　从近世地权交易看当前土地流转的障碍

当今对农业生产要素投入结构的要求与历史上完全不同，为了提高生产要素的配置效率，要求土地能够充分的流转。然而现在土地的流转存在着制度障碍。虽然土地承包权的流转已经合法化，但无论在地权形态与交易形式等都受到严格的限制，相比历史上所实现的流转是远远不够的。

在历史上，地权交易的选择空间是非常广泛的，多层面的交易满足多样化的资本和土地的需求。从物权交易的角度上看，土地的买卖、典当、租佃等各种交易方式是对土地完整物权不同层次的分割。即使是同一类交易当中也存在各种不同的交易形式和取向。如第三章所述，地权交易的参与者按照自己的偏好在当前收益和未来收益之间进行权衡，选择最能满足自己需求的交易方式。这样农民可以以多样化的方式实现独立的农场经营，资本的限制被降到最低。并且以土地为核心的各种支付结构的融资方式也使得地权更加稳定，如果劳动力还是需要土地的，则不会轻易地将土地卖掉。

当前中国农村土地流转不能充分地进行来自两方面的障碍。一是许多土地产权的界定与归属仍然模糊，因而土地交易比较困难。龙登高等人提出，一个完整的产权应至少包括四个层次的权益：获取实物收获的权利、融通资金的权利、获取投资收益的权利，和拥有被法律保护的产权所带来的主人翁意识[1]。目前农村土地的承包权和经营权的具体权属定位存在争议，使得土地的融资功能受限，也影响农民与外界资本对土地、农村、农业的投资意愿。二是土地交易的实现途径受限。近十余年来，土地制度改革不断取得新的进展。从禁止农村土地流转，到被允许流转，到农村土地流转市场的建立，到交易方式的逐渐放宽，农业生产要素不再是僵硬的、静止的。2019年最新通过的《中华人民共和国土地管理法》已经允许针对农村集体土地使用

---

[1] 龙登高、任志强、赵亮：《近世中国农地产权的多重权能》，《中国经济史研究》2010年第4期。

权的抵押贷款。然而目前土地定价和交易的市场仍然不够成熟,法律所允许的交易方式和土地流动方式有限,土地的多重融资功能没有得到充分发挥。农业的资源配置有待在多样化的土地交易手段下实现进一步深化。

笔者认为,土地制度改革的关键是土地产权改革和交易形式的创新,以给予农民更多选择的权力,并拓展劳动力与土地动态结合的空间。

参考文献

资料

安徽省博物馆：《明清徽州社会经济资料丛编》（第一辑），中国社会科学出版社1988年版。

安徽省博物馆：《明清徽州社会经济资料丛编》，中国社会科学出版社1988年版。

曹树基、潘星辉、关龙兴：《石仓契约》，浙江大学出版社2011年版。

陈秋坤辑：《万丹李家古文书》，"国史馆"台湾文献馆2011年版。

东北局宣传部：《东北农村调查》，1946年版。

范朝灯：《范氏大族谱》，创译出版社1972年版。

冯和法：《中国农村经济资料》，黎明书局1933年版。

冯和法：《中国农村经济资料续编》，黎明书局1935年版。

冯紫岗：《嘉兴县农村调查》，《民国时期社会调查丛编·乡村经济卷》（上），福建教育出版社2009年版。

福建师范大学历史系：《明清福建经济契约文书选辑》，人民出版社1997年版。

郭汉鸣、洪瑞坚：《安徽省之土地分配与租佃制度》，《民国时期社会调查丛编·乡村经济卷》（下），福建教育出版社2009年版。

郭汉鸣、孟光宇：《四川租佃问题》，《民国时期社会调查丛编·乡村经济卷》（下），福建教育出版社2009年版。

国民政府主计处统计局：《中华民国统计提要》，商务印书馆1936年版。

国民政府主计处统计局：《中华民国统计提要》，商务印书馆 1947 年版。

国民政府主计处：《中国租佃制度之统计分析》，正中书局 1937 年版。

洪丽完：《台湾中部平埔族群古文书研究与导读：道卡斯族崩山八社与柏瀑拉族四社》，台中县立文化中心 2002 年版。

洪瑞坚：《自耕农与佃农之比较——江苏淮阴等十二县之调查研究》（1937 年），《民国时期社会调查丛编·乡村经济卷》（下），福建教育出版社 2014 年版。

金陵大学农学院农业经济系：《豫鄂皖赣四省之租佃制度》，金陵大学农业经济系 1936 年版。

金一清：《中国土地契约文书集》，明代史研究室 1975 年版。

刘泽民：《大甲东西社古文书》，"国史馆"台湾文献馆 2003 年版。

刘泽民：《大甲西社古文书》，"国史馆"台湾文献馆 2001 年版。

刘泽民：《关西坪林范家古文书集》，"国史馆"台湾文献馆 2003b 年版。

农村复兴委员会：《河南省农村调查》，商务印书馆 1934 年版。

前南京国民政府，司法行政部：《民事习惯调查报告录》，中国政法大学出版社 2005 年版。

乔启明：《江苏昆山南通安徽宿县农佃制度之比较以及改良农佃问题之建议》（1931 年），《民国时期社会调查丛编·乡村经济卷》（下），福建教育出版社 2014 年版。

秦翊：《农村信用与地权异动关系的研究——江宁县第一区农村调查报告》（1934 年），《民国时期社会调查丛编·乡村经济卷》（下），福建教育出版社 2014 年版。

四川大学历史系、四川省档案馆编：《清代乾嘉道巴县档案选编》，四川大学出版社 1989 年版。

苏汝江：《昆阳农村经济之研究》，《民国时期社会调查丛编·乡村经济卷》（上）（1932 年），福建教育出版社 2014 年版。

台湾银行经济研究室：《台湾文献史料丛刊：台湾私法物权编》，湾省文献委员会 1994 年版。

谭棣华、冼剑民：《广东土地契约文书（含海南）》，暨南大学出版社 2000 年版。

土地委员会：《全国土地调查报告纲要》，1936 年版。

王万盈：《清代宁波契约文书辑校》，天津古籍出版社 2008 年版。

杨国桢：《明清土地契约文书研究》，人民出版社 1988 年版。

张汉林：《丹阳农村经济调查》，《民国时期社会调查丛编·乡村经济卷》（上）（1930 年），福建教育出版社 2014 年版。

郑焕明：《古今土地证集藏》，辽宁画报出版社 2002 年版。

中国第一历史档案馆：《乾隆刑科题本租佃关系史料之一：清代地租剥削形态》，中华书局 1982 年版。

中国经济统计研究所：《吴兴农村经济》，《民国时期社会调查丛编·乡村经济卷》（上）（1939 年），福建教育出版社 2014 年版。

中国社会经济史研究编辑部：《闽南契约文书综录》，中国社会经济史研究编辑部 1990 年版。

中华民国主计部统计局：《中华民国统计年鉴》，1848 年版。

周绍泉、赵亚光：《窦山公家议校注》，黄山书社 1993 年版。

中文文献

白凯：《长江下游地区的地租、赋税与农民的反抗斗争（1840—1950）》，上海书店出版社 2005 年版。

卜松竹：《广东人最早发明生物防治技术 比西方早一千多年》，《广州日报》2010 年 9 月 16 日。

蔡继明：《"三权分置"：农村改革重大制度创新》，《农家顾问》2016 年第 12 期。

蔡银寅：《农地规模与经济效率：地权和交易成本约束下的农业生产及农民的选择》，《制度经济学研究》2007 年第 16 期。

曹树基、李楠、龚启圣：《"残缺产权"之转让：石仓"退契"研究（1728—1949）》，《历史研究》2010 年第 3 期。

曹幸穗：《旧中国苏南农家经济研究》，中央编译出版社 1996 年版。

曹秀华：《试论十六世纪以来江南农村租佃制兴盛成因》，《云梦学刊》2005年第4期。

钞晓鸿：《本世纪前期陕西农业雇佣，租佃关系比较研究》，《中国经济史研究》1999年第3期。

陈朝兵：《农村土地"三权分置"：功能作用，权能划分与制度构建》，《中国人口·资源与环境》2016年第4期。

陈翰笙：《现代中国的土地问题》，中央研究院1933年版。

陈秋坤：《清代台湾土著地权——官僚、汉佃与岸里社人的土地变迁1700—1895》，"中央研究院"近代史研究所2009年版。

陈卫星：《清代民田地权流转的形态及法律规制》，硕士学位论文，西南政法大学，2009年

陈艳红：《对东北地区农村土地适度规模经营的思考》，硕士学位论文，东北师范大学，2007年

陈郁：《企业制度与市场组织：交易费用经济学文选》，上海三联书店1996年版。

陈运栋：《台湾的客家人》，台原艺术文化基金会1989年版。

陈正谟：《中国各省的地租》，商务印书馆1936年版。

陈志红：《清代典权制度初步研究》，硕士学位论文，中国政法大学，2001年。

戴天放：《"鱼鳞册"制度对农村土地产权的完善及促进土地流转的借鉴》，《农业考古》2008年第3期。

丁骞：《近代中国的地权分配》，硕士学位论文，清华大学，2008年。

段文斌：《制度经济学：制度主义与经济分析》，南开大学出版社2003年版。

《对贫困地区土地撂荒问题的调查》，《调查与决策》2008年第7期。

方行、经君健、魏金玉、江太新：《中国经济通史：清代经济卷》，经济日报出版社2000年版。

方行：《清代前期的土地产权交易》，《中国经济史研究》2009年第2期。

方行：《清代租佃制度述略》，《中国经济史研究》2007年第4期。

方行:《中国封建经济论稿》,商务印书馆 2004 年版。

方行:《中国封建社会的土地市场》,《中国经济史研究》2001 年第 2 期。

方中友:《农地流转机制研究》,博士学位论文,南京农业大学,2008 年。

费孝通:《江村经济:中国农民的生活》,上海人民出版社 2006 年版。

费孝通、张之毅:《云南三村》,社会科学文献出版社 2006 年版。

高王凌:《租佃关系新论》,《中国经济史研究》2005 年第 3 期。

高元禄:《中国农村土地产权问题研究》,博士学位论文,吉林大学,2007 年。

郭德宏:《旧中国土地占有状况及发展趋势》,《中国社会科学》1989 年第 4 期。

何炳棣:《明初以降人口及其相关问题,1368—1953》,中华书局 2017 年版。

侯建新:《富裕佃农:英国现代化的最早领头羊》,《史学集刊》2006 年第 4 期。

侯建新:《农民,市场与社会变迁:冀中 11 村透视并与英国乡村比较》,社会科学文献出版社 2002 年版。

侯璐:《凝结在地权中的农民多重权益》,硕士学位论文,清华大学,2009 年。

侯杨方:《中国人口史:第六卷(1910—1953)》,复旦大学出版社 2001 年版。

胡正波:《明清民国时期关中农村地权分散原因分析》,硕士学位论文,陕西师范大学,2007 年。

黄和亮:《林地市场与林地市场化配置研究》,博士学位论文,福建农林大学,2005 年。

黄少安、孙圣民、宫明波:《中国土地产权制度对农业经济增长的影响》,《中国社会科学》2005 年第 3 期。

黄贤金、哈瑞柯尼克、卢本鲁尔特、曲福田:《中国农村土地市场运行机理分析》,《江海学刊》2001年第2期。

黄宗智:《法典,习俗与司法实践:清代与民国的比较》,上海书店出版社2003年版。

黄宗智:《华北的小农经济与社会变迁》,中华书局2000年版。

纪丽娟:《农地产权制度对农业土地资源配置效率的影响研究》,硕士学位论文,西北农林科技大学,2005年。

贾贵浩:《论1912—1937年河南租佃制度的特点》,《河南大学学报》2006年第2期。

贾生华、田传浩:《农地租赁市场与农业规模经营——基于江,浙,鲁地区农业经营大户的调查》,《中国农村观察》2003年第1期。

姜茂坤:《近代中国民法学中的物权行为理论》,博士学位论文,华东政法大学,2008年。

李伯重:《明清江南种稻农户生产能力初探—明清江南农业经济发展特点探讨之四》,《中国农史》1986年第3期。

李伯重:《宋末至明初江南农民经营方式的变化——十三、十四世纪江南农业变化探讨之三》,《中国农史》1998年第2期。

李德英:《国家法令与民间习惯:民国时期成都平原租佃制度新探》,博士学位论文,四川大学,2005年。

李德英:《民国时期成都平原佃农经营:以温江为例》,《论中国土地制度改革》,中国财政经济出版社2009年版。

李俊喜:《我国历代耕地面积的变化》,《中国国情国力》1993年第2期。

李力:《清代民间土地契约对于典的表达及其意义》,《金陵法律评论》2006年第1期。

李明月:《我国城市土地资源配置的市场化研究》,博士学位论文,华中农业大学,2003年。

李文治:《明清时代封建土地关系的松解/中国经济史丛书》,中国社会科学出版社1993年版。

李文治:《中国近代农业史资料》(第一辑),生活·读书·新知三联书店1957年版。

林刚：《中国他物权制度研究》，博士学位论文，西南政法大学，2005年。

刘高勇：《论清代田宅"活卖"契约的性质——与"典"契的比较》，《比较法研究》2009年第6期。

刘和惠、汪庆元：《徽州土地关系》，安徽人民出版社2005年版。

刘恒中：《论中国大发展：八亿农民变市民》，中国财政经济出版社2008年版。

龙登高：《地权交易与生产要素组合：1650—1950》，《经济研究》2009年第2期。

龙登高：《地权市场与资源配置》，福建人民出版社2012年版。

龙登高、林展、彭波：《典与清代地权交易体系》，《中国社会科学》2013年第5期。

龙登高、彭波：《近世佃农的经营性质与收益比较》，《经济研究》2010年第1期。

龙登高：《清代地权交易形式的多样化发展》，《清史研究》2008年第3期。

龙登高、任志强、赵亮：《近世中国农地产权的多重权能》，《中国经济史研究》2010年第4期。

龙登高、温方方：《传统地权交易形式辨析——以典为中心》，《浙江学刊》2018年第4期。

龙登高：《中国传统地权制度及其变迁》，中国社会科学出版社2018年版。

龙登高：《中国传统地权制度论纲》，《中国农史》2020年第2期。

罗必良、万燕兰、洪炜杰、钟文晶：《土地细碎化，服务外包与农地撂荒——基于9省区2 704份农户问卷的实证分析》，《经济纵横》2019年第7期。

罗洪洋：《清代黔东南锦屏苗族林业契约之卖契研究》，《民族研究》2007年第4期。

罗仑、景甦：《清代山东经营地主经济研究》，齐鲁书社1985年版。

罗明哲：《日据以来土地所有权结构之变迁》，《台湾历史上的土地问题》,"中央研究院"台湾史田野研究室1992年版。

马若孟:《中国农民经济——河北和山东的农业发展(1890—1949)》,史建云等译,江苏人民出版社1999年版。

马燕云:《吐鲁番出土租佃与买卖葡萄园券契考析》,《许昌学院学报》2007年第6期。

闵桂林:《农村土地产权回归农民的制度研究》,博士学位论文,江西财经大学,2009年。

聂辉华、李文彬:《什么决定了企业的最佳规模》,《河南社会科学》2006年第4期。

彭波:《论耕者有其田之变迁》,未刊稿,2009年。

彭凯翔:《清代以来的粮价:历史学的解释与再解释》,上海人民出版社2006年版。

彭美玉:《中国农地制度多样性一般均衡研究》,博士学位论文,西南交通大学,2007年。

钱忠好:《农村土地承包经营权产权残缺与市场流转困境:理论与政策分析》,《管理世界》2002年第6期。

秦晖:《关于传统租佃制若干问题的商榷》,《中国农村观察》2007年第3期。

秦晖、彭波:《中国近世佃农的独立性研究》,《文史哲》2011年第2期。

秦晖、苏文:《田园诗与狂想曲:关中模式与前近代社会的再认识》,中央编译出版社1996年版。

曲福田、陈海秋:《土地产权安排与土地可持续利用》,《中国软科学》2000年第9期。

任志强:《明清时期土地四至的确定及界址的纷争》,《求索》2009年第10期。

邵玉君:《从金融视角审视中国传统农地产权及地权交易》,《中国储运》2014年第9期。

施添福:《清代台湾竹堑地区的聚落发展和形态》,《台湾历史上的土地问题》,"中央研究院"台湾史田野研究室1992年版。

史建云：《近代华北平原佃农的土地经营及地租负担》，《近代史研究》1998年第6期。

史建云：《近代华北平原自耕农初探》，《中国经济史研究》1994年第1期。

谭淑豪、曲福田：《土地细碎化对中国东南部水稻小农户技术效率的影响》，《中国农业科学》2006年第12期。

田开春、郁峥嵘：《明晰土地产权对解决"三农问题"的重要意义》，《湖南行政学院学报》2008年第5期。

童广俊、张玉：《试论清代，民国时期冀中农村土地买卖中的契约精神——以束鹿县张氏家族土地买卖契约为例》，《河北法学》2006年第8期。

《土地规模经营是实现农机化的必备条件》，《中国农机化导报》2007年12月12日。

王能应：《中国经济史上的农地产权制度变迁》，博士学位论文，华中科技大学，2008年。

王青：《土地市场运行对经济增长影响研究》，博士学位论文，南京农业大学，2007年。

魏明孔：《中国地主制经济研究的新动向》，《光明日报》2000年5月19日。

温锐：《清末民初赣闽边地区土地租佃制度与农村社会经济》，《中国经济史研究》2002年第4期。

文贯中：《土地制度必须允许农民有退出自由》，《社会观察》2008年第11期。

闻鸣：《清代地权上的交易安排与现代金融工具的相似性》，硕士学位论文，清华大学，2006年。

乌廷玉：《中国租佃关系通史》，吉林文史出版社1992年版。

吴量恺：《清代经济史研究》，华中师范大学出版社1991年版。

吴玉琴：《解放前江苏省的租佃关系探讨》，《中国农史》1997年第1期。

西斯蒙第：《政治经济学新原理》，何钦等译，商务印书馆1964

年版。

夏明方：《民国时期自然灾害与乡村社会》，中华书局2000年版。

冼剑民：《从契约文书看明清广东的土地问题》，《历史档案》2006年第3期。

肖飞、张光宏：《农村土地使用权流转的效率分析》，《武汉大学学报》2002年第5期。

肖卫东、梁春梅：《农村土地"三权分置"的内涵，基本要义及权利关系》，《中国农村经济》2016年第11期。

谢冬水：《基于比较历史和制度分析的土地集中问题研究》，中国财政经济出版社2013年版。

徐颖君：《"民工荒"与劳动力就业难——我国产业结构与就业结构的偏差分析》，《经济问题探索》2008年第9期。

严中平：《中国近代经济史统计资料选辑》，中国社会科学出版社2012年版。

杨立新、尹艳：《我国他物权制度的重新构造》，《中国社会科学》1995年第3期。

杨小凯、黄有光、张玉纲：《专业化与经济组织》，经济科学出版社1999年版。

姚洋：《小农与效率——评曹幸穗《旧中国苏南农家经济研究》》，《中国经济史研究》1998年第4期。

姚洋：《中国农村土地制度安排与农业绩效》，《中国农村观察》1998年第6期。

姚洋：《中国农地制度：一个分析框架》，《中国社会科学》2000年第2期。

叶春辉、许庆、徐志刚：《农地细碎化的缘由与效应——历史视角下的经济学解释》，《农业经济问题》2008年第9期。

俞海、黄季焜、张林秀：《地权稳定性，土地流转与农地资源持续利用》，《经济研究》2003年第9期。

俞江：《"契约"与"合同"之辨——以清代契约文书为出发点》，《中国社会科学》2003年第6期。

袁铖：《人地矛盾化解：农村土地制度创新的关键》，《贵州财经学院学报》2007年第2期。

张纯宁：《明代徽州散件卖契之研究》，博士学位论文，成功大学，2003年。

张光宏：《产权制度效率分析》，《中国土地科学》1998年第5期。

张海洋：《人口密度与中国封建小农经济的生成》，《江苏技术师范学院学报》2005年第5期。

张红宇：《准确把握农地"三权分置"办法的深刻内涵》，《农村经济》2017年第8期。

张晋藩：《清代民法综论》，中国政法大学出版社1998年版。

张清俐：《以适度规模经营治理土地抛荒——访华中师范大学中国农村研究院执行院长邓大才》，《中国社会科学报》2014年1月17日。

张五常：《佃农理论》，易宪容等译，商务印书馆2000年版。

张研：《关于中国传统社会土地权属的再思考——以土地交易过程中的"乡规"，"乡例"为中心》，《安徽史学》2005年第1期。

张永莉：《二十世纪二三十年代北方乡村租佃制度及影响研究》，硕士学位论文，西北大学，2004年。

张振国：《中国传统契约意识研究》，中国检察出版社2007年版。

章有义：《近代徽州租佃关系案例研究》，中国社会科学出版社1988年版。

章有义：《明清徽州土地关系研究》，中国社会科学出版社1984年版。

章有义：《中国近代农业史资料》（第二辑），生活·读书·新知三联书店1957年版。

赵德起：《中国农村土地产权制度效率的经济学分析》，博士学位论文，辽宁大学，2008年。

赵冈、陈钟毅：《中国农业经济史》，幼狮文化事业公司1989年版。

赵冈、陈钟毅：《中国土地制度史》，新星出版社2006年版。

赵冈：《从制度学派的角度看租佃制》，《中国农史》1997年第2期。

赵冈：《简论鱼鳞图册》，《中国农史》2001年第1期。

赵冈：《论"一田两主"》，《中国社会经济史研究》2007年第1期。

赵冈：《农业经济史论集：产权，人口与农业生产》，中国农业出版社2001年版。

赵冈：《永佃制研究》，中国农业出版社2005年版。

赵冈：《中国传统农村的地权分配》，新星出版社2006年版。

赵红军：《交易效率，城市化与经济发展》，上海人民出版社2005年版。

赵津：《中国近代经济史》，南开大学出版社2006年版。

赵亮：《劳动力与土地的动态结合——中国历史上农村要素的动态配置机制及其启示》，《论中国土地制度改革》，中国财政经济出版社2009年版。

赵亮：《土地租佃与经济效率》，《中国经济问题》2012年第2期。

赵晓力：《中国近代农村土地交易中的契约，习惯与国家法》，《北大法律评论》1998年第1期。

赵赟：《苏皖地区土地利用及其驱动力机制（1500—1937）》，博士学位论文，复旦大学，2005年。

周翔鹤：《清代台湾的地权交易：以典契为中心的一个研究》，《中国社会经济史研究》2001年第2期。

周应堂、王思明：《中国土地零碎化问题研究》，《中国土地科学》2009年第11期。

周远廉、谢肇华：《清代租佃制度研究》，辽宁人民出版社1986年版。

朱国宏：《人地关系论：中国人口与土地关系问题的系统研究》，复旦大学出版社1996年版。

［俄］车尔尼雪夫斯基：《穆勒政治经济学概述》，季陶达等译，商务印书馆1997年版。

［俄］恰亚诺夫：《农民经济组织》，萧正洪等译，中央编译出版社1996年版。

［美］巴泽尔：《产权的经济分析》，费方域等译，上海三联书店1997年版。

〔美〕卜凯：《中国农家经济》，张履鸾等译，商务印书馆 1936 年版。

〔美〕卜凯：《中国土地利用》，成城出版社 1941 年版。

〔美〕卜凯：《中国土地利用统计资料》，乔启明等译，商务印书馆 1937 年版。

〔美〕德姆塞茨：《所有权，控制与企业：论经济活动的组织》，段毅才等译，经济科学出版社 1999 年版。

〔美〕哈特：《企业，合同与财务结构》，费方域等译，上海人民出版社 2006 年版。

〔美〕科斯、〔美〕阿尔钦、〔美〕诺斯：《财产权利与制度变迁》，刘守英等译，上海三联书店 1994 年版。

〔美〕科斯、〔美〕哈特、〔美〕斯蒂格利茨：《契约经济学》，韦林等译，经济科学出版社 1999 年版。

〔美〕诺斯：《经济史中的结构与变迁》，陈郁等译，上海人民出版社 1994 年版。

〔美〕诺斯、〔美〕托马斯：《西方世界的兴起》，厉以平等译，华夏出版社 1999 年版。

〔美〕帕金斯：《中国农业的发展》，宋海文等译，上海译文出版社 1984 年版。

〔美〕珀金斯：《中国农业的发展：1368—1968 年》，宋海文等译，上海译文出版社 1984 年版。

〔美〕约翰·穆勒：《政治经济学原理》，胡企林等译，商务印书馆 1991 年版。

〔美〕曾小萍、〔美〕欧中坦、〔美〕加德拉：《早期近代中国的契约与产权》，浙江大学出版社 2011 年版。

〔日〕岸本美绪：《明清时代的"找价回赎"问题》，《中国法制史考证》，中国社会科学出版社 2003 年版。

〔日〕速水佑次郎、〔美〕拉坦：《农业发展的国际分析》，郭熙保等译，中国社会科学出版社 2000 年版。

日文文献

村松祐次:《近代江南の租栈——中国地主制度の研究》,东京大学出版会 1978 年版。

松田吉郎:《台灣の水利事業と一田両主制——埔價銀・磧地銀の意義》,《台湾历史上的土地问题》,"中央研究院"台湾史田野研究室 1992 年版。

英文文献

A. Digby and C. H. Feinstein, *New directions in economic and social history*, London: Macmillan, 1989.

A. G. Nelson and W. G. Murray, *Agricultural finance*, Wiley, 1967.

A. Luporini and B. Parigi, "Multi-task sharecropping contracts: the Italian Mezzadria", *Economica*, Vol. 63, 1996.

A. Rubinstein, "Perfect equilibrium in a bargaining model", *Econometrica: Journal of the Econometric Society*, Vol. 50, No. 1, 1982.

B. Klein and K. B. Leffler, "The role of market forces in assuring contractual performance", *The Journal of Political Economy*, Vol. 89, No. 4, 1981.

B. R. Mitchell, *British historical statistics*, Cambridge: Cambridge University Press, 1988.

C. Bell and P. Zusman, *New approaches to the theory of rental contracts in agriculture*, Washington, D. C.: World Bank, 1979.

C. H. H. Rao, "Uncertainty, entrepreneurship, and sharecropping in India", *The Journal of Political Economy*, Vol. 79, No. 3, 1971.

Chiu-Kun Chen, *Sale of Land in Chinese Law*, Oxford, UK: Oxford University Press, Vol. 5, 2009.

Chris Briggs and Jaco Zuijderduijn, *Land and Credit: Mortgages in the Medieval and Early Modern European Countryside*, Springer, 2018.

Chris Briggs, *Mortgages and the English Peasantry c. 1250 – c. 1350*,

Land and Credit, Springer, 2018.

C. J. Bliss and N. Stern, *Palanpur: The economy of an Indian village*, Oxford, UK: Oxford University Press, 1982.

C. Pant, *Tenancy in semi-arid tropical villages of South India: Determinants and effects on cropping patterns and input use*, International Crops Research Institute for the Semi-Arid Tropics, 1981.

C. Shapiro, "Premiums for high quality products as returns to reputations", *The quarterly journal of economics*, Vol. 98, No. 4, 1983.

D. J. Chappell, *An Economic History of England*, Macdonald & Evans Ltd., 1980.

D. M. Kreps, *Corporate culture and economic theory: Perspectives on positive political economy*, Cambridge: Cambridge University Press, 1990.

Douglas W. Allen and D Lueck, *The nature of the farm: Contracts, risk, and organization in agriculture*, Cambridge, Mass.: MIT Press, 2002.

E. Boserup, *Conditions of agricultural growth*, Chicago: Aldine Publishing Company, 1965.

G. D. Jaynes, Economic theory and land tenure, *Rural labor markets in Asia: Contractual Arrangements, Employment and Wages*, New Haven: Yale University Press, 1982.

Giovanni Federico, *Feeding the world: an economic history of agriculture, 1800-2000*, Princeton: Princeton University Press, 2005.

Giuseppe De Luca and Marcella Lorenzini, Not only land: mortgage credit in central-northern Italy in the sixteenth and seventeenth centuries, *Land and Credit*, Springer, 2018.

G. Zhao, *Man and land in Chinese history: an economic analysis*, Stanford University Press, 1986.

Hans P. Binswanger-Mkhize, W. Graeme Donovan and World Bank., *Agricultural mechanization: Issues and options*, Washington, D. C.: World Bank, 1987.

H. Demsetz, "Toward a theory of property rights", *The American Eco-*

nomic Review, Vol. 57, No. 2, 1967.

H. P. Binswanger and M. R. Rosenzweig, "Behavioural and material determinants of production relations in agriculture", *The Journal of Development Studies*, Vol. 22, No. 3, 1986.

Imogen Wedd, Mortgages and the Kentish Yeoman in the Seventeenth Century, *Land and Credit*, Springer, 2018.

J. D. Reid, "Sharecropping as an understandable market response: The post-bellum south", *The Journal of Economic History*, Vol. 33, No. 1, 1973.

J. E. Stiglitz, "Incentives and risk sharing in sharecropping", *The Review of Economic Studies*, Vol. 41, No. 2, 1974.

J. J. Laffont and M. S. Matoussi, "Moral hazard, financial constraints and sharecropping in El Oulja", *The Review of Economic Studies*, Vol. 62, No. 3, 1995.

J. K. Horowitz, R. E. Just and S. Netanyahu, "Potential benefits and limitations of game theory in agricultural economics", *American journal of agricultural economics*, Vol. 78, No. 3, 1996.

J. R. Hicks and S. J. R. Hicks, *The theory of wages*, London: Macmillan, 1966.

J. Roumasset, "The nature of the agricultural firm", *Journal of Economic Behavior & Organization*, Vol. 26, No. 2, 1995.

J. R. Shepherd, "Rethinking tenancy: explaining spatial and temporal variation in late Imperial and Republican China", *Comparative Studies in Society and History*, Vol. 30, No. 3, 1988.

Juliet Gayton, Mortgages Raised by Rural English Copyhold Tenants 1605-1735, *Land and Credit*, Springer, 2018.

J. W. Esherick, "Number games: A note on land distribution in prerevolutionary China", *Modern China*, Vol. 7, No. 4, 1981.

K. Chao, "Tenure systems in traditional China", *Economic Development and Cultural Change*, Vol. 31, No. 2, 1983.

K. Otsuka, S. Suyanto, T. Sonobe and T. P. Tomich, "Evolution of land tenure institutions and development of agroforestry: Evidence from customary land areas of Sumatra", *Agricultural Economics*, Vol. 25, No. 1, 2000.

K. Pomeranz, "Land markets in late imperial and republican China", *Continuity and Change*, Vol. 23, No. 1, 2008.

L. G. Arrigo, "Landownership Concentration in China: The Buck Survey Revisited", *Modern China*, Vol. 12, No. 3, 1986.

Manabendu Chattopadhyay and Atanu Sengupta, "Farm size and productivity: A new look at the old debate", *Economic and Political Weekly*, 1997.

Mats Olsson and Patrick Svensson, "Agricultural growth and institutions: Sweden, 1700 – 1860", *European review of economic history*, Vol. 14, No. 2, 2010.

M. Eswaran and A. Kotwal, "A theory of contractual structure in agriculture", *The American Economic Review*, Vol. 75, No. 3, 1985.

M. R. Carter and Y. Yao, *Specialization without regret: Transfer rights, agricultural productivity, and investment in an industrializing economy*, World Bank Publications, 1999.

O. E. Williamson, "Transaction – cost economics: The governance of contractual relations", *Journal of law and economics*, Vol. 22, No. 2, 1979.

P. Dubois, "Moral hazard, land fertility and sharecropping in a rural area of the Philippines", *Journal of Development Economics*, Vol. 68, No. 1, 2002.

P. F. Dale and J. D. McLaughlin, *Land information management. An introduction with special reference to cadastral problems in developing countries*, Clarendon press, 1988.

P. Laslett, *The world we have lost: Further explored*, Psychology Press, 2000.

R. Eastwood, M. Lipton and A. Newell, Farm size, *Handbook of agricultural economics*, Oxford, UK: Elsevier. 2010.

R. H. Coase, *The problem of social cost*, Wiley Online Library, 1960.

R. H. Day, "The economics of technological change and the demise of the sharecropper", *The American Economic Review*, Vol. 57, No. 3, 1967.

Roger J Goebel, "Reconstructing the Roman law of real security", *Tul. L. Rev.*, Vol. 36, 1961.

R. Radner, "Monitoring cooperative agreements in a repeated principal – agent relationship", *Econometrica: Journal of the Econometric Society*, Vol. 49, No. 5, 1981.

T. Zhang, "Property Rights in Land, Agricultural Capitalism, and the Relative Decline of Pre – Industrial China", *San Diego International Law Journal*, Vol. 13, 2011.

W. Hallagan, "Self – selection by contractual choice and the theory of sharecropping", *The Bell Journal of Economics*, Vol. 9, No. 2, 1978.

附 录

附录一 《广东土地契约文书（含海南）》中买卖与典契的信息概要[1]

页码	文书形式	地点	年	发生原因	土地种类	纳税面积	单位	地价总额	单位	地价	单位
3	典契	广州地区	1859	急用		2	顷	7000	两		
4	田契	广州地区	1867	经赈饥揭欠人家银两		2.733367	顷	400	两		
6	卖田契	广州地区	1879	阖族急用	田地	240	顷	15200	两		
8	田契	广州地区	1799	欠钱要还	潮田	1.5	亩	24	两		
9	田契	广州地区	1851	急用钱	潮田			51.75	两	34	两/亩
9	田契	广州地区	1871	急用钱	潮田	1.485	亩	80	两		
10	田契	广州地区	1863	急用钱	潮田	2.388	亩	71.64	两	30	两/亩

[1] 资料来源：谭棣华，冼剑民《广东土地契约文书（含海南）》，暨南大学出版社 2000 年版。

续表

页码	文书形式	地点	年	发生原因	土地种类	纳税面积	单位	地价总额	单位	地价	单位
11	田契	广州地区	1865	急用钱	潮田	1.1	亩			60.5	两/亩
12	田契	广州地区	1872	日给不敷	潮田	3.14	亩			35	两/亩
12	田契	广州地区	1873	急用钱	围田	104	亩	6240	两	60	两/亩
13	田契	广州地区	1874	急用钱	围田	3.2211	亩	122.402	两	38	两/亩
14	围田契	广州地区	1879	急用钱	围田	115.7137	亩	7500	两		
19	白坦契	广州地区	1845	同伴意见不齐,难以工筑	白坦	1	顷	950	两		
21	围田契	广州地区	1881	急用钱	围田	4.38738	顷	21936.9	两	50	两/亩
25	草坦契	广州地区	1900	急用钱	草坦	23	亩	500	两		
26	草坦契	广州地区	1908	急用钱	草坦	23	亩	450	两		
27	围田契	广州地区	1833	急用钱	围田	5.1725	顷	10000	两		
28	围田契	广州地区	1847	生理萦本急用	围田	5.1725	顷	9500	两		
28	围田契	广州地区	1847	生理萦本急用	围田	5.1725	顷	9500	两		
30	基底契	广州地区	1847		基底			11000	两		
32	围田契	广州地区	1880	此田高荒崩烂,无银修筑	围田	11.345	顷	25862.5	两		
33	基地契	广州地区	1880		基底			22759	两		

续表

页码	文书形式	地点	年	发生原因	土地种类	纳税面积	单位	地价总额	单位	地价	单位
36	白水坦契	广州地区	1796	急用钱				25	两		
37	白坦田契	广州地区	1798	无力工筑,有误国课				50	两	2.5	两/亩
38	田田田契	广州地区	1823		白坦	20	亩	975.36	两		
38	田田田契	广州地区	1805	凑用		17.5	亩	120	两		
39	田田田契	广州地区	1823		草坦			1951	两		
39	田田田契	广州地区	1805		白坦	60	亩	360	两		
40	田田田契	广州地区	1823			52.5	亩	2926.1	两		
40	田田田契	广州地区	1805	凑用	白坦	11.7	亩	60	两		
41	田田田契	广州地区	1818	修山急用	白坦	75.233	亩	885.4	两		
42	田田田契	广州地区	1823	无力工筑		70	亩	3901.45	两		
42	田田田契	广州地区	1804		白坦	25	亩	45	两		
43	田田田契	广州地区	1808	父丧债急用	白坦	25	亩	101.25	两		
44	田田田契	广州地区	1823			17.5	亩	975.36	两		
44	田田田契	广州地区	1804	无力工筑	白坦	50	亩	90	两		
45	田田田契	广州地区	1808	凑用	白坦	50	亩	201.5	两		
46	田田田契	广州地区	1823		土田	35	亩	1951	两		
46	田田田契	广州地区	1804	无力工筑	白坦	25	亩	45	两		
47	田田田契	广州地区	1808	凑用	白坦	25	亩	102.5	两		

续表

页码	文书形式	地点	年	发生原因	土地种类	纳税面积	单位	地价总额	单位	地价	单位
47	田坦契	广州地区	1823			17.5	亩	975.36	两		
48	田坦契	广州地区	1811	现在低洼,需重费工筑,筑费浩繁,且居远涉	白坦	67.4	亩	216	两		
49	田坦契	广州地区	1823			52.5	亩	2926	两		
49	田坦契	广州地区	1812	现在低洼,需重费工筑,筑费浩繁,且居远涉	白坦	72.3	亩	181	两		
50	田坦契	广州地区	1823			66	亩	3670.85	两		
50	围田契	广州地区	1821	修葺祠宇需钱	围田	4	顷	8300	两		
51	围田契	广州地区	1823	建祠需用	围田	17.5	亩	975.36	两	55.74	两/亩
53	围田契	广州地区	1823	建祠需用	围田	17.5	亩	975.36	两	55.74	两/亩
54	围田契	广州地区	1823	建祠需用	围田	17.5	亩	975.36	两	55.74	两/亩
56	围田契	广州地区	1823	建祠需用	围田	17.5	亩	975.36	两	55.74	两/亩
58	围田契	广州地区	1823	建祠需用	围田	17.5	亩	975.36	两	55.74	两/亩
59	围田契	广州地区	1823	建祠需用	围田	17.5	亩	975.36	两	55.74	两/亩
63	围田契	广州地区	1826	建祠需用	围田	5.6932	亩	284.66	两	50	两/亩
64	围田契	广州地区	1842	建祠需用	围田	27.34819	亩	984.535	两	36	两/亩
66	围田契	广州地区	1847	粮务急用	围田	11	亩	280	两		
67	围田契	广州地区	1850		围田	34.50345	亩	980	两		

续表

页码	文书形式	地点	年	发生原因	土地种类	纳税面积	单位	地价总额	单位	地价	单位
68	围田契	广州地区	1850		围田	34.50345	亩	980	两		
68	围田契	广州地区	1850		围田	34.50345	亩	980	两		
68	围田契	广州地区	1850		围田	34.50345	亩	980	两		
68	围田契	广州地区	1850		围田	34.50345	亩	980	两		
68	围田契	广州地区	1850		围田	34.50345	亩	980	两		
69	围田契	广州地区	1850		围田	34.50345	亩	980	两		
69	围田契	广州地区	1850		围田	34.50345	亩	980	两		
69	围田契	广州地区	1850		围田	34.50345	亩	980	两		
69	围田契	广州地区	1850		围田	34.50345	亩	980	两		
69	围田契	广州地区	1850		围田	34.50345	亩	980	两		
69	坦田契	广州地区	1850		围田	10	亩	280	两		
70	围田契	广州地区	1892		围田	34.50345	亩	1501.279577	两		
71	围田契	广州地区	1892		围田	34.50345	亩	1501.279577	两		
73	围田契	广州地区	1892		围田	34.50345	亩	1501.279577	两		
74	围田契	广州地区	1892		围田	34.50345	亩	1501.279577	两		
75	围田契	广州地区	1892		围田	34.50345	亩	1501.279577	两		
76	围田契	广州地区	1892		围田	34.50345	亩	1501.279577	两		

199

续表

页码	文书形式	地点	年	发生原因	土地种类	纳税面积	单位	地价总额	单位	地价	单位
77	围田契	广州地区	1892		围田	34.50345	亩	1501.279577	两		
78	围田契	广州地区	1892		围田	34.50345	亩	1501.279577	两		
79	围田契	广州地区	1892		围田	34.50345	亩	1501.279577	两		
80	围田契	广州地区	1892		围田	34.50345	亩	1501.279577	两		
81	围田契	广州地区	1892		围田	34.50345	亩	1501.279577	两		
82	围田契	广州地区	1892		围田	34.50345	亩	1501.279577	两		
83	草坦契	广州地区	1892		草坦	10	亩	100	两		
85	缯沙田契	广州地区	1786	田坦现目歪斜，难于淤积成熟，恐误国课	草坦	27.297	亩	65	两		
87	缯沙田契	广州地区	1786	同上	草坦	54.6	亩	130	两		
88	缯沙田契	广州地区	1786	同上	草坦	54.6	亩	130	两		
90	缯沙田契	广州地区	1786	同上	草坦	54.6	亩	130	两		
91	缯沙田契	广州地区	1797	工筑不前	草坦	54.6	亩	362	两		
92	缯沙田契	广州地区	1797	工筑不前	草坦	54.6	亩	362	两		
93	缯沙田契	广州地区	1797	工筑不前	草坦	27.297		181	两		
94	缯沙田契	广州地区	1797	凑用	草坦	54.6	亩	362	两		
96	缯沙田契	广州地区	1836	远涉难管	草坦	25.123	亩	700	两		
98	缯沙田契	广州地区	1836		围田	27.3	亩	700	两		

续表

页码	文书形式	地点	年	发生原因	土地种类	纳税面积	单位	地价总额	单位	地价	单位
100	镨沙田契	广州地区	1850		围田	27	亩	720	两		
102	镨沙田契	广州地区	1892		围田	27	亩	1212.922	两		
103	镨沙田契	广州地区	1892		围田	27	亩	1212.922	两		
104	镨沙田契	广州地区	1892		围田	27	亩	1212.922	两		
105	镨沙田契	广州地区	1892		围田	27	亩	1212.922	两		
106	镨沙田契	广州地区	1892		围田	27	亩	1212.922	两		
107	镨沙田契	广州地区	1892		围田	27	亩	1212.922	两		
108	镨沙田契	广州地区	1892		围田	27	亩	1212.922	两		
109	镨沙田契	广州地区	1892		围田	6	顷	26500	两		
112	崩坑田契	广州地区	1876	急用钱							
113	崩坑大簣桥田地契	广州地区		急用钱							
116	大坦尾田契	广州地区	1876		围田	4.71	亩			28	两/亩
117	大坦尾围田契	广州地区	1864	急用钱	围田	14.918	亩			67.58	两/亩
118	大坦尾围田契	广州地区	1874	急用钱	围田	31.2007	亩			67.58	两/亩
119	大坦尾围田契	广州地区	1864	急用钱	围田	8.3084	亩			67.58	两/亩
120	大坦尾围田契	广州地区	1874	急用钱	围田	0.523	亩			55	两/亩
121	大坦尾泥洲滘围田定帖	广州地区	1874	急用钱	围田	9	亩			54	两/亩
121	大坦尾泥洲滘围田契	广州地区	1874	急用钱	围田	9.46	亩			54	两/亩

续表

页码	文书形式	地点	年	发生原因	土地种类	纳税面积	单位	地价总额	单位	地价	单位
122	大坦尾泥洲溶围田契	广州地区	1874	急用钱	围田	9.27	亩			54	两/亩
123	大坦尾对捕围田契	广州地区	1879	急用钱	围田	3.67	亩			60	两/亩
124	大坦尾对捕围田契	广州地区	1861	凑用	围田	3.145	亩			32	两/亩
125	大坦尾对捕围田契	广州地区	1874	急用钱	围田	3.1447	亩			55	两/亩
126	大坦尾对捕围田契	广州地区	1872	急用钱	围田	3.145	亩			50	两/亩
127	黎滘石涌尾潮田契	广州地区	1872	急用钱	围田	2.71	亩			60	两/亩
128	大坦尾围田契	广州地区	1900	急用钱	围田	29.941	亩			85	两/亩
129	大坦尾围田契	广州地区	1900	需用	围田	6.38	亩			85	两/亩
130	大坦尾围田契	广州地区	1900	需用	围田	39.5548	亩			85	两/亩
131	大坦尾围田契	广州地区	1900	需用	围田	32.7821	亩			85	两/亩
132	大坦尾围田契	广州地区	1906	急用钱	围田	31.2008	亩			85	两/亩
133	大坦尾围田契	广州地区	1874	急用钱	塘田	139.8587	亩			102	两/亩
134	大坦尾塘田契	广州地区	1874	急用钱	塘田	17.864	亩			67.58	两/亩
135	大坦尾围田契	广州地区	1874	急用钱	围田	39.5548	亩			67.58	两/亩
136	大坦尾围田契	广州地区	1881	需用	围田	0.523	亩			55	两/亩
137	大坦尾围田契	广州地区	1881	需用	围田	39.5548	亩			58	两/亩
138	大坦尾围田契	广州地区	1881	需用	围田	6.38	亩			58	两/亩
						20.941					

续表

页码	文书形式	地点	年	发生原因	土地种类	纳税面积	单位	地价总额	单位	地价	单位
139	大田尾围田契	广州地区	1881	需用	围田	31.2008	亩			58	两/亩
140	大田尾围田契	广州地区	1881	需用	围田	32.7821	亩			58	两/亩
142	卖岗地契	广州地区									
144	卖田契	南海县									
145	卖田契	南海县									
145	卖断田契	南海县									
146	卖屋地契	南海县									
147	卖地契	南海县									
147	卖田契	南海县									
170	卖田契	新会县	1821	凑用	潮田			450	两		
170	卖围田契	新会县	1822	凑用	围田	3	亩			48	两/亩
171	断卖围田契	新会县	1825	凑用	围田	2.7	亩			48	两/亩
172	卖田契	新会县	1838	急用	围田	2.2	亩	57.386	两	26.08	两/亩
172	卖田契	新会县	1839	凑用	潮田	3	亩	40	两	13.33	两/亩
173	断卖田契	新会县	1858	凑用	潮田	14	亩	200	两	14.29	两/亩
174	断卖田契	新会县	1839	凑用急紧		7.42	亩	128	两	17.25	两/亩
175	断卖基底契	新会县									
176	卖田契	新会县	1840	凑用	潮田	8.375566	亩	257.7	两	30.77	两/亩

203

续表

页码	文书形式	地点	年	发生原因	土地种类	纳税面积	单位	地价总额	单位	地价	单位
177	卖田契	新会县	1840	凑用	潮田	1.7689	亩	43.3	两	24.48	
177	卖田契	新会县	1844	凑用	围田	6.3	亩	150	两	23.81	
178	卖田契	新会县	1847	急用	潮田	7	亩	161	两	23	
179	卖田契	新会县	1848	紧急	围田	5	亩	125	两	25	
180	卖田契	新会县	1848	生意急用	围田	7.3	亩	190	两	26.03	
181	断卖田契	新会县	1853	粮务急用		7.5	亩	172.5	两	23	
182	断卖田契	新会县	1853	粮务急用	围田	10.85	亩	262	两	24.15	
183	断卖田契	新会县	1864	急用	围田	15	亩	372	两	24.8	
184	卖田契	新会县	1864	急用	围田	13.4157	亩	160	两	11.93	
184	卖田契	新会县	1864	急用	潮田	22.0533	亩	270	两	12.24	
185	卖田契	新会县	1895	粮祭急用	围田	11.58	亩	230	两	19.86	
186	断卖田契	新会县	1902	粮祭急用	围田	5.056	亩	275	两	54.39	
187	绝卖田契	新会县	1904	急用	围田	9.6	亩	691.2	两	72	
188	绝卖田契	新会县	1904		坦田5.5亩，围田9.5亩	15	亩	1320	两	88	两/亩
189	绝卖田契	新会县	1911	粮祭紧迫	围田	5	亩			88	两/亩
180	卖潮田沙坦契	新会县	1805		潮田、沙坦	118.9	亩			84	两/亩
195	断卖水白坦契	新会县	1838	坦亩低洼，无力工筑	白坦	800	亩	2800	两		

续表

页码	文书形式	地点	年	发生原因	土地种类	纳税面积	单位	地价总额	单位	地价	单位
197	断卖水白田契	新会县	1862	迅亩低洼，无力工筑	白坦	3200	亩	15840	两		
213	断卖田契	新会县	1873	急用	围田	0.6	亩			32	两/亩
214	卖断田契	新会县	1874	急用	围田	1.1	亩			30	两/亩
215	卖断田契	新会县	1876	急用	围田	7.65	亩	423.6	两	55.37	
216	断卖田契	新会县	1884	急用	围田	1.5	亩	51	两	34	
217	断卖田契	新会县	1890	急用	围田	1.5	亩	60	两	40	
218	卖断田契	新会县	1903	急用	围田	1.5	亩	90	两	60	
218	断卖葵基底面契	新会县									
219	断卖田契	新会县	1862	急用		0.4	亩	20	两	50	
220	捐田契	新会县			围田						
221	断卖田契	新会县	1878	家道贫穷难以支撑		0.35	亩	17	两	48.57	
224	卖断田契	东莞县	1807	粮务紧迫		7.598	亩	41.8		5.501	
225	断卖田契	东莞县	1822	生意无本		11.798	亩	44		3.729	
225	断卖田契	东莞县	1811	岁月饥馑		8.8447	亩	70.757		8	
227	当田契	东莞县									
227	断卖田契	东莞县	1846	粮务紧迫		10.3		90		8.738	
228	断卖田契	东莞县	1852	粮务紧迫		1.721		14		8.135	
228	断卖田契	东莞县	1855	粮务紧迫		1.4		12		8.571	

续表

页码	文书形式	地点	年	发生原因	土地种类	纳税面积	单位	地价总额	单位	地价
229	卖粮田契	东莞县	1856	粮务紧迫		5.28		31.5		5.966
230	断卖田契	东莞县	1856	粮务紧迫		11.66		36		3.087
231	断卖田契	东莞县	1857	粮务紧迫		11.3		31		2.743
231	断卖田契	东莞县	1862	粮务紧迫		5.8		20		3.448
232	断卖田契	东莞县	1863	粮务紧迫		11.798		67		5.679
233	断卖田契	东莞县	1864	粮务紧迫		1.2		10		8.333
233	断卖田契	东莞县	1868	粮务紧迫		4.03		112		27.79
234	断卖田契	东莞县	1866	被洪水冲坏了基堤，无银修筑		11.1		21.8		1.964
234	断送田契	东莞县	1874	无银还钱		6				
235	断卖田契	东莞县	1892	粮务紧迫		14.1		84.6		6
236	断卖田契	东莞县	1881	粮务紧迫		4.5865		23		5.015
237	断卖田契	东莞县	1881	称远就近，并粮务用		14		81		5.786
238	断卖田契	东莞县	1881	粮务紧迫		6.15		28		4.553
239	断卖田契	东莞县	1882	粮务紧迫		13		70		5.385
240	断卖田契	东莞县	1883	粮务紧迫		1.06				
240	断卖基地田契	东莞县	1884	粮务紧迫						
241	断卖田契	东莞县	1885	粮务紧迫		15.84		76		4.798

续表

页码	文书形式	地点	年	发生原因	土地种类	纳税面积	单位	地价总额	单位	地价	单位
242	卖基地田契	东莞县	1886	粮务紧迫		11.45		44		3.843	
243	断卖田契	东莞县	1869	被洪水冲坏了，无银修筑		4.5		17		3.778	
244	断卖田契	东莞县	1870	粮务紧迫		3.515		14		3.983	
244	断卖田契	东莞县	1870	粮务紧迫		5.92		24		4.054	

附录二 《清代乾嘉道巴县档案选编》中买卖与典当契约的信息概要[①]

页码	文书形式	形式	年	卖方/出典方	买方/承典方	发生原因	土地载粮	单位	地价总额	单位	品名
84	卖地契	原[②]	1722	彭尔仪	彭翔青	葬妻			2.5	两	九六纹银
84	卖田契	原	1723	彭松山、彭述安、彭含万、彭汝安（兄弟）	杨刘芳弟兄	时岁旱魃，兼揭债无措			41	两	
85	卖田契	原	1735	赵登崇、赵明叙侄	赵正元子孙	穷困、负债日深	4	钱	140	两	九七纹银

① 资料来源：四川大学历史系、四川省档案馆编《清代乾嘉道巴县档案选编》，四川大学出版社1989年版。
② 此列中"原"指原卖；"绝"指绝卖。下同。

207

续表

页码	文书形式	形式	年	卖方/出典方	买方/承典方	发生原因	土地载粮	单位	地价总额	单位	品名
85	卖田契	原	1747	霍明远、霍建选、霍文辉（兄弟）	张颂飞、张素贞（兄弟）	负债难给	1.4	钱	133	两	九成银
85	掉田契	原	1756	杨席儒	耿良才	两人的田地夹插			4000	文	铜钱
86	卖山地契	原	1754	张朝选弟兄	赵代珍、代位				8000	文	
86	卖田契	原	1763	文天孝	文华章子孙	时运多蹇，负债无偿	1.7	钱	412.5	两	九七纹银
87	卖田契	原	1763	梁子玉、子凤兄弟	黎元和	屡年乏费，负欠债账，日食难粮	5	分	80	串	铜钱
87	卖田契	原	1765	何卢氏	何攸元	屡年天时旱旱，难以度日	3	钱	120	两	足色纹银
88	卖田契	绝	1767	费仁先	杜豫宏子孙	负债难偿，拖累日深	1.4683	钱	345	两	
89	卖田契	绝	1769	王秦安父子	刘仕汉、茂汉、佑汉弟兄	家贫无奈，负债难偿	3.5	钱	410	串文	铜钱
89	卖田契	原	1771	吴南山	赵明学下子孙	因图别治	4.9	钱	480	千文	
90	卖田契	原	1772	陈嘉谋等	孙群诏	年岁不一，累债难偿	5.4	钱	937	两	九五色银

续表

页码	文书形式	形式	年	卖方/出典方	买方/承典方	发生原因	土地载粮	单位	地价总额	单位	品名
91	保存风水树			姚正乾	姚正先	保存七颗树					
91	卖田契	原	1773	彭荣章叔侄	李华珍	连年歉丰，负债莫措	1	钱	182	千文	
92	买阴地	原	1778	萧茂良	杨子鉴、杨品级兄弟				6400	文	
93	卖田地	原	1730	张鹏翱、鹏云兄弟	鹏翱子孙	负债难偿			62	两	九七色银
93	请字约	原	1791	李仲选叔侄	刘豪东（刘纯阳长孙）	寻找买主					
94	卖田契	原	1791	李仲选叔侄	刘豪东（刘纯阳长孙）	负债无措	4.55	钱	664	两	
95	卖房土	原	1792	陈长清叔侄	伍永元		1.2	钱	200	两	九七色银
96	卖田契	原	1794	何维先	何美章	负债难偿	1.2	钱	180	两	九六色银
95	收约		1799	何维明	何维升				140	两	九六色银
96	领约		1797	何维明	何维升						
97	卖田契	原	1797	余海清	梁光华	负债多金难开销	2.7	钱	600	两	九五色银
97	服约		1798	温帝相	孙章富子孙	取当之价不敷					
98	卖田契	原	1798	张蕴西	彭源伦	欠源伦30两，失明贫乏			30	两	九六色银

209

续表

页码	文书形式	形式	年	卖方/出典方	买方/承典方	发生原因	土地载粮	单位	地价总额	单位	品名
99	卖田契	原	1802	刘杨氏母子	彭儒魁	负债莫偿	3	钱	400	两	九六色银
99	卖田契	原	1803	彭乾应、乾彬弟兄	赵廷宏	屡年欠丰，无处择便	1	分	9.35	两	九六色银
100	卖田契	原	1803	刘善伦	彭儒魁	负债无偿	1	钱	130	两	九五色银
100	卖田地认约	原	1807	毛洪章	石文光						
101	认服约	原	1807	毛玉章	石文光						
101	卖田契	原	1807	孙光显伯任	陈应万	负债难偿	9.8	钱	1800	两	九六色银
103	卖田契	原	1814	罗典元	罗维楷	无钱使用	5.2	钱	886	千文	
103	卖田契	原	1816	梁光岐	梁华、李世海	卖方负债无偿，先的田地夹涌弯远，不便踩踏	1.67	钱	170	两	九五色银
104	卖田契	原	1818	陈刘氏同子、陈向氏同子	蔡廷选	移挛就宽，至欲别图	9.5	钱	520	两	九五色银
105	卖田契	原	1819	冯李氏	李国显	屡年欠丰，负债难偿			240	两	九五色银
106	卖田契	原	1819	张绍杰同侄孙	丁永福	负债难偿			718	两	九五色银
106	卖田契	原	1820	蔡廷选	马建纪	移挛就宽	9.5	钱	530	两	九五色银
107	卖地契	原		杨春蔡、春若弟兄	胡姓	负债无偿			17	两	

续表

页码	文书形式	形式	年	卖方/出典方	买方/承典方	发生原因	土地载粮	单位	地价总额	单位	品名
107	卖田契	原	1821	周尔珍、尔群弟兄	惠民宫庙上	负债无偿	7	厘	100	两	九七色银
108	卖田契	原	1826	何国元	何蒋氏母子	负债愈深，兼之岁歉	1.67	钱	330	两	九五色银
109	卖田土山林文约	原	1827	向国秦弟兄等	向朝明	手内空乏，无钱用费	1	厘	26	千文	
110	卖柴山熟土文契	原	1830	况钊弟兄	卢映畔	负债多金，难以偿给	1	厘	10	两	老面银
111	卖田契	原	1830	彭王氏	吴月先	负债难偿	5	分	770	两	九六色银380两+通用银390两
112	卖田契	原	1832	金敬彩	杨录名下子孙	负债无偿	2	分	165	两	面银
113	卖阴地、柴山文契	原	1833	李定国	李定怀子孙名下				17	千文	
113	卖田契	原	1833	何冲伦	刘尊先文子	负金多债，难以偿给	1.5	钱	610	两	九五色银
114	卖田契	原	1835	李王东	李乾顺	负债难偿	5	厘	71	两	面银
115	卖田契	原	1838	王冰氏	梁维章、刘有文、郑开漠	负债难偿	1	钱	540	串文	

211

续表

页码	文书形式	形式	年	卖方/出典方	买方/承典方	发生原因	土地载粮	单位	地价总额	单位	品名
116	卖阴地文约	原	1839	李玉顺父子	王安仁	无钱用			7000	文	
116	卖田契	原	1840	刘三元弟兄	胡万顺	负债难偿，无从措办	1	钱	180	两	九六色银
117	卖田契	原	1841	孙柏	孙喜	移窄就宽，别作良图	3	分	85	两	纹银
117	承包约		1844	周乾斋	王松龄	妹丈之父授职黔省，路费，想卖房但老契遗失					
118	卖田契	原	1846	陈传斋	童永泰	意欲别图	9.8	钱	1700	两	九八色银
119	卖田契	原	1846	陆道中兄弟	王四海	意有别图	6.15	钱	1050	两	九九足色老银
120	当约	当	1754	彭良臣	牟尚朝				16	串	铜钱
120	当约	当	1771	江奇才	廖惟昌	负债着措			4000	文	铜钱
121	当约	当	1768	冉广道	艾存仁	缺少用度			82	千文	铜钱
121	当约	当	1771	梁肇祥	梁干祥	负债			280	千文	铜钱
122	顶打文约	当	1772	陈玉开兄弟六人	朱世俊弟兄	父亲佃种的土地，身故，儿子们不愿意继续耕种			40	千文	铜钱
122	当约	当	1773	胡彩鳌	胡圣章				104	千文	铜钱

续表

页码	文书形式	形式	年	卖方/出典方	买方/承典方	发生原因	土地载粮	单位	地价总额	单位	品名
122	当约	当	1779	刘荣木	刘奇辉	年岁荒歉，外债难交			18	千文	铜钱
123	当约	当	1779	刘荣木	唐顺圣				5	千文	铜钱
123	当约	当	1779年左右	晏朝相	李相荣、彩荣弟兄	用度维艰，一时乏用			165	串	铜钱
124	当约	当	1783	刘朝魁	田登荣				50	千文	铜钱
125	当约	当	1783	张正纲	张正常				7	千文	铜钱
125	当约	当	1785年以前	黄正理	刘朝魁						
125	当约	当	1789	唐臣先	李大有	刘婆次加当，杨不愿耕种			19.8	两	98银
126	限约	当	1792	刘礼安	杨永臣						
126	当约	当	1793	刘善祥	王进阶				53	两	九七色银
126	当约	当	1793	刘善祥	叶天贵				23	两	九五色银
127	当约	当	1800	朱永洪	杨光和				100	两	九六色银
127	当约	当	1802	张向有	冉启祥父子	无钱用度			8	两	九六色银
127	当约	当	1802	刘大洪	杨桂章	岁歉，负债无措			160	两	九六色银
128	当约	当	1802	张四海	熊光宗	无银用度			88	两	九六色银

213

续表

页码	文书形式	形式	年	卖方/出典方	买方/承典方	发生原因	土地载粮	单位	地价总额	单位	品名
128	当约	当	1802	李文科	张敕盈	无银用度			36	两	九六色银
128	当约	当	1804	沈正刚	张明清	无银用度			150	两	九六色银
129	当约	当	1804	马克明	罗复泰				60	两	九六色银
129	当约	当	1801	赵尚源	牟思元				850	两	
131	顶约		1805	赖懋坤	赖世初父子	空乏无奈			54	两	镜银
131	当约	当	1806	刘忠臣	刘世德				84	两	九六色银
131	当约	当	1806	李银安	李天命	空乏，无银用度			22	两	
132	当约	当	1807	何月清	李新华	穷乏无度			90	两	九六色银
132	当约	当	1808	李廷富	金师贤	无银用度			20	两	九六色银
132	当约	当	1808	叶张氏	何宗氏				15	两	
133	顶打约	顶打	1808	彭荣富	童自新	年岁干旱，负债难偿			26.25	两	九六色银
133	当约	当	1808	李杨氏	金文耀	屡年岁歉不丰，债重难撑			50	两	九六色银
133	当约	当	1811	何月清	李新华	负债无偿			125	两	
134	限约	当	1814	曹正隆	曹正廷	春景农忙，一时难移				两	
134	当约	当	1814	曹正隆	曹正廷	账重难撑，无银用度			102	两	九六色银
135	服约	当	1814	曹正隆	彭姓						

214

续表

页码	文书形式	形式	年	卖方/出典方	买方/承典方	发生原因	土地载粮	单位	地价总额	单位	品名
135	转当约	当		佘宋氏	龙立本						
136	当约	当		福宁寺	范朝礼	负债多金，难于支持					
136	打约	当		林才茂	董洪谦						
136	顶约	当		杨奉	向玉碧						
137	当约	当		霍德榇	隆开祥						
137	转当足收文约	当		张天玉、龙、任光龙	罗有荣、罗有贵、张显福						
138	当约	当		文占荣	文德润	负债					
138	当约	当		赵贵先	李芳泰	费用不给					
138	当约	当		周见明	白周氏						
139	当约	当		刘正川、正鳌	毛登华	要钱难还					
139	当约	当	1830	伍钊	何永刚	负债难还			48	两	
139	当约	当		田宗禄	黄文普						
140	当房屋约	当	1837	冯泰安	邹长发	缺少资本					
140	当房屋约	当	1837	邹长发	薛福顺				30	两	足色老镜银
140	当约	当	1838	袁泽	谢斯森	负债无偿			4000	文	
141	当约	当		周子万	帝君会	父母亡故。借账难还					
141	顶打文约	当		张廷发、廷顺	苏顺德						

附录三 《清代乾嘉道巴县档案选编》中租佃契约的信息概要[1]

页码	形式	租佃形式	年	出租人	承租人	实租总额 金额	实租总额 货币	实物额	单位	分租成数	押租额 金额	押租额 货币
67	佃约	钱租	1777	刘荣木	廖仁礼	5	铜钱					
67	佃约	钱租	1778	刘荣木	王陕周	1	铜钱					
68	佃约	钱租	1778	刘荣木	刘其煜	1.2	铜钱					
70	佃约	谷租	1797	彭儒魁	唐占鳌			52	石谷		30	97色银
70	佃约	谷租	1800	杨充和	朱永洪			20	石谷			
71	佃约	谷租	1807	李星华	何月清			12	石谷			
76	佃约	分租	1832	李应禹	李应宁					5		
68	佃约	钱租	1763	口口二大爷	姚国泰	6串400文	铜钱				4000	文铜钱
68	佃约	钱租	1771	口口相公	吴殿宾	2	两（银九五色）					
68	佃约	钱租	1780	余口口	姚宗仁	6400	文					
68	佃约	谷租	1781	王大经	陈西荣、西利弟兄二人			64	石谷		120	千文铜钱

[1] 资料来源：四川大学历史系、四川省档案馆编《清代乾嘉道巴县档案选编》，四川大学出版社1989年版。

续表

页码	形式	租租形式	年	出佃人	承租人	实租总额 金额	实租总额 货币	实物额	单位	分租成数	押租额 金额	押租额 货币
69	佃约	分租	1787	李正德、正和、昆龙、应贵	李长荣					6		
69	佃约	钱租	1784	高廷秀	张元才	3	两				1两8钱	97色银
71	佃约		1808									
71	认限	钱租	1811	彭儒魁	杨在雄	3770	文				7	两（九五色银）
72	佃约		1818	于类开	刘国华							
72	认服	钱租	1819	彭儒魁	赖世洪	21200	文				70	两
72	佃约	谷租	1824	刘值先	罗世品			1黄硕零5斗			20	两
73	佃约	分租	1829	文纣权	程思智			11	石合	5	50	两
73	佃约	谷租	1829	文纣尧	程思智				两		2	两
73	佃约	钱租	1830	何六刚	况钊	2	文				60	两（九六色银）
73	佃约	分租	1830	罗尚武	罗岜锦、罗应和					5	27	两（老镜银）
74	佃约	谷租、分租	1830	秦邓氏氐子	杨贤洪			1	箩毛合	5		

217

◈ 良田择良耕 ◈

续表

页码	形式	租佃形式	年	出租人	承租人	实租总额 金额	实租总额 货币	实物额	单位	分租成数	押租额 金额	押租额 货币
74	佃约	分租	1830	秦超举	杨贤宗					5	32	两（老镜银）
74	佃约	谷租	1830	李应成	赵尚文			3	斗合		26	两（老面银）
75	佃约	谷租	1831	游配义	冷季顺			8	石合		160	两（老面银）
75	佃约	钱租	1831	王崇廉	周国福		1500		文			
75	佃约	钱租	1831	龚万名	李明文		1000		文			
76	佃约	钱租	1832	赵迁魁	毛凤阁		400		文		2串150文	认草钱450文
76	佃约	钱租	1835	徐相庭	徐相有		400		文		10	两
76	佃约	谷租	1835	宋国基	刘辉顺			2.4	石合		20	两
77	佃约	谷租	1835	宋在业	陈中万			7	斗		10	两
77	佃约	谷租	1835	宋国基	朱大德			6	斗			
78	佃约	分租	1835	李庆云	李光连					5	4000	文
78	佃约	谷租	1835	赵绍文（佃李应成）	王禧仲			4	斗		23	两（老面银）
78	佃约	谷租	1835	彭末文	马仲乾			4.1	石合			
79	佃约	钱租	1836	徐相廷	肖茂珊		300		文		8000	文
79	佃约	钱租	1837	罗光裕	刘汝贤		1500		文		2	两（镜银）

218

续表

页码	形式	租佃形式	年	出租人	承租人	实租总额 金额	实租总额 货币	实物额	单位	分租成数	押租额 金额	押租额 货币
79	佃约	谷租	1837	李渐王	李渐伦			67	石合（含糯谷2石）		200	两（老面银）
80	佃约	钱租	1838	谢斯泰	袁泽		800		文			
80	佃约	钱租	1837	薛福顺	邹长发		6400		文铜钱			
80	佃约	谷租	1840	邓发先	胥福泰			4.5	石合		40	两
81	佃约		1840									
81	佃约	分租	1843	罗义盛	周利顺、张光海					5	220	两
81	收约	分租	1843	罗义盛	李长藤					6	360	两
81	佃约		1844									
82	佃约		1844									
82	佃约	谷租	1845	周三万	周子德			6	石合			
83	佃约	谷租	1845	口素	余辅举			84	石合		120	两（九七色银）
83	佃约	谷租	1849	李嘉敏	黄广顺			68	石合（含糯谷2石）		300	两（老面银）
134	佃约	钱租	1814	曹正廷	曹正隆		5		钱银			

219

附录四 《中国土地契约文书集》中买卖与典当契约的信息概要[1]

页码	文书形式	地点	时间	卖方/出典方	买方/承典方	发生原因	土地面积	地价	期限
1	卖地	河南修武	大定28.12[2]	马愈男兄弟	王太和兄弟		2.3亩	16贯文	
1	招买	福建晋江	至元2.9	麻合抹					
2	卖地	福建晋江	至元2.10	麻合抹	阿老丁		税：苗米2.8斗	中统钞60锭	
3	招买	福建晋江	至正26.8	蒲阿友		缺钱			
3	卖地	福建晋江	至正26.8	蒲阿友	潘五官		苗米1斗	90两	
3	卖地	福建晋江	至正27.2	蒲阿友	潘五官		苗米5升	60两	
4	找价	福建永安	乾隆1.2	弟九珠	弟上玉			19两（找价）	
4	卖地	山东恩县	乾隆13.10	李开运	毛进才	缺钱	6分	1.62两	
4	卖地	山东恩县	乾隆21.3	合京	杨宅			80.4两	
5	卖地	台湾麻荳社	乾隆22.6	夫伊同等五人	郭宅	乏银别置		260大员	
6	卖地	山东恩县	乾隆27.11	王立家	李子仁	缺钱	1.993亩	1.91两	
6	卖地	山东历城	乾隆34.12	李？	李文华、文辉		1分	25两	
6	卖地	台湾新港社	乾隆36.8	安刘等六人	洪广喜	缺钱		7大员	
7	卖地	河北昌黎	乾隆48.1	侯忠	刘起凤	缺钱	3亩	10两	

[1] 资料来源：金—清《中国土地契约文书集》，明代史研究室1975年版。
[2] 此列中的数字是指按年号记录的年份和月份。如单元格指（金朝）大定二十八年十二月。

220

续表

页码	文书形式	地点	时间	卖方/出典方	买方/承典方	发生原因	土地面积	地价	期限
7	卖地	河北昌黎	乾隆48.1	侯义	刘起凤	缺钱	3亩	10两	
7	卖地	河北昌黎	乾隆48.10	郑继昌	刘起凤	缺钱	4亩	11两	
8	卖地	河北昌黎	乾隆50.11	高玉	王利	缺钱	25亩	25两	
8	卖地	河北昌黎	乾隆54.11	岳宽	马廷	缺钱	5亩	27两	
8	议单	山东恩县	乾隆57.6				44亩	300两	
9	卖地	安徽桐城	乾隆57.6	左圣俞河南			4.4亩	300两	
10	卖地	山东恩县		马栋		公事不度	7.65分		
10	併田契	安徽桐城	嘉庆5.10	唐青年	马槟	缺钱	2.4亩	32两	
11	卖地	山东恩县	嘉庆9.2	陈岳		缺钱	3.239亩	7两	
11	卖地	河北顺义	嘉庆9.10	戴与诗	线成玉	缺钱	7.47亩	95吊（40元）	
11	卖地	安徽桐城	嘉庆21.4	金玉堂	唐文烈		44亩	240两	
12	卖地	盛京辽阳	道光1.3	黄发	冯九	缺钱		15两	
12	找价	福建永安	道光8.2	郑祖仁		争执		10吊（找价）	
13	卖地		道光16.6	王王氏	王登元	缺钱	1分	10两	
13	卖地	河北昌黎	道光15.10	侯平仲	侯万玉	缺钱	10.5亩	20两	
14	卖地	河北昌黎	道光21.2	刘星	费宜春	缺钱	0.5亩	3.7两	
15	卖地	江苏镇江	道光23	阮小仲	缪		156亩	880两	
16	卖地	盛京辽阳	道光26.1	黄财	冯广	缺钱		2两	

221

续表

页码	文书形式	地点	时间	卖方/出典方	买方/承典方	发生原因	土地面积	地价	期限
16	併田	安徽桐城	道光26.5	孙程鹏	唐世奇	负债不变		136.500文	
17	卖地	江苏镇江	道光30.5	孙杏春	缪		36亩	220两	
18	卖地	河北顺义	道光30.11	张绍美	张境	缺钱	5亩	76吊铜钱（20元）	
18	卖地	河北顺义	咸丰1.12	杨其禄	赵爱贞			10两（15元）	
18	卖地	山东恩县	咸丰2.11	王金铎	王璞		7.312分	37900文	
19	卖地	河北昌黎	咸丰7.8	侯凤庆	侯凤吉	缺钱	25亩	5两	
20	卖地	河北顺义	咸丰7.10	李景泰	李恭	手乏无力		52吊（10元）	
20	卖地	河北昌黎	咸丰9.3	侯恩因	刘永清	缺钱	5分	2.3两	
20	卖地	河北昌黎	咸丰10.12	侯凤山	侯凤吉	国课无出	6亩+4亩	23两	
21	卖地	山东历城	同治1.10	王盛林	朱国泰	手中不便	9分	3500（文？）	
22	卖地	山东恩县	同治3.1	田凤魁	吴朴		2.285亩	3两	
22	卖地	河北滦城	同治4.2	徐节	唐世奇		4.26986亩	51283文	
22	卖地	安徽桐城	同治7.4	汪缙廷	刘永清	缺钱	11.6亩	75两	
23	卖地	河北昌黎	同治7.11	侯万成	杨发	国课无出胞兄弟	4.5亩	15两	
23	卖地	河北昌黎	同治8.12	杨春	高永生	正用不足		10两	
23	卖地	河北顺义	同治9.3	杜国汉	张广越			130吊	
24	卖地	河北滦县	同治9.12	张文越			4.56亩	92吊	

续表

页码	文书形式	地点	时间	卖方/出典方	买方/承典方	发生原因	土地面积	地价	期限
24	卖地	江苏镇江	咸丰7.3	张世恒	缪	正用夹中		58.18两	
25	退地	河北遵义	同治14.12	李从善兄弟	陈得瑞			450吊（45元）	
25	卖地	河北昌黎	光绪1.1	池安	刘荣		2.5亩	25两	
26	卖地	河北临榆	光绪1.1	杨得祥	杨春	用钱		80吊	
26	卖地	山东恩县	光绪2.1		王大才		2.309亩		
26	卖地	河北临榆	光绪2.11	王喜财	王金生	缺钱	2.57亩	20两	
27	卖地	河北昌黎	光绪3.2	侯仲魁	刘荣	国课无出	15.5亩+3亩	22.5两	
27	卖地	河北顺义	光绪4.9	董禄	董进利	无力当差	4亩	200吊（20元）	
27	卖地	山东恩县	光绪5.10	马宗礼	李登云	缺钱	4.992亩	5两	
28	卖地	河北滦城	光绪5.12	徐清芳顺	徐云	缺钱	1.13978亩	13678文	
28	卖地	河北顺义	光绪6.9	魏得富	魏迁襄	缺钱	3.3亩	200吊（17元）	
28	卖房地	河北昌黎	光绪7.9	顺金祥、金玉	刘姓			35.6两	
29	卖地	河北临榆	光绪8.3	赵刘氏	刘姓	夫客出年久			
29	卖地	河北昌黎	光绪8.10	李金海	李成蹊	缺钱	5亩	300吊（25元）	
30	卖地	河北顺义	光绪-1.1	王俊昇	刘荣		8亩	8.5两	
30	卖地	河北昌黎	光绪-2.2	吴荫	鼎玉和		3亩	140吊（15元）	
30	卖地	河北滦城	光绪-2.1	王茂林、宝林	王文华		1.8亩	150吊	
31	卖地	山东恩县	光绪12.12	赵香	徐章辰		3.237亩	62吊文铜钱	

续表

页码	文书形式	地点	时间	卖方/出典方	买方/承典方	发生原因	土地面积	地价	期限
31	卖地	河北昌黎	光绪13	孙万祥	邵祥林	缺钱	4.96亩	8两	
31	卖地	河北昌黎	光绪14.12	李新	刘荣	缺钱	2亩	2两	
32	卖地	河北昌黎	光绪15.1	池永宽	刘荣	国课难出	2亩	2.5两	
32	卖地	河北昌黎	光绪15.1	侯长春	侯元钧	老病不赡		5吊	
32	卖地	河北昌黎	光绪15.11	侯定荣	刘荣	国课无出	7亩	7两	
33	卖地	河北昌黎	光绪15.11	赵长新、长顺	刘荣	缺钱	2.5亩+5亩+10亩	6两	
33	卖地	河北顺义	光绪16.00	杨玉	杨文增	缺钱	6.8亩	140吊铜钱	
33	卖地	山东历城	光绪16.10	张永泰	江俩珠	缺钱	5亩	80000京钱	
34	卖地	河北昌黎	光绪17.12	刘恩	刘荣	缺钱		2两	
34	卖地	河北昌黎	光绪18.1	侯永恩	刘荣	国课无出	3亩	5.6两	
34	卖地	河北顺义	光绪19.9	崇万顺	杨清	缺钱	2亩	80吊（7元）	
35	卖地	河北顺义	光绪19.10	薛国隆	薛国旺	缺钱	2亩	160吊（20元）	
35	卖地	台湾新竹	光绪20.3	叶新开	潘老大	缺钱	150甲	3700元银洋	
36	卖地	河北昌黎	光绪20.11	刘荣	刘银	国课无出	2亩	6两	
36	卖地	河北昌黎	光绪21.12	侯永恩善封	刘荣	国课无出	5亩	7两	
36	卖地	河北昌黎	光绪22.12	侯永铭	李恩	国课无出	6亩	10.5两	
37	卖地	河北天津	光绪23.10	张竹铭	裕安堂		2.348亩	150两	
37	卖地	河北天津	光绪28.9	袁立先	怀德堂	缺钱	3.4亩	204两	

续表

页码	文书形式	地点	时间	卖方/出典方	买方/承典方	发生原因	土地面积	地价	期限
38	卖地	盛京盖平	光绪24.9	田金	怡唱堂	缺钱		4055吊	
38	卖地	河北顺义	光绪24.11	贾永顺	黄大有等6人		6亩	250吊（30元）	
39	卖地	河北昌黎	光绪25.10	杨永胜	杨永增	缺钱	1.7亩	4吊	
39	卖地	河北滦城	光绪26.12	徐洛知	张	不便	4.295亩	50000文	
39	卖地	河北昌黎	光绪26.12	侯廷玺	刘万举	国课无出	2.5亩	2.5两	
39	退地	盛京魏子窝	光绪26.12	郝丹阶	邵正国	缺钱		1000两	
40	卖地	河北昌黎	光绪27.2	侯万仓、庆顺	侯定义	国课无出	7亩	24.5两	
41	卖地	河北昌黎	光绪27.2	侯五喜、仓		国课无出	4亩	5.7两	
41	卖地	河北顺义	光绪27.10	杜芝兰	李文山	缺钱	4亩	100吊	
42	卖地	河北顺义	光绪27.11	王兴、郭斌	冯景芝	顾不上经营	10亩	240元国币	
42	卖地	河北临渝	光绪28.7	李昌	张玉荣	缺钱	1.08亩	180吊	
43	卖地	盛京辽阳	光绪29.3	陈德财	张秀山		2.5亩	28.8两	
43	卖地	河北顺义	光绪29.10	徐清山	杜顺		1.1亩	7.5两（松江银）	
44	卖地	河北顺义	光绪29.10	徐清山	杨斌		7.5亩	3.3两	
44	卖地	河北顺义	光绪29.11	孙郭氏	梅正兴	缺钱	10亩	235吊（30元）	
44	卖地	河北顺义	光绪30.10	李万通	廟会	手乏不便	12亩	500吊（50元）	
45	卖地	河北顺义	光绪31	郑德忠	直天德	缺钱	7.5亩	480吊（60元）	
45	卖地	河北顺义	光绪32.12	赵少尧	周德福	缺钱		250吊	

225

续表

页码	文书形式	地点	时间	卖方/出典方	买方/承典方	发生原因	土地面积	地价	期限
46	卖地	河北顺义	光绪34.1	王永安	杨斌		3亩+3亩+6亩	12两（松江银）	
46	卖地	河北顺义	光绪34.2	王永庆	王德山	缺钱	4亩	204吊（20元）	
46	卖地	河北天津	宣统1.1	怀德堂	懋德堂	缺钱	21.909	12654.54元	
47	卖地	河北顺义	宣统1.9	杜芝兄弟	刘凤山	缺钱	3.5亩	20两	
48	卖地	河北顺义	宣统3.10	吕庆	吕惟一	缺钱	6亩	365吊（31元）	
48	卖地	河北顺义	宣统3.11	邹士祥兄弟	同成玉			500两	
54	卖地		同治8.10	何仁怒	大人台		1.0653927顷	2000千文	
55	卖地	台湾	光绪	赵甲	天主堂				
56	找价	台湾	光绪	赵甲	天主堂				
56	卖尽	台湾	光绪	赵甲	万原堂				
57	加绝		光绪	线乙、丙	天主堂				
57	加绝			王七	李九			500两	
59	卖地	河北通州		加弄	叶宽		100亩	29.263两	
60	胎借	台湾	乾隆2.9	大加弄	（地）加弄		2甲		12个月
60	典契	台湾	乾隆5.11	隙仔口社番	刘宅	乏银别创		50两	5年
61	典契	台湾新化星	乾隆10.11	红志第加弄	张宅	乏银别创		200大员	8年
61	典契	台湾新港社	乾隆20.4	于台等六人	黄宅			30大员	
62	卖契	台湾新港社	乾隆20.11						

续表

页码	文书形式	地点	时间	卖方/出典方	买方/承典方	发生原因	土地面积	地价	期限
62	典契	东北盛京	乾隆36.5	王连福	王有松		9段11日4亩	360吊	60年
63	典契	台湾新港社	乾隆42.3	礁溇等若干人	刘宅			16.5大员	3年
64	典契	台湾新港社	乾隆45.3	胜冬，猫罗	黄宅			60大员	8年
64	瞨批	台湾新港社	乾隆48.1	且加礼，东洲	薮宅			50大员	5年
65	典契	台湾新港社	乾隆35.2	罗猫渭等	谢			45.54两	
65	加典	台湾新港社	乾隆48.2	罗猫渭等	谢			9.6两+36石栗	18年
65	加典	台湾新港社	乾隆49.2	加弄，干亡	翁宅			14大员	4年
66	典契	台湾新港社		番礁巴本	郑刘氏，郑保光			632大员	
67	扦批	福建永安	乾隆60.5						
67	典契	台湾新港社	嘉庆4.1	罗力，阿丝	郑伯秀，明顾			280大员	6年
67	胎典	台湾新港社	嘉庆8.4	李冬渊，天成等	张玛			24两	
68	加典	盛京金州	道光6.7	李文平等4人等	郭美名			8400吊	
68	加典	盛京金州	道光9.11	李文平等4人等	郭美名			300吊	
68	典契	盛京金州	光绪29.3	李文平等4人等	郭美名			350吊	
69	加典	盛京柳树	道光13.12	夏世彰，彭	夏世福			700吊	
69	典契	盛京	道光15.10	桑制选	王景泰			1000吊	3年
70	典	盛京凤凰	道光9.11	刘得需兄弟	凤凰山三官庙			3150吊	
70	加典		道光15	刘得需兄弟	凤凰山三官庙			150吊	

◆ 良田择良耕 ◆

续表

页码	文书形式	地点	时间	卖方/出典方	买方/承典方	发生原因	土地面积	地价	期限
70	加典		道光16	刘得需兄弟	凤凰山三官庙			100吊	
70	绝卖		道光17.2	刘得需兄弟	凤凰山三官庙			400吊	
70	典	盛京					18亩（7）	2000吊	
71	典	河北顺义					3.5亩	85吊	
71	当	河北昌黎					7亩	39吊+54吊100文（缺粮食钱）	

附录五 《关西坪林范家古文书集》中的土地交易契约信息概要[1]

买卖契约

编号	文书形式	时间	卖方	买方	发生原因	载租	地价
0008	杜卖尽根	1833	邱增昌	林乱生	别创乏银		260大员
0009	杜卖尽根	1835	卫寿宗	郑益庆	乏银噬根		830大员
0010	杜卖尽根	1840	林天英等	林尚宽	乏银费用	大租50石5升	3200元
0013	胎信	1847	吴金古	范汝舟			
0017	增找尽根	1854	林云禄、云福	范嘉鸿	年岁不顺		找30石

[1] 资料来源：刘泽民《关西坪林范家古文书集》，"国史馆"台湾文献馆2003年版。

228

续表

编号	文书形式	时间	卖方	买方	发生原因	载租	地价
0018	杜卖尽根	1855	林庆祝	（堂）林益盛		口粮租2斗	佛银76元
0020	胎当	1856	卫壁奎	钟秀芳	要到府城考试		银71大元
0028	杜卖尽根	1861	林其岱、其锐	赖三秀	乏银应用	口粮租2斗，临粮租3斗	佛银80元
0029	增找洗	1866	林阿禄、阿五	范嘉鸿	贫如洗		代佛银12大员
0034	杜卖尽根	1870	曾清源	邱阿山	乏银别创	大租16石5升	600大元
0037	再找	1871	林云德	范嘉鸿	老母归终		再找佛银7大元
0038	迹管土管（杜卖）	1874	叶阿古	范国桢			1620大员
0039	杜卖尽根	1875	邱礼思山、捧	彭士荣	乏银应用	大租7石5斗	350大元（原价为270大元）
0043	杜卖尽根（草稿）	1876	范△△（可能范嘉坤）	蓝梁氏			480大元
0048	杜卖尽根	1879	范魏氏	曾云狮	乏银费用（可能因生意上的周转）		2760元
0067	归管田园尽根	1892	范清芳	范玉芳	乏银应用	大租占全部租额60%	
0068	杜卖尽根	1892	赖久奎	范春芳、范广茂	乏银别创	2斗小租0.8斗 大租1.2斗（石）	佛银150大员
0074	胎借	1896	范洪德	廖天送			
0079	杜卖韶管	1903	范炳芳	范洪汉	乏银凑用		80大员
0080	收定杜卖	1904	何添禄	范洪灶			1035元

续表

编号	文书形式	时间	卖方	买方	发生原因	截租	地价
0081	收定杜卖	1905	范洪庚、宏蓬	范洪汉兄弟	欠债		4420大员
0082	收过归管	1905	彭阿和	彭廷汉等			500元
0084	合约	1906	彭清梅	范洪杜、洪汉	朝栋		930大员
0088	约卖	1909	范洪禄	范洪汉	还胎借银（见0089、0090）		1440大员
0090	胎借	1909	范洪禄	陈联芳			

租佃契约

编号	文书形式	时间	出租方	承租人	土地种类	租期	地租
0001	招批	1804	杜卫贵（卫阿贵）	刘德亭	埔地（荒地）		大租6石/甲
0002	总垦地	1806	（莘莱湘江）卫福星	汪显为、吴圆、林胡	埔地（荒地）		大租6石/甲
0004		1811.1	吴圆	卫福生（卫福星）（卫阿贵之子）			
P25	退佃开垦	1828	陈长顺	范汝舟			
0005	招佃开垦	1826.2	陈长顺（大租户）	曾天赐			5石/甲
0006	垦批	1829.1	竹堑社	苏大川→吴金吉			
0011	退还	1840.1	吴金吉	范汝舟	水田	8年	大小租330石
0012	招耕	1843	徐宅	范汝舟	垃地		5石

续表

编号	文书形式	时间	出租方	承租人	土地种类	租期	地租
0013	胎借	1847	吴金吉	范汝舟			
0015	保交典租						
0016	给文单（重新丈量增租）	1850	卫寿宗（卫阿贵之孙）	范汝舟			每甲8石→10石
0021	给文单	1856	陈长顺	曾琳发			每甲6石→12石
0024	瞨耕	1859	范嘉鸿	范嘉祯	柑橘园	30年	2元
0025	瞨耕	1859	范嘉鸿	范嘉坤	柑橘园	30年	2元
0027	给文单	1860	钱志德（竹）	范嘉鸿	水田		大租39石
0035	永定铁租丈单	187?	卫魁昌（卫寿宗之子）	范锦光（即范傅芳）			大租38石5斗
0036	永定铁租丈单	187?	卫奎昌（卫魁昌）	范锦光			4石
0064	收清银	188?	范锦光	邹阿华			
0073	瞨耕	1896	彭廷汉（母舅）	曾新然	荒埔→茶园	5年	大小租50石
0086	瞨耕	1907	范洪灶	曾阿彩	茶园	4年	16元/年/万株
0087	瞨耕	1907	范洪灶	曾新奕	茶园	4年	16元/年/万株
0091	瞨耕	1910	范洪灶	江王龙		9年	350石

后　　记

　　本卷是在本人2012年完成的博士论文的基础上修改完善而成。该论文以及本卷从方向的选择、思路的拓展、研究的进行到全书成型的整个过程都得到了导师龙登高教授的悉心指导，为此本人表示衷心感谢！此外感谢清华大学的研究团队一直以来的帮助和支持，以及清华大学李伯重教授、陈争平教授，香港大学陈志武教授，南开大学彭凯翔教授、伦敦经济学院马德斌教授等学者在本卷成书的不同阶段给予的指导、建议以及材料上的支持。

　　本卷以现代经济学的视角，并以大量的历史资料为依托重新建立传统地权市场的解释框架。在尝试诸多开创性研究的同时，也存在许多不足之处。现有可用的传统土地契约资料非常丰富，但由于整理资料的工作量巨大，本卷仅使用了其中少部分的契约资料来对本书的观点进行支撑，其余大量的资料均未触及，尽管选取的资料都是有代表性的，但难免会以偏概全。此外本卷除对租佃制的影响因素的分析中使用了宏观的统计资料，其余资料多为微观层面的交易资料，且无法将有关生产效率、交易效率的指标与交易方式对应，因而对于近世地权市场的资源配置机制究竟是怎样体现在对生产效率的提高上的，无法做出直接的解释。此外本卷尝试用经济学的模型和方法解释传统地权市场，但对模型解释力的检验由于数据的限制而显得不足。

　　未来可在以下方面进一步拓展。首先是基础性的资料整理工作。大量的有关近世地权市场的史料虽已汇编成册，其中的信息尚待进一步的提取和整理。西方学者已经为我们提供了许多可借鉴的分析工具，这些分析工具被广泛应用于许多国家土地市场的研究中。中国近世地权市场的资料比西方国家可能更加丰富，但缺乏标准化和数据化的处理和收录。这一工作的开展会将中国近世地权市场的研究推向一个新的台阶。

其次是理论上的突破和研究体系的建立。现有的理论体系有待进一步的完善。例如近两年来前沿的理论成果已经对佃农的企业主性质进行了充分的论述。笔者将在此理论框架下，结合本卷的观点，进一步探讨租佃制度的合理性。租佃制使得农场企业主可以从市场中获得土地要素，并享有土地的剩余控制权和剩余索取权。此外对近世地权市场的研究需要历史学、经济学和法学的结合。不仅是应用各个领域的先进的研究方法，更是结合中国特有的土地市场模式、交易方式等建立一个适用于中国的经济社会环境的解释框架。

再次是以近世地权市场为借鉴来探讨当今土地制度变革。当今土地问题中存在的许多疑虑都可以在历史上找到启示。虽然许多条件都已发生变化，但可以从经济史的研究中提炼出一个理论模型以适用于现实。如果资料允许也许可以对历史上的土地市场和当今的土地市场在资源利用效率上、分配机制上进行比较，在对比之下对制度的效率进行检验。